한·일 비교를 통한

임금법제 이론과 실무

이 정

法 文 社

The legal principles and practical affairs on wage legislation;

A comparison between Korea and Japan

John Lee

法 文 社

머 리 말

노동의 가치는 성실히 일한만큼 그 대가를 보장받는 것이다. 이러한 대가로는 일을 통한 보람과 같이 형이상학적인 것도 있지만, 삶에 필요한 재화와 용역을 구할 수 있는 금품 또한 이 못지 않게 중요하다. 현행 근로기준법이 근로에 대한 대가로서의 임금에 대한 산정방법과 지급방법 등에 대해 상세하게 규정하고 있는 이유가 바로 여기에 있다. 하지만, 근로기준법은 정작 중요한 '임금이란 무엇인가'에 대해서는 매우 추상적인 개념만을 두고 있기 때문에, 임금의 산정범위를 둘러싸고 법적 분쟁이 끊임없이 발생하고 있는 것이다.

예를 들어 최근에 사회적 이슈가 되고 있는 통상임금의 경우, 모법인 근로기준법이 아니라 그 시행령에서 '근로자에게 정기적이고 일률적으로 소정근로 및 총근로에 대하여 지급하기로 정한 금액'이라는 추상적인 정의규정만 두고 있을 뿐이다. 따라서 이에 관해서는 모법의 위임규정이 없는 것은 별론으로 하더라도 통상임금에 대한 개념표시가 너무 추상적이고 모호하여 통상임금의 산정을 둘러싸고 실무상 많은 혼란을 초래하는 원인이 되고 있다. 이러한 문제점에 대응하기 위하여 고용노동부는 통상임금의 산정과 관련하여 행정지침을 마련한 바 있다. 하지만, 대법원은 통상임금의 산정범위를 행정지침보다 넓게 해석하는 경향을 보이면서 급기야는 오늘날과 같이 통상임금을 둘러싼 법적 공방이 전방위로 확산되는 사태를 초래한 것이다.

돌이켜보면, 이와 같은 임금을 둘러싼 분쟁은 이미 충분히 예상할 수 있었던 문제들이다. 우리나라의 경우, IMF위기를 경험하면서 많은 기업들이 기존의 연공급 대신 성과급 내지는 연봉급으로 임금체계를 전환하였으며, 최근에는 고령사회로 진입함에 따라 임금피크제를 도입하는 등 임금체계에 대한 다양화는 한층 가중되고 있다. 이처럼 임금체계를 둘러싼 고용환경은 다이내믹하게 변화하고 있는 데도 불구하고, 기존의 임금법제가 이를 충분하게 반영하지 못한 데 임금분쟁의 원인이 있다고 생각한다.

이 책에서는 위와 같은 문제의식을 바탕으로 임금 개념을 둘러싼 종전의 논의와 판례들을 종합적으로 검토해 보고자 한다. 이 책은 내용적으로는 크게 평균임금과 통상임금의 개념을 중심으로 검토하고, 방법론적으로는 일본과의 비교법적인 시각에서 임금에 관한 법적 고찰을 시도해 보고자 한다. 특히 일본은 우리나라의 임금법제에 많은 영향을 끼친 만큼, 본서에서는 일본의 임금법제의 이론과 실무에 대해 많은 지면을 할애하여 소개 · 분석하였다.

마지막으로 이 책을 세상에 내놓기까지 많은 분들의 도움을 받았다. 특히 자료수집과 편집작업을 헌신적으로 도와준 류문호(한국외대 법학부 강사), 박수경(일본 와세다대학 박사과정)씨에게는 이 자리를 빌려 심심한 감사의 말씀을 전하고 싶다. 아울러 변변치 못한 원고임에도 선뜻 출판을 허락해주신 법문사 관계자분들께도 고마움을 전한다.

2013년 6월

신록의 천장산 기슭에서 **저자**

차 례

제1장 서 론 3

제2장 임금이란 무엇인가? 9

제1절 헌법상의 임금개념 …… 9

제2절 임금의 정의 …… 11

Ⅰ. 우리나라의 임금 정의 …… 11

1. 근로기준법상 임금의 정의규정 / 11
2. 임금 개념의 구성요건 / 13
3. 임금의 개념 범주에서 제외되는 금품 / 19
4. 소 결 / 23

Ⅱ. 외국의 임금 정의 …… 23

1. ILO / 23
2. 미 국 / 25
3. 독 일 / 27
4. 프랑스 / 29
5. 일 본 / 31

제3절 임금의 법적 성질 ······ 35

Ⅰ. 학 설 ······ 35

1. 노동대가설 / 35
2. 노동력대가설 / 37
3. 임금이분설 / 39
4. 의사해석설 / 41

Ⅱ. 대법원의 입장 ······ 42

Ⅲ. 소 결 ······ 44

제3장 우리나라의 임금제도와 법리 49

제1절 임금제도의 현황 ······ 49

Ⅰ. 임금을 둘러싼 법 규제 ······ 49

Ⅱ. 임금의 결정방법 ······ 50

Ⅲ. 임금제도의 문제점 ······ 53

1. 임금제도의 복합성 / 53
2. 임금의 비임금화 / 54
3. 임금결정(교섭) 체계의 교착 / 55

제2절 평균임금과 통상임금 ······ 58

Ⅰ. 평균임금 ······ 58

1. 의 의 / 58
2. 평균임금의 산정 / 60
3. 평균임금 산정의 특례 / 65

Ⅱ. 통상임금 66
1. 의 의 / 66
2. 평균임금과 통상임금의 구별실익 / 68
3. 통상임금의 개념에 대한 대법원의 해석 / 69
4. 통상임금에 포함되는 수당에 대한 판단 / 72
5. 시간급 및 일급 통상임금의 환산방법 / 77

제3절 통상임금 산정기준의 불명확성 79

Ⅰ. 통상임금의 개념요소에 대한 입법연혁적 검토 80
1. 1953년: 제정 근로기준법시행령의 '통상임금' 정의규정 / 80
2. 1982년 이전: 통상임금의 판단 – 노동부 예규와 대법원 판례 / 83
3. 1982년: 근로기준법시행령 개정시 포함된 '정기성'과 '일률성'의 개념 / 83
4. 1982년 이후: 통상임금에 대한 대법원 판결의 구체화 / 84
5. 1993년: '일률성'과 '고정성'에 대한 판례법리의 개념화 / 85

Ⅱ. 통상임금의 판례법리에 대한 비판적 접근 87
1. 문제의 소재 / 87
2. 사건개요 / 88
3. 법적 쟁점 / 90
4. 상여금의 통상임금성 판단 / 93
5. 본 판결에 대한 비판적 검토 / 96

Ⅲ. 통상임금 체계의 재검토 100
1. 통상임금의 법적 구조 / 100

2. 노동법상의 통상임금의 역할과 위상 / 101
3. 통상임금과 협약자치 / 102
4. 현재의 문제점과 바람직한 해석방향 / 103

제4장 일본의 임금제도와 법리 109

제1절 임금제도의 현황 109

I. 임금제도의 의의 109

1. 임금의 의의 / 109
2. 임금청구권의 요건 / 111
3. 임금에 관한 노동법적 규제 / 112

II. 임금체계와 지급형태 113

1. 소정내 임금 / 114
2. 상 여 / 116
3. 퇴직금(퇴직수당) / 117
4. 기업연금 / 118

III. 최근 임금제도의 변화 123

제2절 평균임금과 통상임금 127

I. 평균임금 127

1. 평균임금의 의의 / 127
2. 평균임금의 산정원칙 / 129
3. 평균임금 산정의 예외 / 140

Ⅱ. 통상임금 ········· 142

1. 의 의 / 142
2. 통상임금의 개념 / 144
3. 통상임금에 해당하지 않는 임금 / 145

제3절 할증임금 ········· 147

Ⅰ. 할증임금의 의의 ········· 147

1. 취 지 / 147
2. 노동기준법 제37조의 개요 / 151

Ⅱ. 할증임금의 산정 ········· 160

1. 할증임금이 지급되는 시간 / 160
2. 할증임금액의 계산방법 / 170
3. 할증임금규제가 적용되지 않는 근로자 / 181
4. 할증임금에 관한 실무문제 / 189
5. 할증임금과 취업규칙의 규정 / 197

Ⅲ. 본조 위반의 효과 ········· 199

1. 노동기준법 제119조의 죄에 의한 송검 · 기소(형사) / 200
2. 감독기관의 지도와 권고(행정) / 201
3. 근로자에 의한 할증임금 청구(민사) / 203

제4절 상여금 ········· 209

Ⅰ. 상여의 성격 ········· 209

1. 상여의 의미 / 209
2. 상여의 노동기준법상의 성격 / 212
3. 상여의 성격 / 216
4. 규정의 설정방법 / 217

Ⅱ. 상여청구권 ………………………………………………………… 219

1. 구체적 청구권 / 219
2. 노사관행에 의해 상여청구권이 발생하는가? / 220
3. 상여를 지급하지 않는 것은 가능한가? / 226
4. 상여 대신에 현물을 지급하는 것은 허용되는가? / 228

Ⅲ. 지급일 재적요건 ………………………………………………………… 229

1. 퇴직자에 대한 상여의 지급 (지급일 재적요건이 존재하지 않는 경우) / 229
2. 지급일 재적요건이 규정되어 있는 경우 / 234
3. 지급일이 늦어진 경우 / 239
4. 지급후의 재적을 요건으로 하는 것 / 242

제5장 맺음말 245

참고문헌 ………………………………………………………… 251

판례색인 ………………………………………………………… 255

사항색인 ………………………………………………………… 259

제1장

서 론

제1장 서 론

임금이란 무엇인가? 노동법은 임금에 관한 정의규정을 두고 있으며, 다양한 방식으로 임금에 대한 법적 규율을 하고 있지만, 임금의 개념을 명쾌하게 설명한다는 것은 사실 어려운 일이다. 통상적으로 임금은 근로자에게 근로의 대상으로 또는 노무제공에 대한 반대급부로 지급되는 일체의 금품을 의미한다. 그러나 현실적으로 사용자가 지급하는 금품은 그 명칭과 명목, 지급형태 등이 매우 다양하여 임금의 개념을 하나의 정의로서 정형화하는 것은 사실상 불가능하다. 임금은 근로자의 근로조건 중 가장 중요한 구성부분으로서 근로시간과 함께 노동법이 규율하고자 하는 핵심대상이다. 근로자가 사용자와 근로관계를 유지하는 근본적인 이유도 근로자가 사용자에게 제공하는 노무에 대한 반대급부로서 임금을 지급받기 위해서이다. 따라서 임금의 개념을 명확하게 규명하고, 구체적으로 규율하는 것은 노동법에게 주어진 중요한 책무 중 하나일 것이다.

원칙적으로 무엇이 임금인가의 여부는 채권계약으로 근로계약의 당사자인 근로자와 사용자 사이의 자유로운 의사합의에 의해서 결정될 문제다. 또는 근로자와 사용자간의 교섭력의 불균형을 보완하기 위한 노동법의 방법론으로서 임금에 관한 단체교섭, 즉 집단적 의사결정과정을 통해 임금의 개념과 범위가 설정되기도 한다. 따라서 임금을 법률로서 정하는 것은 어찌 보면 가장 후순위적인 방법론이고 예외적인 사항에 속한다고 보아야 할 것이다. 그러나 현행 근로기준법은 임금에 관한 일반적 · 추상적인 정의규정을 두고 있으며, 임금의 개념을 평균임금과 통상임금으로 이분화한 뒤, 각종의 임금 관련 수당을 산정해서 지급하도록 규율하는 방식을 채택하고 있다. 이와 같은 법체계는 형식적으로는 노사의 합의에 의하여 임금의 개념을 결정하도록 한 뒤, 보충적으로 법이 그 기준과 범위를 보장하는 방식인 것으로 보인다. 하지만 현실은 반드시 그렇지만은 않은 것 같다. 임금의 개념과 범위를 결정해야 할 근로계약이나 단체교섭은 사실상 형식적인 수단으로 전락했고, 사용자는 노동법의 규정에 따라서 근로자가 지급받는 금품의 임금해당성을 판단하고 각종 임금 관련 수당의 산정기초를 고려하고 있는 실정이 대부분이다. 종국적으로 현재 우리나라에서 임금의 개념은 노사의 자유의사가 아닌 법률의 규정과 법원의 해석에 상당부분 의존되어 있다고 할 수 있다.

근로자가 지급받고자 하는 임금과 사용자가 지급하고자 하는 임금에 관한 노사 양측의 인식차 또한 매우 크다. 많은 경우, 임금의 개념과 범주에 대한 노사간의 인식차이는 고스란히 현실의 임금 관련 노동분쟁으로 이어지고 있다. 특히, 우리나라 많은 기업의 임금체계는 매우 복잡하고, 비임금성 급여를 다양한 명목으로 수당으로 설정하여 지급하는 경우가 많다는 점에서 임금을 둘러싼 노동분쟁의 사례는 지속적으로 증가하고 있다. 2012년만 해도 정기상여금의 통상임금 해당성 여부에 관한 대법원의 판결을 둘러싸고 노동시장에 상당한 혼란이 야기되고 있지만, 그 문제를 분명하게 해결할 수 있는 이렇다 할 임금의 개념에 대한 해석이나 판단기준은 제시되지 못하고 있다. 상여금에 관한 내용뿐만 아니라 다양한 임금에 대한 대법원의 판결들도 체계적인 해석보다는 상황에 따른 다소 임시적이고 자의적인 판단으로 인해 임금 개념의 난해성을 해결해 주고 있지 못하다. 임금에 관한 이와 같은 법 현실은 국가경제적으로도 상당한 부담일 뿐만 아니라, 효과적인 경영을 해야 할 기업이나 안정적인 임금을 지급받아야 할 근로자 모두에게도 부정적이라고 할 수 있다.

본서는 이러한 문제의식을 바탕으로 임금 개념을 둘러싼 종래의 논의와 법원의 판단들을 종합적으로 검토해 보고자 한다. 본서는 내용적으로 크게 평균임금과 통상임금의 개념을 중심으로, 방법론적으로 일본과의 비교법적인 검토에 주안을 두고 임금에 관한 법적 고찰을 시도해 보고자 한다. 특히, 본서에서는 최근 문제가 되고 있는 통상임금에 관한 해석과 판례를 비판적으로 검토해 보았다. 비교법적으로 보더라도 우리나라처럼 근로기준법에 '임금'에 대한 정의규정과 더불어 '평균임금'과 '통상임금'에 대한 개념을 실정법으로 규정하고 있는 나라는 아직까지 알려진 바 없다. 다만 우리나라 현행 근로기준법의 모태가 되었다고 할 수 있는 일본 노동기준법에 이와 유사한 임금 관련 규정을 두고 있는 것이 유일하다. 즉 일본의 노동기준법에는 임금에 대한 정의규정(제11조)[1]을 비롯하여, 평균임금(제12조)[2], 임금지급의 4대 원칙(제24조)[3]등 우리나라 근로기준법상의 임금 관련 규정과 거의 동일한 규정을 두고 있다.

하지만, 일본에서는 우리나라와는 달리 '통상임금'의 개념에 대해서는 법으로 규정하지 않고, 할증임금(가산임금)의 산정과 관련하여 '통상임금에 유사한 개념'을 두고 있을 뿐이다. 다시 말해서, 일본에서는 할증임금을 산정함에 있어 그 기초로 하기 위하여 통상임금에 유사한 개념을 사용하고 있지만, 우리나라처럼 「정기성, 고정성, 일률성」이라는 추상적인 개념으로 가산임금 산정에 기초가 되는 통상임금을 파악하지 않고, 할증임금의 기초임금을 산정함에 있어 제외시켜야 할 임금(수당)을 법으

1) 제11조(임금) 「이 법률에서 '임금'이라 함은 임금, 급료, 수당 기타 명칭 여하를 불문하고, 노동의 대상으로서 사용자가 노동자에게 지불하는 모든 것을 말한다.」

2) 제12조(평균임금) 「이 법률에서 '평균임금'이라 함은 이를 산정할 사유가 발생한 날 이전 3개월 동안에 그 근로자에게 지불된 임금의 총액을 그 기간의 총 일수로 나눈 금액을 말한다.(이하 생략)」

3) 제24조(임금의 지불)는 임금은 '통화'로 '직접' 근로자에게 '전액'을 '매월 1회 이상 일정한 기일'을 정하여 지불할 것을 규정하고 있다.

로 명확히 규정하고 있는 것이 특징이다. 따라서 일본에서는 통상임금의 개념이나 산정을 둘러싸고 분쟁이 발생할 여지가 거의 없다. 다만, 실제 사례에서 할증임금의 산정을 둘러싸고 다툼이 발생하는 경우도 있는데, 이러한 경우에는 본래 법제도의 취지에서 일탈하여 악용되는 경우에 한하여 주무관청이 행정해석으로 이를 시정 · 보완하고 있으며, 사법부 또한 이를 존중하는 법문화가 정착되어 있다. 이는 주무 행정기관의 유권해석에 따라 장기간에 걸쳐 통상임금을 산정해왔음에도 불구하고, 사법해석으로 종래의 행정해석이 무력화되어 산업 전반에 혼란을 가져오는 우리나라와는 매우 대조적이라 할 수 있다.

본서에서는 위와 같은 문제의식 하에서, 첫째 일본에서는 할증임금 산정 시에 기초로 하고 있는 소위 통상임금에 대한 규정을 두고 있는지, 그 내용은 구체적으로 어떻게 이루어져 있는지에 대해 살펴보고자 한다. 둘째, 일본에서는 할증임금 산정 시에 통상임금의 해석을 둘러싸고 우리나라와 같은 문제점이 발생할 여지가 있는지, 특히 판례와 행정해석 사이에 괴리는 없는지에 대해 검토한다. 마지막으로, 일본법제와의 비교법적인 시각에서 우리나라에 대한 시사점을 도출해 보고자 한다.[4)]

4) 일본의 통상임금에 관한 선행연구로는 노상헌, "일본의 평균 · 통상임금 법리", 『노동법포럼』, 제3호(2009. 10); 송강직, "한국과 일본의 통상임금 법리", 『동아법학』, 제56호(2012. 8); 이정, "통상임금에 대한 판례법리의 재검토", 『노동법학』, 제43호(2012. 9) 등이 있다.

제 2 장

임금이란 무엇인가?

제1절 헌법상의 임금개념
제2절 임금의 정의
제3절 근로의 법적 성질

제2장 임금이란 무엇인가?

제1절 헌법상의 임금개념

헌법은 임금의 개념을 명시적으로 규정하고 있지는 않지만, 임금제도에 대한 기본원리를 표명하고 있다. 헌법 제32조 제1항 제2문은 "국가는 사회적 · 경제적 방법으로 근로자의 고용의 증진과 적정임금의 보장에 노력하여야 하며, 법률이 정하는 바에 의하여 최저임금제를 시행하여야 한다"고 규정하고 있다. 또 동조 제3항은 "근로조건의 기준은 인간의 존엄성을 보장하도록 법률로 정한다", 동조 제4항은 "여자의 근로는 특별한 보호를 받으며, 고용 · 임금 및 근로조건에 있어서 부당한 차별을 받지 아니한다"고 규정하고 있다. 즉, 헌법은 적정임금, 최저임금, 인간의 존엄성에 합당한 임금 그리고 동일노동 동일임금이라는 임금의 수준과 그 기준에 관한 기본적인 원리를 제시해 주고 있다.

적정임금이란 근로자 본인과 그 가족이 인간의 존엄성에 상응하는 건강하고 문화적인 생활을 영위하는 데 필요한 정도의 임금수준을 말한다. 국가가 임금의 적정수준을 결정함에 있어 가장 중시할 점은 근로자와 그 가족의 생계비이지만, 임금은 단순한 근로대가성 이상의 의미를 가지기 때문에 근로자의 생산성 내지 생산에의 기여도, 기업의 지불능력, 물가 등 국민경제에 미칠 영향, 소득분배구조의 개선에 대한 기여도 등도 고려해야 한다.[1] 최저임금제는 국가가 법적 강제력을 가지고 임금의 최저한도를 정하여 이를 하회하는 수준으로는 사용자가 근로자를 고용하지 못하도록 함으로써, 상대적으로 불리한 위치에 있는 근로자를 보호하려는 제도이다. 헌법이 제시하고 있는 이러한 임금의 수준은 국가가 임금관련의 입법을 하거나 행정을 펼치거나 해석을 함에 있어 하나의 지침적 역할을 담당한다.[2] 헌법상 임금은 단순한 근로의 대가 이상의 의미를 지니기 때문에 생산성, 기업의 지불능력, 물가 등 국민경제에 미칠 영향 그리고 소득분배구조의 개선에 대한 기여도 등을 전반적으로 고려하여 이해할 필요가 있다.

헌법은 임금에 관한 통일적인 해석원리를 담고 있기도 하다.[3] 첫째, 임금은 노동인격의 완성과 인간다운 생활권을 이념적 바탕으로 하여 그것을 실현하기 위한 수단적 의미를 가진다. 둘째, 임금은 원칙적으로 근로자와 사용자의 자율에 맡겨져야 하지만, 헌법은 적정임금의 보장과 최저임금의 실시 그리고 임금 등 근로조건 기준이 인간의 존엄성에 합치할 것을 규정하고 있으므로 임금에 대한 계약자유의 원칙은 수정될 수 있다. 셋째, 임금청구권을 주된 내용으로 하는 근로자의 노동기본권과 경영권을 주된 내용으로 하는 사용자의 재산권은 각각의 본질적인 내용을 침해하지 않는 범위 내에서 규범 조화적으로 이해되어야 한다. 넷째, 임금은 근로자 본인과 그 가족의 생계비를 충족하는 주된 소득원으로서 국가는 사회 전반의 보상체제를 합리적으로 개선하기 위해서 노력해야 한다. 다섯째, 근로자들은 헌법이 보장하는 임금을 확보하기 위하여 단체교섭을 행하거나 집단적으로 단체행동을 전개할 수 있다. 요컨대, 임금

1) 권영성, 「헌법학원론」, 법문사, 2005, 662면.
2) 김상률, "임금의 개념과 제도상의 문제점에 관한 연구-근로기준법과 최저임금법을 중심으로-", 경북대학교 법학전문대학원 박사논문, 2011. 6, 20-21면.
3) 민경식, "헌법상 임금의 보호", 「고시연구」, 1996. 5, 104-108면 참조.

은 노동인격의 완성과 인간다운 생활권을 이념적 바탕으로 하여 그것을 실현하기 위한 수단적 의미를 가지고 있고, 근로자 본인과 그 가족의 생계비를 충족하는 주된 소득원임과 동시에 광의의 의미에서 사회적인 근로복지의 내용을 이룬다.

헌법상 임금은 근로기준법상의 임금 이상의 의미를 내포하고 있다.[4] 근로자가 제공하는 근로는 근로자의 인격과 분리하여 생각할 수 없는 특성을 가지고 있으며, 임금은 인간의 존엄성 존중과 인간다운 생존을 보장하고 국민경제상 중요한 소득형태일 뿐만 아니라, 임금수준의 결정은 국민소득의 또 다른 분배방식이라고 할 수 있기 때문이다. 따라서 임금의 적정성을 판단함에 있어서는 배분적 정의의 실현이라는 이념이 충분하게 반영될 필요가 있다.

제2절 임금의 정의

Ⅰ. 우리나라의 임금 정의

1. 근로기준법상 임금의 정의규정

노동법에서는 임금이라는 용어가 다양하게 사용된다. 그러나 헌법상 임금 개념을 입법적으로 구체화시키고 있는 법률은 근로기준법이다. 근로기준법에서는 근로시간과 함께 근로조건의 중요한 부분을 차지하고 있는 임금에 관하여 여러 가지 보호규정을 두고 있다. 가장 대표적인 규정으로 근로기준법 제2조 제1항 제5호는 이러한 규정이 적용되는 범위

4) 권영성, 「헌법학원론」, 법문사, 2005, 662면.

를 명확하게 하기 위하여 임금이 무엇을 의미하는가를 밝히려는 취지를 갖고 있다. 또한 근로기준법은 각종 근로조건과 관련된 임금의 보장을 위해 임금에 대한 정의규정을 둠과 동시에 임금을 통상임금과 평균임금으로 나누어 경우에 따라 그 적용을 달리하고 있으며 임금지급원칙, 임금채권우선변제, 전차금상계금지, 도급근로자임금, 휴업수당 등의 규정을 두고 있다.5)

근로기준법 제2조 제1항 제5호는 "임금이란 사용자가 근로의 대가로 근로자에게 임금, 봉급, 그 밖에 어떠한 명칭으로든지 지급하는 일체의 금품을 말한다"고 규정하고 있다. 이 정의규정은 1953년 근로기준법 제정 당시부터 현재까지 별다른 변화 없이 그대로 유지되어 왔다.6) 근로기준법상 임금의 정의규정은 비록 추상적이기는 하지만 노동법상 임금정의의 가장 상위의 개념으로서 의미가 있다. 즉, 노동법상 임금은 근로기준법 제2조 제1항 제5호의 임금 정의규정의 구성요건을 충족해야 한다. 근로기준법상 임금 정의규정의 구성요건을 충족하지 못하는 급여는 노동법상의 임금이 아니라 민법상의 보수나 사회보장급여 또는 특별급여의 의미를 갖는다. 만약 근로자가 사용자로부터 받는 돈이나 급여가 임금이 아니라면, 일반 채권에 해당할 뿐 근로기준법에 따른 보호를 받지 못한다.7)

근로기준법상 임금의 정의규정은 임금의 의미를 갖지 않는 급여가 임금으로 변형되는 것을 차단하는 기능을 하고 그 테두리 안에서 임금이 결정되도록 하는 질서형성을 한다. 사용자가 지급하는 금품의 일체가 '근로의 대상'을 그 지급원인으로서 인과적으로 결합하는 경우에만 노동법상의 임금이 된다. 따라서 근로기준법상 임금의 정의규정은 사용자가

---

5) 하갑래, 「근로기준법(제23판)」, (주)중앙경제, 2012, 409면.
6) 노상헌, "임금의 법리와 쟁점", 「노동법학(제31호)」, 한국노동법학회, 2009, 112면.
7) 예컨대, 노동법상 임금이 아닌 급여는 우선변제특권이 없고, 퇴직 후 14일 내 청산 대상이 아니며, 소멸시효기간은 10년이고, 이를 지급하지 않더라도 사용자는 형사처벌을 받지 않는다.

근로자에게 지급하는 일체의 금전적 가치의 출연 중에서 근로의 대상성이 있는 것만을 임금으로 보겠다는 입법자의 의사가 담겨 있다고 볼 수 있다. 그런 점에서 임금과 임금 이외의 급여를 한계획정하는 '테두리조건(Rahmenbedingungen)'을 설정한다.[8] 근로기준법상 임금의 정의규정은 임금에 관한 입법자의 결정프로그램으로서 법관은 이 테두리 내에서 임금을 해석학적으로 재구성하고 논증해야 한다. 사용자의 특정한 급여가 임금에 해당하는지의 여부는 물론 임금 개념의 윤곽을 밝히는 것은 법원이 개별 사례에 대한 구체적인 판단을 하기 이전의 선결문제로서 법적용기관을 구속하는 힘을 가질 수 있다. 따라서 근로기준법 제2조 제1항 제5호는 임금에 대한 단순한 정의규정이 아니라 규범적 의미를 갖는 강행규정으로의 의미를 갖는다.

2. 임금 개념의 구성요건

근로기준법 제2조 제1항 제5호가 단순한 정의규정이 아니라 규범적 의미를 갖는 강행규정이라는 점에서 이를 구체적 사례에 적용하기 위해서는 엄격한 구성요건체계를 갖추고, 개별적 구성요건의 의미내용이 명확하게 확정되어야 한다.[9] 근로기준법상 임금의 정의규정을 기초로, 임금 개념의 구성요건을 구체적으로 나누어 설명하면 임금은 (i) 사용자가 근로자에게 지급하는, (ii) 근로의 대가로, (iii) 어떠한 명칭으로든지 지급하는 일체의 금품을 말한다.[10]

한편 판례는 위 구성요건 중 (ii) 근로의 대가에 대해서는 좀 더 구체적으로 (a) 계속직 · 정기적 · 일률적으로 지급되었을 것(우발적이거나, 특

8) 김영문 · 이상윤 · 이정, 「임금개념과 평균임금 · 통상임금의 산정범위」, 법문사, 2004, 18면.
9) 김영문 · 이상윤 · 이정, 「임금개념과 평균임금 · 통상임금의 산정범위」, 법문사, 2004, 21면.
10) 임금의 법적 개념에 대해서는 이정, "임금의 법적 성질에 대한 고찰", 「외법논집(제16집)」, 한국외국어대학교 법학연구소, 2004, 241면 이하 참조.

수하고도 우연한 사정으로 지급되었거나, 실비변상적으로 지급된 것과 대비된다), (b) 사용자에게 지급의무가 지워져 있을 것(은혜적 지급과 대비된다)을 판단기준으로 삼고 있다.

(1) 사용자가 근로자에 지급

임금은 사용자가 근로자에게 지급하여야 한다. 임금이라고 하기 위해서는 근로관계, 즉 그 대표적인 개념징표라고 할 수 있는 '사용종속관계'가 선행되어야 한다. 근로기준법상의 사용자가 아닌 제3자가 근로자에게 지급하는 것은 근로기준법상의 '임금'이라고 할 수 없다. 따라서 제3자가 지급하는 대체급부는 노동법이 규율할 수 있는 임금의 개념이 아니다. 또한 근로자가 고객으로부터 호의적으로 받은 팁은 사용자로부터 받는 것이 아니므로 임금이 아니다. 다만, 봉사료의 명목으로 사용자가 일단 받아서 이를 다시 종업원에게 분배한다면 근로의 대상으로 볼 수 있으므로 임금의 성격을 갖는다.[11] 또한 택시회사 운전기사에게 실제 근로일수에 따라 일정액을 지급하면서 운송임금 중 일정액의 사납금 초과분을 운전기사의 수입으로 인정하는 경우에 그 초과부분에 대해서는 임금으로 인정한 사례[12]가 있다.

이와 관련하여, 판례는 교직원이 학교로부터 받는 월급과는 별도로 육성회로부터 받는 보조수당은 비록 그 지급사무를 학교가 담당한다 하더라도 임금으로 인정하지 않고,[13] 산재보험이나 의료보험, 국민연금,

11) 대법원 1992. 4. 18. 선고 91누8104 판결. 그러나 영업장의 고객이 자의에 의하여 직접 영업직 사원들에게 지급한 봉사료를 근로자들이 자율적으로 분배한 경우, 위 분배금은 근로기준법이 정한 임금의 범위에 포함되지 않는다고 한다(대법원 1999. 1. 26. 선고 98다46198 판결).

12) 대법원 1993. 12. 24. 선고 91다36192 판결. 그러나 택시운전사들이 하루의 운송수입금 중 사납금 등을 납입하고 남은 금액을 개인 수입으로 자신에게 직접 귀속시킨 경우, 그 개인 수입 부분의 발생 여부나 그 금액 범위 또한 일정하지 않으므로 운송회사로서는 택시운전사들의 개인 수입 부분이 얼마가 되는지 알 수도 없고 이에 대한 관리가능성이나 지배가능성도 없다고 할 것이어서 택시운전사들의 개인 수입 부분은 퇴직금 산정의 기초인 평균임금에 포함되지 않는다(대법원 1998. 3. 13. 선고 95다55733 판결)고 보는 경우도 있다.

고용보험 등과 같이 사용자가 부담해야 할 보험료나 근로자가 받는 보험급여, 실비변상의 보수비 · 출장비 등은 임금이 아니라고 본다.[14] 그러나 근로자 부담의 보험료나 근로소득세 등은 사용자가 원천징수를 한 것에 불과하므로 임금에 포함된다.

(2) 근로의 대가

1) 일반적 해석

임금은 근로의 대가로 지급되는 금품이다. 근로의 대가라 함은 근로자가 종속근로관계 하에서 근로를 제공하는 것에 대한 보수를 말한다. 다시 말하면 근로관계와 관련하여 근로자가 근로의 대가로서 사용자에 대해 그 지급청구권을 가지는 것만이 임금이다. 따라서 단체협약 · 취업규칙 · 근로계약에 지급조건이 명시되어 있다고 해서 모두 임금이라고 할 수 없으며, 근로의 대가로 인정될 때에만 임금으로 간주한다. 사용자가 근로자에게 지급하는 금품이 임금이기 위해서는 그것이 근로의 대가 즉, 노무제공에 대한 반대급부여야 한다. 근로의 대상의 의미에 대해서는 '사용종속관계'를 전제로 하여 그 의미를 엄격히 해석하려는 견해와 노동관계상의 지위에 대한 보수로 보다 완곡하게 해석하려는 견해로 갈라지고 있는데, 일반적으로는 후자의 견해에 가까운 입장을 취하는 듯하다.[15] 즉, 근로의 대가라 함은 널리 근로의 대가로 지급되는 것은 물론이고 그 밖에도 근로자들로 하여금 근로의 제공을 원활하게 하거나 근로의욕을 고취시키기 위하여 지급되는 것을 포함한다. 오늘날 유급휴가수당, 휴업수당, 퇴직금, 상여금, 월동비, 추석떡값 등의 급여제도는 임금의 성

---

13) 대법원 1973. 11. 27. 선고 73다498 판결.

14) 의료보험료 중 구 의료보험법(1994.1.7. 법률 제4728호로 전문 개정되기 전의 것) 제51조의 규정 등에 의한 사용자 부담분은 근로자가 근로의 대상으로서 사용자로부터 지급받는 임금에 해당한다고 볼 수는 없다(대법원 1994. 7. 29. 선고 92다30801 판결).

15) 김형배, 「노동법(제21판)」, 박영사, 2012, 352-353면 참조.

질을 근로제공에 대한 반대급부로부터 근로자의 생계를 위한 급여로 확대시키려는 경향에 있다.[16)]

문제는 근로의 대가에 대한 개념 파악인데, 사용자가 지급하는 금품은 그 명칭 · 명목이 매우 다양하여 근로의 대상인지의 여부가 명확하지 않는 경우도 있다. 따라서 근로의 대가에 대한 판단은 급여의 성질 · 내용에 비추어 개별적 · 구체적으로 판단해야 하는데, 이 판단이 그다지 쉽지 않다. 일본에서는 행정실무상으로 '근로의 대상'으로서의 임금과 구별되어야 하는 것으로서 '임의적 · 은혜적 급여', '복리후생 급여', '기업설비 · 업무비'라는 세 가지의 개념을 정립하여 이러한 경우에 해당하는 것은 임금이 아니라고 처리해 왔는데,[17)] 우리나라에서의 판단구조 역시 이와 유사하다. 판례는 부양가족이 있는 근로자에게만 지급된 가족수당과 상근자에 한하여 현물로 지급되며 현물을 제공받지 않은 근로자에 대하여 그에 상당하는 금품이 제공되지 않은 경우의 중식대가 통상임금에 포함되지 않는다고 본 사례에서, "평균임금 산정의 기초가 되는 임금 총액에는 사용자가 근로의 대상으로 근로자에게 지급하는 금품으로서, 근로자에게 계속적 · 정기적으로 지급되고 단체협약, 취업규칙, 급여규정, 근로계약, 노동관행 등에 의하여 사용자에게 그 지급의무가 지워져 있는 것은 그 명칭 여하를 불문하고 모두 포함된다 할 것이나, 근로자가 특수한 근무조건이나 환경에서 직무를 수행함으로 말미암아 추가로 소요되는 비용을 변상하기 위하여 지급되는 실비변상적 금원 또는 사용자가 지급의무 없이 은혜적으로 지급하는 금원 등은 평균임금 산정의 기초가 되는 임금 총액에 포함되지 않는다"고 판시한 바 있다.[18)]

---

16) 김형배, 「노동법(제21판)」, 박영사, 2012, 353면.
17) 菅野和夫, 「勞動法(第9版)」, 弘文堂, 2010, 224면.
18) 대법원 2003. 4. 22. 선고 2003다10650 판결.

2) 구체적 판단

판례는 근로의 대가로서 임금에 해당하는지 여부를 판단하기 위해 (a) '계속적 · 정기적 · 일률적'으로 지급되었을 것(우발적이거나, 특수하고도 우연한 사정으로 지급되었거나, 실비변상적으로 지급되었다는 것과 대비된다), (b) '사용자에게 지급 의무'가 지워져 있을 것(은혜적으로 지급하는 것과 대비된다)을 좀 더 구체적인 판단기준으로 활용하고 있다.[19] 이에 대해서 판례는 "사용자가 근로의 대가로 근로자에게 지급하는 일체의 금원으로서, 근로자에게 계속적 · 정기적으로 지급되고 그 지급에 관하여 단체협약, 취업규칙, 급여규정, 근로계약, 노동관행 등에 의하여 사용자에게 지급의무가 지워져 있다면 그 명칭 여하를 불문하고 모두 그에 포함된다"[20]고 판시하였다. 따라서 근로의 대상성이 있는 금품에 해당하려면 사용자가 근로자에게 '계속적, 정기적, 일률적'으로 지급하여야 하며 또한 '사용자에게 그 지급의무'가 있어야 한다.

사용자에게 지급의무가 있다는 것은 임금의 지급여부를 사용자가 임의적으로 결정할 수 없다는 것을 의미한다. 사용자가 지급의무 없이 은혜적으로 지급하는 금원 등은 근로의 대상으로서 지급되는 임금에 포함되지 않는다. 다만, 그 지급의무의 발생근거는 단체협약이나 취업규칙, 급여규정, 근로계약에 의한 것이든 그 금품의 지급이 사용자의 방침이나, 관행에 따라 계속적으로 이루어져 노사간에 그 지급이 당연한 것으로 여겨질 정도의 관계가 형성된 경우처럼 노동관행에 의한 것도 인정하는 것이 가능하다.[21)

---

19) 노동법실무연구회, 「근로기준법주해(Ⅰ)」, 박영사, 2010, 190면.
20) 대법원 1999. 5. 12. 선고 97다5015 전원합의체 판결; 대법원 1999. 9. 3. 선고 98다34393 판결; 대법원 2001. 10. 23. 선고 2001다53950 판결; 대법원 2002. 10. 17. 선고 2002다8025 전원합의체 판결; 대법원 2004. 11. 12. 선고 2003다264 판결.
21) 사법연수원, 「해고와 임금」, 2012, 77면.

(3) 어떠한 명칭으로든지 지급하는 일체의 금품

사용자가 근로자에게 근로에 대한 대가로 금품을 지급하면 그 명칭 여하에 관계없이 임금이 된다. 금품은 현금이 원칙이지만 현물이나 그 밖에 시설이용 등 경제적 이익이 있는 것은 모두 금품으로 본다.[22] 금품에는 금전 또는 유가증권뿐만 아니라 현물 또는 시설의 제공 등 이익을 제공하는 것도 이에 포함된다. 임금은 통화로 지급되어야 한다는 근로기준법의 규정은 현실적인 임금지급의 효과가 발생하였는지 여부를 판가름하는 데 있어서만 적용될 뿐이고, 통화 이외의 다른 지급수단을 임금의 범위에 포함시킬 수 없다는 의미는 아니다.[23]

따라서 명칭만을 가지고 임금에의 해당 여부를 판단해서는 안 되며, 구체적으로 근로에 대한 대가로 지급되었는지의 여부를 살펴보아 판단하여야 한다.[24] 임금의 성질을 갖는지 여부의 결정에 중요한 것은, 그것이 근로제공과 직접적으로 관련되거나 그것과 밀접하게 관련된 것으로 볼 수 있는 급여로서 근로의 대가성이 있는지의 여부이다. 흔히 별정수당, 체력단련비, 자녀학비보조비, 가계보조비, 출근수당 또는 출근장려수당, 정근수당, 생산장려금, 또는 생산장려수당, 기능장려수당, 연료수당, 물가수당, 위험수당, 월동보조비 등으로 지급되는 것은 그 명칭만으

---

22) 판례는 "평균임금 산정의 기초가 되는 임금총액에는 사용자가 근로의 대상으로 근로자에게 지급하는 일체의 금품으로서, 근로자에게 계속적, 정기적으로 지급되고 그 지급에 관하여 단체협약, 취업규칙 등에 의하여 사용자에게 지급의무가 지워져 있으면 그 명칭 여하를 불문하고 모두 포함되는 것인 바, 대한석탄공사가 전직원을 대상으로 취업규칙 또는 공사의 방침으로 정한 일정 기준에 의하여 매월 또는 매년 정기적, 계속적으로 식대보조비(현물지급), 연료보조비(현물 또는 현금), 가족수당, 체력단련비, 기술수당, 광산근무수당(벽지수당), 입갱수당, 생산독려수당 등을 모두 지급하여 왔다면 이는 그 명칭이나 일부 현물지급 여부에 관계없이 근로의 대가로 지급하여 온 금품으로서 평균임금의 산정에 있어 포함되는 임금으로 봄이 상당하다(대법원 1990. 12. 7. 선고 90다카19647 판결)"고 판시하였다; 현물급식이 근로자에게 정기적이고 일률적으로 지급될 때에는 임금의 범위에 포함된다(1981. 7. 2, 근기 1455-20426)고 본 행정해석도 있다.

23) 사법연수원, 「해고와 임금」, 2012, 99면.

24) 이상윤, 「노동법(제6판)」, 2011, 법문사, 187면.

로는 임금의 성질을 갖는지 여부가 분명치 않다. 그러나 그것이 근로의 대가로서 취업규칙·단체협약 등에서 사용자에게 지급의무가 정하여져 있고, 그 지급조건에 해당하는 모든 근로자에게 계속적, 정기적, 일률적으로 지급되는 것이라면 근로의 대상으로서 임금의 성질을 갖는다.[25)]

3. 임금의 개념 범주에서 제외되는 금품

임금 여부에 대한 주된 판단기준은 근로의 대가성이다. 따라서 사용자가 지급하는 것은 일단 임금으로 인정하되 은혜적·호의적으로 지급하는 금품, 실비변상적 금품, 복리후생적 금품, 성과변동적 금품, 개별근로자의 특수하고 우연적인 사정에 의하여 좌우되는 금품 등은 임금의 개념범주에서 제외된다.

(1) 사용자가 지급하지 않는 금품

임금은 사용자가 관리할 수 있고 사용자가 지급한 것이어야 하기 때문에 사용자가 지급하지 않은 팁, 봉사료, 사납금 이외의 개인수입 등은 임금으로 보기 어려운 측면이 있다. 예컨대 아파트 위탁관리회사 소속 경비원에게 입주자대표회의에서 수고비 명목으로 일정금액을 지급해왔다고 하더라도 입주자대표회의는 사용자가 아니기 때문에 이러한 수고비는 임금이 아니라고 판단된다.[26)]

(2) 의례적·은혜적·호의적으로 지급되는 금품

근로관계의 계속성과 근로자의 동기부여를 위해 지급하는 의례적·은혜적·호의적 금품은 임금이 아닌 경우가 대부분이다. 임의적·호의

25) 대법원 1995. 7. 11. 선고 93다26168 판결; 대법원 2002. 5. 31. 선고 2000다18127 판결; 대법원 2005. 9. 9. 선고 2004다41217 판결.
26) 임금근로시간정책팀-1624, 2007. 4. 27.

적 급여에 속하는 것으로는 결혼축의금, 조의금, 상병위로금 등이 전형적이다. 예컨대 호텔에서 직원의 어학능력을 향상시킬 목적으로 어학시험을 실시하고 성적 우수자에게 어학수당 명목으로 지급한 것은 포상을 목적으로 은혜적으로 지급한 금품이므로 임금에 해당하지 않는다.[27)]

단, 이러한 급여라도 단체협약이나 취업규칙 등에 지급조건이 명확하게 되어 있고 그에 따라 사용자에게 지급의무가 있는 한 근로의 대상으로 인정되어 임금으로 인정 가능한 경우도 있다.[28)] 특별상여(보너스)나 성과급 등도 지급여부나 기준이 오로지 사용자의 재량에 맡겨지거나 경영성과에 따라 일시적 · 불확정적으로 지급되는 경우에는 임금이 아니라는 것이 판례의 태도이지만,[29)] 명목은 특별상여금 성과급이지만 계속적, 정기적으로 지급되고 그 지급액이 확정되어 있다면 임금에 해당한다.[30)]

(3) 업무수행에 소요되는 실비변상적 금품

출장비, 해외체제비, 여비, 판공비, 기밀비, 정보비 등 업무를 수행하다 보면 개인의 비용이 아니라 회사의 비용으로 처리해야 하는 경우가 발생한다. 업무수행을 위해 지급되는 여비나 숙박비로 지급되는 출장비는 실비변상적인 성질을 갖는 것으로서 근로의 대가인 임금이 아니다.[31)] 업무수행 과정에서 발생한 비용을 보전해주는 명목으로 지급하는 것은 단체협약이나 취업규칙에 명시되어 있다고 하더라도 임금으로 보기는 어렵다. 예를 들어 작업복, 작업용품대, 교제비, 손료(損料) 등은 일반적으로 여기에 속한다. 그러나 통근수당이나 현물로서의 통근정기권의 경

27) 임금근로시간정책팀-1820, 2007. 5. 14.

28) 菅野和夫, 「勞動法(第9版)」, 弘文堂, 2010, 224면. 이에 대하여 의례적 · 호의적 급여는 취업규칙 등에 그 지급조건이 명시되어 있더라도 임금으로 인정되지 않는다는 입장도 있다(임종률, 「노동법(제10판)」, 2012, 384면).

29) 대법원 2006. 2. 23. 선고 2005다54029 판결; 대법원 2006. 5. 26. 선고 2003다54322, 53339 판결.

30) 대법원 2006. 5. 26. 선고 2003다54322, 53339 판결.

31) 대법원 1971. 10. 22. 선고 71다1982 판결.

우에는 근로계약의 측면에서는 원칙적으로 근로자가 부담해야 할 것이므로, 업무비가 아니라 그 지급기준이 정해져 있는 한 임금으로 볼 수 있다는 견해가 있다.[32]

(4) 생활보조적 · 복리후생적 금품

복리후생급여는 사용자가 근로의 대가로서가 아니라 근로자의 복리후생을 위해 지급하는 이익 또는 비용이므로 개념상 임금이 아니다. 따라서 자금대부, 금전대부, 주택대여(사택), 통근차 이용, 회사의 목욕시설 · 운동시설 이용 등은 임금으로 볼 수 없다. 복리후생급여와 관련하여 가족수당, 월동비, 김장수당, 통근수당, 식사비(현물포함), 학비보조비 등이 임금에 포함되는지가 문제된다. 명칭만으로 임금이 아니라고 단정해서는 안 되며 실제 지급하는 급여의 성격에 따라 임금인지 여부를 종합적으로 판단해야 한다. 이 중에서도 일정한 요건 하에서 예외적으로 임금으로 보는 경우가 있다. 예를 들어 주택대여는 원칙적으로 복리후생급여이므로 임금은 아니지만, 주택을 대여 받지 못하는 근로자에게 회사가 주택수당을 지급하는 경우에는 임금으로 본다.[33]

판례도 일정한 요건을 갖춘 종업원에게 일률적으로 또 계속적으로 지급되는 이상 가족수당, 통근수당, 식사대, 체력단련비, 학비보조금, 하계휴가비, 차량유지비 등도 널리 임금에 포함된다고 본다. 이들이 임금인상은 하되 다른 급여에는 영향을 미치지 않는 방편으로 설정된 것이라는 점을 중요시하는 듯하다.[34] 고용노동부는 급식비, 교통비, 자가운전보조비, 가족수당, 교육수당, 학자금보조 등이 식사 여부, 출근 여부, 취학자녀 유무, 가족 유무 및 숫자 등 업무외 기준에 따라 일시적으로 지급

---

32) 菅野和夫(2010).「勞動法(第9版)」. 弘文堂, 224-225면.
33) 대법원 1972. 12. 26. 선고 71다2590 판결.
34) 임종률, 「노동법(제10판), 박영사, 2012, 385면.

되면 순수한 복리후생비로 근로의 대가인 임금이 아니지만 명칭은 복리후생적 금품이라도 취업규칙, 관행에 따라 조건 충족 없이 정기적 · 일률적으로 같은 금액을 지급하는 경우에는 임금으로 해석한다.

(5) 변동적으로 지급되는 성과급이나 이윤분배금

상황에 따라 변동하는 성과급이나 이윤배분금 등은 예측가능성이 낮고 근로자가 형평성을 찾기 어렵기 때문에 임금으로 해석하지 않는다. 지급사유의 발생이 불확정적이고 일시적인 금품이거나 취업규칙 등에 근로조건으로 미리 명시하지 않고 노사합의 등의 방법을 통해 일정목표를 정한 다음 이 목표에 도달할 경우 일정액 또는 일정비율의 성과급, 배분금 등을 지급하기로 정한 경우에는 임금으로 볼 수 없다.[35)]

그러나 위와 같은 판단기준으로 보면 임금이라고 보기 어려운 금품이라도 '단체협약, 취업규칙, 근로계약 등에 지급조건 · 금액 · 지급시기가 정해져 있거나' 또는 '전 근로자에게 관례적으로 지급하여 사회통념상 근로자가 당연히 지급받을 수 있다는 기대를 갖게 된 경우'라면 임금에 포함시킬 수 있을 것이다.[36)] 따라서 명칭은 성과급이나 이윤분배금이라 하더라도 매년 고정적인 금액을 지급하거나 지급률이 고정되어 있다면 임금으로 볼 수 있다. 예컨대 자산운용 결과 평균수익률을 초과하는 경우 그 초과이익의 일정비율을 성과급 형태로 지급하기로 정한 경우 그 지급사유의 발생이 불확정적이고 일시적인 것이므로 임금이 아니라고 판단된다.[37)]

(6) 특수하고 우연적인 사정에 의하여 좌우되는 금품

우연하게 발생하는 개별성과급이나 영업수당, 오지에 근무하는 근로

35) 임금근로시간정책팀-1020, 2006. 5. 1.
36) 임금 68207-78, 2002. 2. 5.
37) 임금 68207-78, 2002. 2. 5.

자에게 지급하는 특별교통비 등 개별근로자의 특수하고 우연적인 사정에 의하여 좌우되는 금품은 임금으로 보기 어렵다.

4. 소 결

임금이란 사용자가 근로의 대가로 근로자에게 임금 · 봉급 기타 어떠한 명칭으로든지 지급하는 일체의 금품을 말한다. 판례에 따르면 계속성, 정기성, 일률성, 사전 지급의무의 존재 등이 구체적인 판단기준으로서, 그 기준이 충족할 경우 임금 해당성이 긍정된다. 하지만 거꾸로 그 일부가 존재하지 않더라도 임금 해당성을 부정하는 것에는 신중을 기할 필요가 있다. 이들 판단 표지는 이른바 편면적 판단 기준으로 기능한다고 보는 것이 바람직하다.[38] 따라서 사용자가 근로자에게 지급하는 어떤 명목의 금품이 임금에 해당하는지 여부는 여러 판단 표지를 동원하여 실질적으로 판단하여야 하고, 명칭에 구애받아서는 안 된다. 다만, 그 명목은 그 금품의 실질적인 성격을 판단하기 위해 필요한 정황이 될 수 있다.[39] 어떤 금품이 근로의 대가로 지급된 임금인지를 판단함에 있어서는 사용자가 지급한 것이어야 하고 그 금품지급의무의 발생이 근로제공과 직접적으로 관련되거나 그것과 밀접하게 관련된 것으로 볼 수 있어야 한다.

Ⅱ. 외국의 임금 정의

1. ILO

ILO(국제노동기구)는 1949년 제95조 협약을 통해 임금에 대한 개념정의를 하고 있다. 그 밖에 평균임금이나 통상임금에 대한 정의규정은 없

38) 노동법실무연구회, 「근로기준법주해(Ⅰ)」, 박영사, 2010, 193면.
39) 노동법실무연구회, 「근로기준법주해(Ⅰ)」, 박영사, 2010, 189면.

다. ILO 제95호 협약 제1조는 "이 협약에서 임금이라 함은 명칭 또는 계산방법의 여하를 불문하고 금전으로 평가할 수 있고, 쌍방의 합의나 국내의 법령으로 정해진 보수 또는 소득으로, 완성되었거나 앞으로 완성될 일 또는 용역에 관하여 사용자가 문서 또는 구두에 의한 근로계약에 의거하여 근로자에게 지불하는 것을 말한다"고 임금을 정의하고 있다.[40] 임금에 관한 ILO의 협약에 따르면 명칭이나 계산방법 여하를 불문하고 금전으로 환산 할 수 있는 것을 임금으로 해석이 가능하다. ILO 제95조 협약은 임금이라는 용어를 근로에 대한 보수로서 가능한 모든 다양한 형태와 구성요소들을 포괄하는 통칭적인 의미로 사용하고자 한 것으로 보인다.[41] 이는 우리나라 근로기준법 제2조 제1항 제5호의 임금의 정의와 비슷한 면이 있으나, 근로계약이나 쌍방의 합의에 의하여 정하여진 것을 임금으로 본다는 점에서 금전지급에 관한 근거규율이 없는 우리나라 법제와는 차이가 있다.[42] 특히, '근로의 대상'과 같은 핵심적인 부분의 내용이 없이 근로에 대한 보수로서의 가능한 모든 형태를 포함하는 의미로 '임금'을 정의하고 있어, 우리의 근로기준법 제2조 제1항 제5호보다는 개념범위가 넓다고 볼 수 있다.

그러나 임금의 개념에 포함되지 않는 금품이나 수당의 해석에 관해서는 ILO의 입장도 명확한 것은 아니다. 임금의 총액에 영향을 미치지 않으면서 임금의 개념으로부터 벗어나는 복지혜택이나 다양한 수당 등을 책정하는 정책의 경우, 임금의 범위에 포함하지 않는 급여가 증가하는 것 자체가 ILO 협약 제95조에 위반하는 것은 아니라는 것이 이 협약의 적용에 관한 전문가위원회(The Committee of Experts of the Application of Conventions)의 의견이다. 그러나 동시에 해당 정책이 근로자의 급여

40) 노동부, 「ILO 국제협약집」, 2000, 117면.
41) ILO, Protection of Wages, 2003, 19면.
42) 김상률, "임금 개념과 제도상 문제점에 관한 연구", 경북대학교 법학전문대학원 박사학위논문, 2011, 129면.

총액을 감소시킬 수 있다는 점을 지적하면서 비임금적 성격을 띠는 수당이 ILO 제95호 협약의 보호범위 내에 포함될 수 있도록 하는 조치를 취해 줄 것으로 요청하고 있다. 따라서 ILO는 사용자가 지급하는 금품 중에서 임금의 성격을 가지는 것을 축소시키고, 임금에 포함되지 않는 금품을 증가시키는 형태의 임금정책과 제도를 경계하고 있는 것으로 보인다.[43)]

요컨대, ILO가 임금의 개념은 근로관계에서 근로계약에 근거하여 지급하는 모든 것은 가능한 한 임금으로 포섭하려는 경향에 있다는 점에서 우리나라 근로기준법의 임금정의보다 그 범위가 넓게 인정되고 있다고 할 수 있다.[44)] ILO가 평균임금이나 통상임금 등의 세부적인 임금의 개념을 정의하지 않은 것은 각국마다 임금체계가 다르다는 점을 고려하여 회원국의 재량으로서 자국실정에 맞게 임금의 개념을 정하도록 한 것이라고 보인다.[45)]

2. 미 국

미국의 임금제도에 관해서는 1938년 공정근로기준법(Fair Labor Standards Act, FLSA)가 제정되었고, 그 후 몇 차례의 개정을 통해 현재에 이르고 있다. FLSA는 Occupational Safety and Health Act(OSHA) 및 Employee Retirement Income Security Act(ERISA), 나아가 Age Discrimination in Employment Act(ADEA) 등 을 통한 근로조건의 연방규제의 근간이 되었다. FLSA는 최저임금(minium wages), 시간외근로수당(연장근로: overtime pay), 연소자근로(child labor), 동일노동 동일임금

43) 문무기 · 윤문희 · 이철수 · 박은정, 「임금제도 개편을 위한 노동법적 과제」, 한국노동연구원, 2006, 29면.

44) 김상률, "임금 개념과 제도상 문제점에 관한 연구", 경북대학교 법학전문대학원 박사학위논문, 2011, 130면.

45) 김영문 · 이싱윤 · 이징, 「임금개념과 평균임금 · 통상임금의 산정범위」, 법문사, 2004, 301면.

(equal pay for equal work) 등을 규정하고 있다. FLSA는 "근로자에게 지급되는 '임금(wage)'은 식사, 숙박 또는 기타 편의가 통상적으로 사용자로부터 근로자에게 제공된다면 그에 상응하는 합리적인 수준의 비용도 포함하며, 이에 노동장관이 결정한다. 다만 해당 근로자에게 적용되는 실질적인 단체협약상 제외토록 한 식사, 숙박 또는 기타 편의는 임금으로 보지 아니한다. 또한 노동장관은 유사한 조건의 사용자들의 평균비용 또는 여러 근로자 집단들의 평균수혜액 또는 기타 적절한 공정가격 조치에 근거하여 특정 계층의 근로자 및 특정 지역에 있어서 식사, 숙박 또는 기타 편의에 대한 공정가격을 책정할 권한을 지닌다. 이와 같은 평가는 필요하거나 적절하다고 판단되는 경우, 근로자에게 지불되는 임금을 결정하기 위한 실제 비용산정을 대체한다."(Sec.3(1)(m))고 하면서 근로자에게 지급되는 '임금'은 노동장관이 결정한 적정한 대가를 포함한다고 규정하고 있다.[46]

미국의 몇몇 주법에서는 임금을, 근로자가 수행한 근로나 서비스에 대하여 시간, 업무, 작업량, 수수료 또는 여타의 계산방법으로 정해지는 것으로, 근로자가 지급받으리라는 합리적인 기대를 가지고 있는 금품으로 받을 권리를 보유하게 되는 모든 임의적이지 않은 대가라고 정의를 하고 있다. 이에 따라서 임금에는 질병수당(sick pay), 휴가수당(vacation pay), 해고수당(serverance pay), 연장근로수당(overtime pay), 수수료, 상여금 및 기타 근로자와 사용자 간에 지급하기로 약정된 금액과 더불어 사용자가 이에 대한 지급방침이나 관행을 가지고 있는 경우로 의료, 보건, 병원, 복지, 연금 등에 대한 지급과 같이 근로자의 복지를 위한 근로자 또는 기금에 대한 지급이 포함된다.[47]

46) 김상률, "임금 개념과 제도상 문제점에 관한 연구", 경북대학교 법학전문대학원 박사학위논문, 2011, 132면.
47) ILO, Protection of Wages, 2003, 20-21면.

요컨대, 미국의 FLSA는 임금의 개념을 구체적으로 정의하고 있지는 않고, 최저임금 및 초과근로수당 등에 관한 규정을 두고 있다. 미국은 우리나라 근로기준법과 달리 평균임금 및 통상임금의 개념을 별도로 채택하고 있지 않다.

3. 독 일

독일에는 우리나라 근로기준법 제2조 제1항 제5호의 임금의 정의나 제2조 제1항 제6호의 평균임금에 해당하는 법률규정은 존재하지 않는다. 또한 통상임금의 개념도 없다. 독일의 임금의 개념으로 파악하는 근로에 대한 대가(Arbeitsentgelt: 통상적으로 '급여')는 통상 사용자가 근로자에게 근로계약에 근거하여 지불하는 일체의 반대급부를 의미하며, 대체로 금전급부이다.[48] 대가(또는 급여: Entglt)는 역사적으로 구어적 의미에서 2가지 형태로 구분된다. 즉 사무직 근로자의 봉급(Gehalt)과 근로자의 임금(Lohn)으로 구분한다.

입법상, 단체협상 이러한 구분은 더 이상 의미가 없으나 아직 대가(Entgelt)라는 표현은 사용된다. 임금이나 봉급 이외에 대가(또는 급여: Entgelt), 사례(Salaer)와 보수(Verg tug)가 종종 같은 의미로 사용된다. 오늘날 역시 표준어적, 구어적 의미에서 대체로 봉급(Gehalt)을 매달 동일하게 유지되는 근로대가(Arbeitsentgelt)로 이해한다. 그러나 통상 시간당 임금, 즉 시급(Stundenlohn)이라는 표현을 사용할 뿐 시간당 봉급(Stundengehalt)이라고는 표현하지 않으며, 시간당 산정되어 매달 유동적인 근로대가는 임금(Lohn)으로 간주된다. 특히, 민법상 보수(Verg tung)는 근로대가와 동일한 의미로 사용되고 있다.[49] 독일에서는 오랫동안 단

48) Schliemann, Arbeitsvertrag, §611 Rn. 1553 참조.
49) Schliemann, Arbeitsvertrag, §611 Rn. 1554 참조.

체협약의 역사적 발전에 의해서 주로 임금의 지급 근거나 지급종류, 지급액 등은 단체협약에 의해서 결정된다. 독일은 임금관리가 기본급 중심으로 단순화되어 있고, 국가기관의 임금소득파악이 투명하여 대개의 경우 시간급을 받는 경우도 월소득액을 중심으로 각종의 급여가 결정된다. 다만 임금과 관련해서는 주변 영역에서 예를 들어 성탄절이나 휴가 시, 급부된 근로 또는 계속근무를 위한 독려금에 대한 특별급여로서 임의로 지급되는 상여금이 임금인가 아닌가를 다투는 것이 아니라, 임금은 아니지만 근로자에게 청구권의 근거가 있는가, 얼마를 요구할 수 있는가 하는 점이 다투어진다.

원칙적으로 근로계약 당사자들은 보수산정을 자유롭게 약정할 수 있다. 근로계약 당사자들은 임금체계에 있어서 '인과적 임금발견체계'와 '목적적 임금발견체계'를 기초로 할 수 있으며, 인과적 임금발견의 범위에서 시간급, 도급급, 성과급 등을 약정할 수 있다. 그러나 근로계약의 당사자들이 협약의 구속을 받는다면 약정된 보수는 협약상의 보수보다 낮아서는 안 된다. 이론상으로는 개별계약으로 성과급을 약정해 놓고는 협약에 근거해서 특정 활동에 대해서는 시간급이 약정되는 경우도 있다. 이 경우는 각각의 경우에 대해서 이중의 임금산정이 시행되어야 한다. 약정된 성과급이 많다면 근로자는 이를 취하게 될 것이고, 약정된 성과급이 협약상의 임금보다 낮다면 근로자는 협약상의 임금을 받게 될 것이다. 경영학상의 이유에서 보면 협약상의 임금발전체계의 범위에서 임금약정을 내리는 것이 권장된다. 협약구속이 존재하지 않는 경우에도 협약상의 임금이 노동력 제공 가치에 대한 방향에 도움을 줄 수 있다.[50]

요컨대, 독일의 경우에는 임금개념에 관한 법률규정이 존재하지 않으며, 임금의 중심이 되는 것은 협약상의 임금이고, 이에 부가하여 지급

50) 김상률, "임금 개념과 제도상 문제점에 관한 연구", 경북대학교 법학전문대학원 박사학위논문, 2011, 136면.

되는 것으로서는 수당이나 부가급여, 특별보수 등 여러 형태의 추가적인 급여가 존재한다. 그러나 이러한 각종 급여들이, 특히 우리나라에서 논란이 일고 있는 성과급이나 상여금과 같은 특별보수나 개인연금보조비와 같은 사회적 급여가 어느 특정의 급여산정을 위한 기초단위로서 임금에 해당하여 통상임금이나 평균임금의 산정범위에 포함되는가 하는 것이 문제가 되는 것이 아니라, 이들 급여는 광의의 의미에서 모두 보수에 속하지만 과연 그러한 보수를 각각 개별적으로 청구할 수 있는 청구권의 근거가 무엇인지가 문제된다. 말하자면 예를 들어 성과급에 대한 지급청구권을 행사할 수 있는지 하는 문제에 초점이 맞추어져 있다. 따라서 아무런 약정이 없는 경우에 보수지급은 어떤 근거에 의해서 인정되어야 하는가, 임의적으로 지급하는 금원에 대해서 철회유보약정이 가능한가 하는 점 등이 주로 문제가 되는데 기본급 중심의 독일은 모든 수당은 통상적인 유보와 함께 협약을 초과하고, 임의적인 것이며, 철회가능하고, 언제나 상계 가능한 것으로 본다.[51]

4. 프랑스

프랑스에서 임금에 관한 일반적인 정의는 없다. 다만 당연히 지급되어야 하는 기본급에 더하여 지급되는 상여금이나 각종 수당 및 은혜적 급부 등에 대해서는 개별적 판례에 의하여 그것의 임금성이 판단되고 있다. 우선 상여금이나 각종 수당 등에 대하여 법원은 "근로계약으로 근로자에게 지급하기로 약속된 모든 급여는, 실비변상의 경우를 제외하고, 임금에 해당된다"고 말하고 있다.[52] 이러한 원칙에 따라서 교통수당이나 여비 또는 주택수당 등 실비변상금품은 임금에 해당되지 않게 되는 반

51) 김영문 · 이상윤 · 이정, 「임금개념과 평균임금 · 통상임금의 산정범위」, 법문사, 2004, 324면.
52) Michel Despax and Jacques Rojot, "France", International Encyclopaedia for Labour Law and Industrial Relations, Kluwer Law International, 1987, 95면.

면, 인센티브나 생산수당, 원자재절약수당, 우수품질수당, 야간근로수당과 같이 근로를 수행함에 있어서 특별한 조건으로 인하여 발생한 수당, 위험수당, 추위 또는 더위수당 그리고 기타 장기근속수당이나 개근수당 등은 임금을 구성하는 것으로 간주된다.[53]

문제는 은혜적 급여의 임금성 판단이라고 할 수 있는데, 이에 대해서는 그 급여가 순수하게 사용자의 임의적 '선물'로서 주어진 것인지 아니면 임금을 보전하는 하나의 수단으로 주어진 것인지에 따라 판단된다. 그렇다면 어떤 경우에 급여가 순수한 은혜적 급여이냐를 판단하는 것이 문제라고 할 수 있는데, 프랑스에서는 이에 대한 판단을 "호의적이고 정해지지 않은 것으로서 근로자가 정규적인 급부의 요구를 할 수 없는 경우"라고 말하고 있다.[54] 그리고 이러한 은혜적 급여는 임금에 대하여 제공되는 법적 보호가 행해지지 않는다. 즉 임금으로서 인정되지 않는 것이다. 그런데 프랑스에서도 이러한 은혜적 급여가 점차 임금의 주된 부분을 차지하게 됨에 따라서 법적 보호의 대상의 범위 내로 포함되는 경향에 있다. 그러므로 사실 프랑스에서도 우리나라와 마찬가지로 어떤 급여가 순수한 은혜적 급여이냐 아니냐를 판단하는 것은 대단히 어렵고 또한 불분명할 수밖에 없고, 이에 따라 법원은 다음과 같은 두 가지의 요건에 따라서 은혜적 급여의 임금성을 판단하고 있다.

우선, 은혜적 급여에 해당되는지의 논란이 있는 급여가 ① 넓은 의미에서의 노사간의 계약적 성질을 가지는 합의(즉, 단체협약이나 고용계약, 노동조합규칙 등에 의한 규정, 관습 또는 노동관행 등)로부터 발생하는 것이고, ② 그러한 계약이 급여의 이행에 강제력을 부여하고 있다면, 그것은 단순한 은혜적 급여가 아니라 임금으로 인정을 하고 있다. 다만 이러한

53) Michel Despax and Jacques Rojot, "France", International Encyclopaedia for Labour Law and Industrial Relations, Kluwer Law International, 1987, 95면.
54) Michel Despax and Jacques Rojot, "France", International Encyclopaedia for Labour Law and Industrial Relations, Kluwer Law International, 1987, 96면.

경우에 이러한 두 가지 요건에 대한 입증책임을 지는 것은 근로자 측이라고 할 수 있는데, 예를 들어 근로자는 관습이 꾸준하게 해당 사업장에서 성립되어 왔다는 사실(즉 은혜적 급여가 수년간 정기적으로 지급되어 왔다는 사실), 일률적이라는 사실(즉 은혜적 급여가 해당 사업장에서 일하는 모든 근로자 또는 일정한 조건을 충족하고 있는 모든 근로자에게 습관적으로 지급되어 왔다는 사실), 고정적이었다는 사실(즉 은혜적 급여가 일정률 · 일정량 등으로 정해져 있다는 사실) 등을 증명해야 한다.[55]

5. 일 본

일본 민법(623조)에 의하면 '고용'은 '당사자의 한쪽이 상대방의 노무에 종사하는 것'과 '상대방이 이에 대해 그 보수를 지불하는 것'을 대가관계로 한 계약으로 '노무에 종사하는 것'에 대한 '보수'가 기본적 요소로 되어 있다. 이 '보수'가 임금인데 이것을 노동기준법은 보다 정밀하게 '이 법률에서 임금이란 임금, 급료, 수당, 상여 그밖에 명칭 여하에 상관없이 노동의 대상으로서 사용자가 근로자에게 지불해야 하는 것을 말한다'고 정의한다(11조). 노동기준법의 정의는 제1차적으로는 임금지불의 제 원칙(24조)과 같은 동법상 임금보호규정(그밖에 4조 · 15조 · 17조 · 23조 · 25조 · 27조 · 37조 · 89조 1항 2호 · 108조)에 있어서 '임금'의 의의를 분명하게 하는 것인데 보다 기본적으로는 동법상 '근로자'(9조)의 하나의 요소인 '임금을 지불받을 것'의 의미를 분명하게 하는 의의를 갖는다. 그리고 '근로계약'은 '근로자'의 노동관계를 내용으로 한 계약이므로, 노동기준법의 '임금' 정의는 결국 '근로계약'에 의한 '임금' 개념을 나타내게 된다.

---

55) Michel Despax and Jacques Rojot, "France", International Encyclopaedia for Labour Law and Industrial Relations, Kluwer Law International, 1987, 96면.

일본 법령에서 '임금'의 정의를 최초로 규정한 것은 임금 총제령(1939년 칙령 제128호) 제3조이나 그 개정 칙령이라는 1940년의 임금 총제령(칙령 제65호) 제3조 제1항은 다음과 같이 정의하고 있었다. "본령에서 임금이라고 칭하는 것은 임금, 급료, 수당, 상여 기타 명칭의 여하를 묻지 않고 근로자를 고용하는 자가 노동의 대상으로서 지급하는 금전, 물건 그 밖의 이익을 말한다." 이는 현재 임금에 관한 일본의 노동기준법 규정과 거의 같은 규정이며 이를 대체로 계승한 것이라고 할 수 있다. 일본 노동기준법은 근로시간과 관련하여 근로조건의 중요한 부분을 점하는 임금에 관해 여러 가지 보호규정을 마련하고 있으나, 일본 노동기준법 제11조는 이 규정들이 적용되는 범위를 명확히 하기 위해 '임금'의 의미를 명백히 하는 것을 목적으로 한다.

노동기준법의 위의 정의에 의하면 '임금'의 제1요건은 '노동의 대상'이라는 것이다. '노동의 대상'인가 여부는 문제가 되는 급여의 성질 · 내용에 비추어 개별적으로 판단되는데 그 판단은 용이하지 않다. 그래서 행정실무 상으로는 '노동의 대상'으로서의 임금과 구별되어야 하는 것으로 '임의적 은혜적 급여', '복리후생 급여', '기업설비 · 업무비'라는 세 개의 개념을 세워 이러한 개념에 해당하는 것은 '임금'이 아니라고 처리해 왔다. '임의적 은혜적 급여'에 해당하는 전형적인 예는 결혼 축의금, 병문안금, 근친자 사망 시 조위금 등의 경조화복의 급여이다. 단, 이러한 급여라도 단체협약, 취업규칙 등에 의해 미리 지급조건이 명확하게 되어 있고 그에 따라 사용자에게 지불의무가 있는 것은 노동의 대상이라고 인정되고 임금으로 취급된다.[56)]

퇴직금(퇴직수당)과 상여(일시금)는 그것을 지급하는가 아닌가, 어떠한 기준에서 지급하는가가 오로지 사용자의 재량에 맡겨져 있는 한은 임의

56) 1947. 9. 13, 發基 17호.

적 은혜적 급여이며, 임금이 아니다.[57] 그러나 오늘날의 대다수 퇴직금과 같이 단체협약, 취업규칙, 노동계약 등으로 그것을 지급하는 것 및 그 지급기준을 정하고 있고 사용자에게 지불의무가 있는 것은 임금으로 인정된다.[58] 상여도 단체협약과 취업규칙으로 지급시기와 금액의 결정방법 등이 정해져 있어 그에 따라 각 시기에 결정 · 지급되는 것이라면 임금으로 인정된다. '복리후생급여'는 사용자가 노동대상으로서가 아니라 근로자의 복리후생을 위해 지급하는 이익 또는 비용이므로, 개념상 임금이 아니다. 복리후생급여의 전형은 고용기회균등법(7조)과 그 시행규칙(1조)에서 언급되고 있는 자금대부, 금전급여, 주택대여 등이다. 그밖에 회사의 목욕탕시설, 운동시설, 레크리에이션 시설 등의 종업원의 공동이용시설도 복리후생급여이다. 가족수당과 주택수당은, 임금규정 등으로 제도화되어 있는 한, 임금에 해당한다.[59] 이상 외에 기업이 업무수행을 위해 부담하는 기업시설과 업무비는 노동의 대상으로서의 임금이 아니다. 예를 들어 작업복, 작업용품대, 출장비용, 사용(社用)교제비, 기구손료(損料) 등은 통상 여기에 해당한다.[60] 단, 통근수당 또는 그 현물지급으로서의 통근정기권은 통근비용이 노동계약의 원칙으로부터 말하면 근로자가 부담해야 할 것으로 업무비가 아니고 그 지급기준이 정해져 있는 한 임금이다.

노동기준법의 임금의 정의에 의하면 '임금'의 제2요건은 '사용자가 근로자에게 지불하는 것'이다. 이 요건에 대해 문제가 되는 전형적인 예는, 여관(호텔),음식점(레스토랑) 등에 있어서 손님이 종업원에게 주는 팁인데, 이것은 손님이 지불하는 것인 까닭에 원칙적으로 임금은 아니다

57) 광고사회의 영업사원에 대한 '장려금'의 일부를 이 기준으로부터 임금이 아니라고 한 판례로서 中部日本廣告社事件—名古屋高判 1990(平2). 8. 31, 勞民 41권 4호, 656면.
58) 1947. 9. 13, 發基 17호, 住友化學事件—最3小判 1968(昭43). 5. 28, 判時 519호, 89면.
59) ユナイテッド航空事件—東京地判 2001(平13). 1. 29, 勞判 805호, 71면.
60) 제복에 대해 1948. 2. 20, 基發 297호.

(단, 그러한 종업원이 팁만으로 생활하고 있는 경우에는 팁 수입을 받을 수 있는 영업시설을 사용하는 이익이 임금이 되는 경우가 있다). 이에 대해 레스토랑과 바 등에서 손님이 지불하는 급사봉사료(서비스료)가 당일 노동(서비스)을 한 근로자에게 기계적으로 분배되는 경우에는 사용자가 지불하는 것이라고 할 수 있다.

근로자로서는 임금이 유일한 생활의 양식이기 때문에 노동보호법규로서는 이를 되도록 넓고 명확하게 파악하는 것이 적당하나 전술한 국제노동조약, 타국들의 입법례에서도 임금에 관해 상세하고 명확한 정의를 하고 있는 것은 없는 것처럼 임금이 현실로 지불되고 있는 상태는 참으로 다양하며 무엇이 임금인가를 결정하는 일은 매우 곤란한 경우가 많다. 그런 까닭으로 본조도 임금의 정의를 단지 ① 사용자가 근로자에게 지불하는 것이고, ② 노동의 대상이면, ③ 모든 명칭의 여하를 묻지 않는다고 추상적으로 규정하고 있는 것에 그치고 있고, 근로자에게 지급되는 개개의 구체적인 것이 본조에서 말하는 임금인가 아닌가는 해석에 의해 구체적으로 결정된다. 임금개념의 요건 중에 '임금의 대상'이라는 요건에 관해서는 현재 사회 경제 하에 사회통념상 임금으로 보호해야 하는 것이 아닌가라는 목적론적인 판단도 가미되는 것이며, 그 끝에는 임금범위에 관한 해석도 사회 경제 상태에 대응하여 유동적일 수 있다.

요컨대 일본에서 임금을 정의하는 방식은 우리나라와 대단히 유사하다고 할 수 있다. 즉, 일본 노동기준법 제11조는 "이 법률에서 임금이란 임금, 급료, 수당, 상여 기타 명칭 여하와 무관하게 노동의 대상으로서 사용자가 근로자에게 지불해야 하는 것을 말한다"고 규정하고 있다. 그리고 우리와 같이 평균임금과 통상임금을 구분하여 규정하고, 그 산정방법도 우리와 매우 비슷하다. 다만, 통상임금에 관하여 우리의 근로기준법시행령 제6조 제1항과 같이 정기성, 계속성, 일률성 등을 요구하는 구체적인 정의규정은 없다.

제3절 임금의 법적 성질

임금의 개념과 함께 확인해 보아야 할 것이 바로 임금의 법적 성질에 관한 이론이다. 임금의 법적 성질은 곧 임금의 본질이 무엇인가라는 질문이라고 할 수 있다. 임금의 법적 성질은 법 이론의 전개에서 임금청구권의 발생근거 내지 시기에 관해 어떻게 현실과 결부시켜 이를 이론적으로 설명할 것인가의 문제이다.[61] 특히, 임금의 법적 성질에 관한 논의는 근로의 대가를 어떠한 법적 근거에 의해서 확정할 것인가를 중심으로 견해의 대립이 있다. 임금의 법적 성질에 관한 이론적 논의는 주로 일본 학계를 중심으로 시작되어 우리나라에서의 논의에 영향을 주었으며, 임금의 판단에 대한 우리나라 대법원의 해석론적 기초를 제공하고 있다.

Ⅰ. 학 설

1. 노동대가설

노동대가설은 근로계약을 근로와 임금의 교환관계로 보고 근로제공의 대가로 임금이 지급된다고 보는 견해이다.[62] 이 견해는 근로자의 구체적인 근로가 현실적으로 행해질 때에서야 비로소 근로계약상의 사용자와의 합의를 근거로 임금청구권이 근로자에게 발생한다고 본다(임금의 후불성).[63] 노동대가설은 보수의 지급에 대한 민법의 일반규정을 그 배경

61) 이병태, 「최신노동법」, (주)중앙경제, 2008, 690면.
62) 下井隆史, “賃金の勞働力說を批判する”, 「季刊勞働法(97号)」, 1975, 120면.
63) 園部季信, 爭議行爲と民事上の免責,勞働法大系3, 爭議行爲, 1963, 90면 이하; 柳川眞佐夫外, 「判例勞働法の研究下卷」, 1961, 1160면.

으로 한다. 우리 민법 제656조 제2항은 "보수는 약정한 시기에 지급하여야 하며 시기의 약정이 없으면 관습에 의하고 관습이 없으면 약정한 노무를 종료한 후 지체 없이 지급하여야 한다"고 규정하고 있다. 노동대가설은 이 규정에서 '노무를 종료한 후'라는 문언을 임금은 근로의 대가로서 근로가 현실적으로 이루어진 이후에야 사용자에게 청구할 수 있다는 의미로 해석하게 된다. 따라서 노동대가설은 근로자가 사용자로부터 받는 일체의 금품 중에서 현실적으로 제공한 근로에 대한 대가만이 임금이라는 점에서 현실적인 근로제공과 관련이 없는 금품은 임금에 해당하지 않는다고 본다. 즉, 근로계약상 노무이행의 임금지급과 쌍무유상의 대가적 견련관계에 있다는 것으로 민법 제655조와 근로기준법 제2조 제1항 제5호의 반대해석으로 실정법상 근거가 없는 무노동무임금원칙의 근거로 활용되기도 한다.[64)]

노동대가설을 대표하는 판례는 일본의 '묘죠전기(明星電氣)사건'이다. 해당 사건에서 판례는 "원고들은 우선 노동임금은 구체적 노동에 대한 대가가 아니고 근로자가 노동력을 사용자의 지배에 맡기는 데에 대한 대가이며, 즉 사용자의 처분권 하에 노동력이 두어진다는 사실에 의하여 임금청구권이 발생한다고 하는 견해에 입각하여 본건에 있어서 원고들의 노동력은 회사의 지휘명령하에 놓여져 있기 때문에 임금청구권이 발생하였다고 주장한다. 그러나 근로계약은 민법의 고용계약보다 발전하고 노동법에 의하여 각종의 수정은 가하여졌지만 고용에 있어서의 '노무'에 대한 '보수'라고 하는 쌍무유상계약으로서의 기본적 성격은 근로계약에 있어서 '근로'에 대한 '임금'으로 승계되었다고 말할 수 있다. 따라서 근로계약의 이행으로서 구체적 근로가 있을 때 비로소 임금청구권이 발생하는 것이고, 노동력을 사용자에 맡기는 것은 계약이행의 한 과

64) 김상률, "임금 개념과 제도상 문제점에 관한 연구", 경북대학교 법학전문대학원 박사학위논문, 2011, 39면.

정으로 취해진 것에 지나지 않는다고 해석하는 것이 바람직하다"[65]고 설명하였다.

2. 노동력대가설

노동력대가설은 임금을 근로의 대가로 보지 않고, 사용자에게 자신의 노동력을 일정 시간 동안 처분할 것을 맡긴 것에 대한 대가로 보는 견해다. 이 견해는 근로가 종속노동이라는 점에서 출발한다. 근로자의 근로 행위는 사용자의 지휘 · 감독을 받아서 이루어져야 하기 때문에 근로계약이라는 것은 근로 그 자체의 제공을 약속한 것이 아니라 일정한 조건 하에서 노동력의 처분권한을 사용자에게 주는 계약으로 파악하는 것이 정당하다는 논리적 전개에 따른 결론이라고 말할 수 있다.[66] 노동력대가설을 지지했던 대표적인 판결로서 일본의 '국철무로란산바시사건(國鐵室蘭棧橋事件)'을 들 수 있다. 해당 사건에서 판례는 "원래 근로계약이란 피용자가 그 노동력을 일정기간 사용자의 처분에 위임하고 사용자의 지휘에 좇아 근로를 제공할 것을 약정하고 사용자는 노동력의 대가로서 임금을 피용자에게 지급할 것을 약정함으로써 성립하는 계약이므로 임금청구권은 피용자가 사용자의 지배권 내에 들어가고 그 노동력을 사용자의 처분에 위임하는 것, 즉 직장편입에 의하여 발생한다고 해석하여야 하며, 일단 노동력이 직장에 편입된 이상 피용자가 현실적으로 채무의 본질에 좇아 노무에 종사하지 않더라도 그것이 피용자의 귀책사유에 해당하는 경우를 제외하고는 임금청구권을 상실하지 않는다"고 판시하였다.

노동력대가설에 따르면 임금의 본질적인 성격은 민법의 고용이 규정하는 것과 같은 구체적 노동에 대한 대가가 아니라 추상적인 노동력의

65) 前橋地裁 1963. 11. 1. 판결.
66) 이 학설은 종래 일본의 다수설이었는데, 片岡昇, 本多淳亮, 山本吉人 등의 학자가 이 학설을 지지하였다.

제공에 대한 대가이다. 따라서 임금의 본질을 노동력 처분을 사용자에게 맡긴 것에 대한 대가로서 이해한다는 점에서 노동대가설에 비하여 임금 개념의 범위가 넓다고 할 수 있다. 노동력대가설의 입장에서는 근로자의 근로의무가 추상적인 노동의 대가와 견련관계에 있는 것이므로 근로자가 소정시간 계속하여 자기의 노동력을 사용자의 지휘명령 하에 둠으로써 실제로 노동이 행해지지 않더라도 임금청구권이 발생할 수 있게 된다. 따라서 이 견해는 휴업수당, 가족수당 등 구체적인 근로의 제공과 관련이 없는 여러 수당에 대하여 노동대가설이 설명할 수 없는 부분을 설명할 수 있다는 장점이 있다. 노동력대가설은 노동대가설의 대안으로서 등장하였으며, 일본의 판례에도 많은 영향을 미쳤다. 하지만 이 노동력대가설에 대하여는 경제학적인 개념인 노동력의 개념을 매개 없이 법률해석학에 끌여들였다는 비판이 있다.[67] 노동대가설은 노동력대가설과 표현의 차이를 보일 뿐 실질적 차이가 없다고 보는 견해도 있다.[68]

또한 노동력대가설은 노동력제공의무는 근로계약의 복합적 구조에 대응하여 두 개 부분으로 구분된다고 본다. 즉, 근로자가 자기 노동력을 계속적으로 제공해야 할 지위에 두는 것, 다시 말하면 종업원인 지위의 설정이라는 측면과 이 지위에 입각해서 매일 소정의 시간동안 자신의 노동력을 사용자의 처분에 맡기는 측면과의 복합적인 구조를 갖게 된다. 그리하여 그 각각의 측면의 의무에 대응하여 임금청구권도 이면적으로 발생하게 된다는 것이다. 이런 법리적 입장에서 노동력대가설은 후술하는 임금이분설로 발전을 도모하게 된다.

---

67) 김영문 · 이상윤 · 이정, 「임금개념과 평균임금 · 통상임금의 산정범위, 법문사, 2004, 31면.
68) 임종률, "파업기간 중 임금지급에 관한 대법 판결", 「노동법학(제6호)」, 한국노동법학회, 1996, 32면.

3. 임금이분설

임금이분설은 근로계약의 본질을 근로자의 지위를 취득하게 하는 신분계약의 성격과 근로의 제공에 대한 대가로서 일정한 보수의 지급을 약정하는 교환계약의 성격을 동시에 지닌 것으로 파악하여 임금은 이원적으로 구성되어 있다고 보는 견해이다. 이 견해에 따르면 노동대가설은 근로에 대한 직접적인 대가라고 할 수 없는 각종의 상여금과 수당 등에 대한 설명을 충분하게 해주지 못하고 있고, 노동력대가설은 종속노동의 개념을 도입함으로써 임금의 범위를 넓혔다는 공적은 인정할 수 있지만 종속노동의 개념 자체가 변화하고 있는 현실에 있어서 여전히 유효하게 작용할 수 있을 것인가 하는 의문이 남는다고 한다. 임금이분설은 그와 같은 노동대가설과 노동력대가설의 한계에 대하여, 임금을 구체적 근로와 직접 결부되어 있는 교환적 임금의 부분과 그렇지 않은 보장적 임금의 부분으로 구분한 것이다. 임금이분설은 근로관계를 특별한 채권관계로 파악하여, 임금을 근로계약에 있어서 고정적 부분을 이루는 보장적 임금과 변동적 부분을 이루는 교환적 임금으로 구분한다.[69] 근로계약은 일정한 기업에서 근로자의 지위를 취득할 목적으로 사용자와 근로자간에 체결된 계약(일종의 신분적 계약)으로 이는 근로계약에 있어서 소위 고정적 부분을 이루고, 다른 한편으로는 근로계약은 근로자의 노동의 제공에 대하여 사용자가 그 대가로서 임금의 지급을 약정하는 계약(단순한 채무계약)으로서 이는 근로계약에 있어서 소위 변동적 부분을 이룬다는 것이다.

---

69) 이 학설은 일본의 峯村光郎교수가 처음으로 주장을 하였고, 이후 일본의 판례가 취하는 기본적인 입장이 되었다. 그러나 1981년 9월 18일의 최고재판결에서는 "파업기간 중의 임금삭감의 대상으로 되는 부분의 존부 또는 이 부분과 임금삭감의 대상으로 되지 않는 부분의 구별은 당해 단체협약 등의 정함 또는 노동관행의 취지에 비추어 개별적으로 판단하는 것이 상당하다"고 판시하면서 추상적 · 일반적 임금이분설을 배척하고 당사자의 의사를 우선시하고자 노력한 바 있다.

이 견해에 따르면 근로계약 체결에 의하여 근로자가 부담하는 제1차적 의무는 약정한 기일에 기업조직 내에 들어와 종업원의 지위를 취득하고 직무를 개시하는 것이다. 또 이 의무를 이행함에 따라 근로계약 체결 시에 추상적으로 발생한 임금채권의 일부분은 이 단계에서 구체적인 청구권으로 되며, 이와 같은 임금부분은 종업원이라고 하는 지위에 대하여 지급되는 성질의 것이고 종업원에 대한 생활보장의 의미가 포함된 소위 '보장적 임금'이라고 한다. 대체로 가족수당, 통근수당, 별거수당, 물가수당 또는 학력, 근속, 연령 등 전통적인 연공서열형 임금이 여기에 해당한다고 본다. 반면, 근로계약에 의하여 근로자가 부담하는 제2차적 의무는 개개의 노동력을 사용자의 처분에 맡기고 그 상태를 일정한 시간을 유지해야 하는 것인데, 제2차적 의무를 이행함에 따라 임금청구권은 전면적으로 발생한다고 본다. 이와 같은 임금부분은 실제의 근로의 제공에 대응하여 지급되는 것으로 보아 이를 소위 교환적 임금이라고 한다. 대체로 정근수당, 근무성적급, 직무급, 직능급, 특수작업수당 등이 여기에 해당한다고 한다.[70]

종래 우리나라 대법원은 "쟁의행위로 인하여 사용자에게 근로를 제공하지 아니한 근로자는 일반적으로 근로의 대가인 임금을 구할 수 없다 할 것이지만, 구체적으로 지급청구권을 갖지 못하는 임금의 범위는 임금 중 사실상 근로를 제공한 데 대하여 받는 교환적 부분과 근로로서의 지위에 기하여 받는 생활보장적 부분 중 전자만에 국한된다. 임금 중 교환적 부분과 생활보장적 부분의 구별은 해당 임금의 명목에 불구하고 단체협약이나 취업규칙 등의 규정에 결근 지각 조퇴 등으로 근로를 제공하지 아니함에 의하여 해당 임금의 감액을 정하고 있는지의 여부, 또는 위와 같은 규정이 없더라도 종래부터 관행이 어떠하였는지 등을 살펴 판단하

70) 이철수, 「임금에 관한 법리」, 한국노동연구원, 1993, 11면.

여야 한다"[71]고 하여 파업기간 중 무노동 무임금 원칙의 적용과 관련하여 임금이분설의 입장을 취하였다.

임금이분설에 따르면 사용자는 파업기간 동안 구체적 근로의 제공에 따른 교환성 임금은 지급할 의무는 없지만, 보장성 임금은 지급해야 한다는 논리적 결과가 된다. 사용자는 근로자를 조직에 편입시키고 유지하여야 하므로, 이러한 종속적 근로관계를 유지하기 위한 성격의 급여의 지급이 필요하게 되며 이는 직접적인 근로의 대가와 결부된 것은 아니지만 간접적으로는 근로관계와 결부되어 지급되는 것이므로 이 역시 임금에 해당한다고 한다.[72] 우리나라에서 임금이분설은 현실적으로 근로제공이 없는 경우 특히 쟁의행위시 근로자에게 임금을 제공할 수 있는 이론적 근거로 기여한 바가 크다고 평가된다.[73]

4. 의사해석설

임금이분설에 대한 비판으로 소위 의사해석설이 등장하였다. 의사해석설은 임금의 범위는 노사의 약정인 단체협약, 취업규칙, 근로계약, 노사관행에 따라 정해지고 노무불이행(결근)에 대한 임금공제문제는 노사의 의사의 해석문제라고 보는 견해이다. 특히, 의사해석설은 파업에 의한 임금의 삭감문제와 관련하여 파업 시 임금은 해당 근로계약의 내용으로서 파업에 의해 결근하여도 공제하지 않는 임금부분이 마련되어 있는지의 여부에 대한 계약해석의 문제이며, 임금과 근로계약의 본질론에서 임금은 두 개 부분으로 나뉘어진다는 해석은 적절하지 않다고 비판하였다.[74] 일본에서는 최근 이러한 비판이 대두됨에 따라 최고재판소도 "해

71) 대법원 1992. 3. 27. 선고 91다36037 판결.
72) 김지형, 「노동법해설」, 청림출판, 1993, 129-130면.
73) 이병태, 최신노동법, (주)중앙경제, 2008 718면.
74) 下井隆史, 「雇用關係法」, 有斐閣, 1988, 191면 이하 참조.

당 단체협약 등의 규정이나 노동관행의 취지에 비추어 개별적으로 판단하는 것을 상당하다라고 하여…이른바 추상적 일반적 임금 이분론을 전제로 하는…주장은 적절치 못하다"라고 판시하면서, 파업시 임금 삭감에 대해서도 "가족수당의 삭감이 임금규칙(취업규칙)의 규정에 근거하여 약 20년 간 실시되고, 임금규칙에서 그 규정이 삭제된 후에도 세부 취급 가운데 정해져 계속되고 이의 없이 시행되어 왔다는 사실관계에서는 가족수당은 스트라이크에 의한 임금삭감의 대상이 된다"[75]고 보아 의사해석설의 입장을 취하고 있다. 의사해석설의 입장에서는 소위 재량근로의 경우에도, 사용자의 입장에서는 노동조합과의 협정으로 파업의 경우 노무가 제공되지 않은 범위의 인정방법을 명확히 해두는 것이 필요하다고 한다. 또한 재량근로가 성과주의 임금하에서 운영되고 있는 경우에는 성과급의 경우에는 임금삭감과 비슷한 문제가 발생할 수 있으므로, 결근의 경우의 취급과 더불어 파업의 경우의 임금 취급을 단체협약 등에 따라 명확히 해두어야 한다고 한다.[76]

Ⅱ. 대법원의 입장

우리 대법원은 과거에 일본 판례의 영향을 받아 파업기간 동안이라도 사용자는 근로자에게 '보장성 임금'을 지급해야 한다는 취지로 임금이분설의 입장에서 임금의 법적 성질을 파악하였다.[77] 그러나 대법원은 1995년 전원합의체 판결로 견해를 바꾸어 기존의 임금이분설을 폐기하고 노동대가설에 따라 임금의 법적 성질을 파악하는 입장을 현재까지 유지하고 있다.

75) 三菱重工業事件—最二小判 1981(昭56). 9. 18, 民集 35권 6호, 1028면.
76) 이에 대해서는 菅野和夫, 「勞動法(第9版)」, 弘文堂, 2010, 653-654면 참조.
77) 대법원 1992. 3. 27. 선고 91다36037 판결.

1995년 해당 대법원 전원합의체 판결은 "모든 임금은 근로의 대가로서 '근로자가 사용자의 지휘를 받으며 근로를 제공하는 것에 대한 보수'를 의미하므로 현실의 근로 제공을 전제로 하지 않고 단순히 근로자로서의 지위에 기하여 발생한다는 이른바 생활보장적 임금이란 있을 수 없고, 또한 우리 현행법상 임금을 사실상 근로를 제공한 데 대하여 지급받는 교환적 부분과 근로자로서의 지위에 기하여 받는 생활보장적 부분으로 2분할 아무런 법적 근거도 없다. 뿐만 아니라 임금의 지급 실태를 보더라도 임금은 기본적으로 근로자가 생활하는 데 필요한 생계비와 기업의 지불능력과의 상관관계에 따라 형성되는데 임금을 지불항목이나 성질에 따라 사실상 근로를 제공한 데 대하여 지급받는 교환적 부분과 현실의 근로 제공과는 무관하게 단순히 근로자로서의 지위에 기하여 받는 생활보장적 부분으로 나누고(이른바 임금이분설) 이에 따라 법적 취급을 달리하는 것이 반드시 타당하다고 할 수도 없고, 실제로 현실의 임금 항목 모두를 교환적 부분과 생활보장적 부분으로 준별(峻別)하는 것은 경우에 따라 불가능할 수 있으며, 임금이분설에서 전형적으로 생활보장적 임금이라고 설명하는 가족수당, 주택수당 등도 그 지급 내용을 보면 그것이 근로시간에 직접 또는 비례적으로 대응하지 않는다는 의미에서 근로 제공과의 밀접도(密接度)가 약하기는 하지만 실질적으로는 근로자가 사용자가 의도하는 근로를 제공한 것에 대하여 그 대가로서 지급되는 것이지 단순히 근로자로서의 지위를 보유하고 있다는 점에 근거하여 지급한다고 할 수 없으며, 이러한 수당 등을 지급하게 된 것이 현실의 근로 제공과는 무관하게 단순히 근로자의 생활이나 지위를 보장하기 위한 것이라고 할 수도 없으므로, 이러한 수당 등을 현실적인 근로 제공의 대가가 아닌 것으로 보는 것은 임금의 지급 현실을 외면한 단순한 의세(擬制)에 불과하다."고 판시하였다.[78)]

78) 대법원 1995. 12. 21. 선고 94다26721 전원합의체 판결.

이와 같은 대법원의 판례는 당사자의 계약의사를 중심으로 임금성 여부를 판단하되, 그 판단이 불분명한 경우에는 보충적으로 노동대가설에 따라서 임금의 개념을 결정한다는 입장에 서 있는 것으로 평가된다.[79] 이러한 대법원의 견해에 대하여는, 근로계약을 채권계약으로 파악하고 근로계약의 사회법적 규제를 완화하려는 경향이 인식의 기저에 깔려있다는 비판이 있다.[80]

Ⅲ. 소 결

노동대가설은 구체적으로 제공한 근로의 대가만을 임금으로 본다는 점에서 근로기준법의 임금 규정과 현실의 임금체계를 효과적으로 설명하기 어려운 측면이 있다. 또 임금의 개념적 범주가 다소 협소해지게 되어 근로조건의 보호라는 노동법의 입법목적을 충분하기 실현하기에 일정 부분 한계가 있다. 노동력대가설이나 임금이분설은 현행법상 유급주휴일 또는 휴업수당 등과 같이 구체적 근로를 제공하지 않아도 일정한 임금이 보장되도록 하는 규정이 있을 뿐 아니라 기본급 이외에도 가족수당, 자녀학자금 보조비 등의 각종 생활보장적 임금이 일반화되어 있는 현실을 감안하여 기존의 노동대가설의 한계를 극복하기 위하여 새롭게 등장한 이론이라고 할 수 있다. 비록 현재 대법원이 노동대가설의 입장에 있기는 하지만 근로의 대상의 외연을 꾸준히 확대해 온 판례의 궤적을 살펴보면 노동력대가설이나 임금이분설적 사고가 현재의 임금 개념을 판단하는 데 있어서 많은 영향을 미친 것은 부인할 수 없는 사실이라고 할 수 있다.[81]

79) 김유성, 「노동법(Ⅰ)」, 2005, 77면.
80) 이흥재, "대법원의 근로관계 인식에 대한 조명 – 민주헌정 이후 시민법적 인식으로의 회귀 및 지속의 평가 –" 「법학(124호)」, 서울대학교 법학연구소, 2002, 207면.

임금의 법적 성질에 관한 이상의 이론적 논의들은 임금의 개념을 설정하고 구체적인 임금해당성을 판단하는데 있어서 각각의 의의가 있다고 생각한다. 그러나 우리나라의 임금체계와 구성항목의 실태는 매우 복잡하고 다양하기 때문에 임금의 법적 성격에 따라 연역적인 방법으로 '근로의 대상성' 유무를 일률적으로 결정하는 것은 어려운 일이다. 또한 판례나 행정해석을 통해 임금의 개념을 판단하는 일정한 법리가 형성되어 왔기 때문에, 임금의 법적 성질에 대한 이론적 논의와 실무적 판단간의 연관관계는 점차 약화되고 있는 실정이다. 따라서 임금의 개념 설정과 구체적인 판단을 일반론적인 이론이나 법원의 해석에 의존하는 것은 다소 한계가 있다고 보여 지며, 임금 개념의 안정적인 해석과 판단을 위해서 법적 이론과 판례 그리고 행정지침 간의 동일성을 구축해 나가는 노력이 필요하다고 생각된다.

81) 김유성, 「노동법(Ⅰ)」, 2005, 78면.

제 3 장

우리나라의 임금제도와 법리

제1절 임금제도의 현황
제2절 평균임금과 통상임금
제3절 통상임금 산정기준의 불명확성

제3장 우리나라의 임금제도와 법리

제1절 임금제도의 현황

Ⅰ. 임금을 둘러싼 법 규제

임금은 근로자가 생존을 확보하기 위한 유일의 수단이다. 따라서 임금문제는 노동운동에 있어서도 가장 큰 관심의 대상이 된다. 근로자의 최저한의 근로조건을 설정하는 근로기준법 역시 임금을 필수적인 보호대상으로 삼고 있다. 임금의 보호를 위해서는 여러 가지 형태의 보장이 필요하다. 그런 의미에서 우리나라의 근로기준법도 임금보호규정들을 두고 있으며, 또한 임금액의 최저한도를 보장하는 최저임금법이 제정·실시되고 있다.[1)]

근로기준법이 규정하고 있는 우리나라 임금산정의 체계는 매우 복잡하다. 근로기준법은 임금을 크게 평균임금(제2조 제1항 제6호)과 통상임금(근기령 제6조 제1항)의 두 가지 개념으로 구분한다.[2)] 그리고 좀 더 구체적으로 퇴직금(제34조), 휴업수당(제46조), 연차휴가수당(제60조 제5항), 재해

1) 김형배, 「노동법(제21판)」, 2012, 349면.
2) 통상임금의 정의에 관하여 근로기준법은 아무런 규정을 두고 있지 않은데, 이를 하위 법령에 위임한 바도 없이 근기령이 그 정의규정을 두는 것은 무효라는 비판적 견해가 있다. 이에 대한 구체적인 내용은 후술하기로 한다.

보상금(제78조 내지 제83조) 또는 산업재해보상보험법상의 휴업급여 · 장해급여 · 유족급여 · 상병보상연금 · 장의비(산업재해보상보험법 제38조, 제40조 내지 제45조), 근로자에 대한 제재로서의 감급(제95조) 등은 평균임금을 기초로 하여 산정하게 한다. 한편, 해고예고수당(제26조)이나 연장근로수당 · 야근근로수당 · 휴일근로수당(제56조) 등의 법정수당은 통상임금을 기초로 하여 산정하도록 정하고 있다.

Ⅱ. 임금의 결정방법

일반적으로 임금수준은 ① 기업의 지불능력, ② 생계비 수준 그리고 ③ 노동시장 임금수준 등 제반 사정이 전체적으로 고려되어 결정된다.

기업의 지불능력은 임금수준에 대한 결정에 있어서 특정 시점에서 기업이 종업원에게 지불할 수 있는 허용인건비의 수준이 어떠한지 즉, 기업의 경제적 목표달성도와 관련이 있다. 또한 생계비는 종업원의 입장에서 제시하는 기준으로 인간다운 삶을 향유하는데 필요한 소득이 기준이 된다. 마지막으로 노동시장의 임금수준은 노동력의 수요와 공급관계를 기초로 결정되는 부분이다. 구체적으로 살펴보면, 기업의 지불능력은 기업의 생산성과 수익성이라는 양 측면에서 분석된다. 특히 생산성을 분석함에 있어서도 물적 생산성과 부가가치 생산성의 양 측면에서 보게 되는데 특히 물적 생산성은 노동 생산성의 향상과 연계되는 개념이다. 물적 생산성은 기업이 생산해내는 재화나 서비스의 생산량에 노동력이 기여한 부분이 얼마인지를 살피는 개념이기 때문이다. 반면 부가가치 생산성은 기업이 생산해내는 재화나 서비스의 시장가치를 반영하여 생산성을 판단하는 지표이다.

기업의 지불능력을 판단함에 있어서는 단순히 생산성만이 기준이 되는 것은 아니다. 기업의 순이익을 평가하기 위해서는 단순히 생산량을 기준으로 할 수는 없기 때문에 수익성 분석은 기업의 지불능력을 평가하는 데 보다 근본적인 기준이 된다. 수익성은 기본적으로 손익분기점, 매출 총 이익, 원가 중 인건비가 차지하는 비율 등을 기초로 하여 평가된다. 이렇게 생산성, 수익성이 분석되면 양 지표를 통하여 기업의 지불능력이 결정된다. 다만, 한 가지 중요한 점은 기업의 지불능력은 매년 달라진다는 사실이다. 기업의 지불능력은 매년 성과에 따라 달라지며, 극단적인 경우 성과에 따라 기업의 지불능력이 '0'으로 수렴하는 결과가 도출되기도 한다. 따라서 단순히 물가상승률, 매출이익의 상승을 기초로 하여 임금수준을 인상하고자 하는 태도는 지양할 필요가 있다. 실제로 기업의 지불능력은 기업의 생산성, 수익성 또 기타 여러 비용의 측면이 전반적으로 고려된 끝에 결정되기 때문이다.

임금수준을 결정하는 또 다른 판단 기준은 생계비이다. 생계비는 실태 생계비 및 이론 생계비로 구분되는데 실태 생계비는 실제 근로자들의 수입, 지출내역을 분석하여 산출하는 내용이므로 보다 현실성이 있다. 그러나 실태 생계비는 그 적정 수준을 파악하는 데에 한계가 있다는 단점이 있다. 또한 근로자들이 기록한 수입, 지출내역이 실제로 정확한지 여부에 대해서도 판단할 방법이 없기 때문에 실태 생계비의 산정은 현실적으로 불가능한 측면이 있다. 그에 반하여 이론 생계비는 근로자의 실생활에서의 생계비가 얼마인지를 분석하기보다는 식품영양학 등에서 정립된 이론 등에 입각하여 산출된다. 다만 이론 생계비는 단순히 이론적인 부분에 불과하기 때문에 실태 생계비와 마찬가지로 근로자의 실질적인 생활실태를 반영하기에는 다소 무리가 있다.

현실에서 노사 양측이 생계비를 산정하는 방법은 그 기준이 서로 상반된다. 이는 실질적으로 근로자의 생계비를 온전히 산출해낼 수 있는 방법은 존재하지 않기 때문에 현실의 문제를 반영하는 데는 다소 어려울 수밖에 없다고 평가할 수 있다. 따라서 임금수준 내지는 임금결정의 과정에 있어서 노사 양측은 상호 대립할 수밖에 없다. 앞에서 살펴보았지만 노측은 임금을 결정함에 있어서 생계비를 기준으로 하고 기업은 기업의 지불능력을 기준으로 제시한다. 그러나 기업의 지불능력도, 생계비도 그 수준을 정확하게 산출해 낼 수 있는 방법은 존재하지 않는다. 따라서 노사 양측이 각각 제시하는 수준에 대해서 노사 양측은 서로 상호 신뢰할 수 없는 측면이 있다. 실제로 생계비 수준에 대해 노사 간에 의견일치를 보지 못해 공정한 임금수준 지각에 갈등을 빚고 있다고 한다.[3)]

마지막으로 노동시장의 임금수준은 임금수준을 결정하는 판단기준이 된다. 노동시장에서는 노동의 수요와 공급에 따라 임금수준이 결정된다. 이때 노동시장에서 형성된 노동의 가격은 결국 타 기업의 임금수준에 반영되어 나타나기 때문에 기업의 임금수준이 타 기업의 임금수준에 비해 낮게 나타날 경우 근로자들은 재적하던 기업에서 타 기업으로의 이직을 결정하게 된다.

요컨대, 임금은 여러 가지 제반 요소들이 고려되어 결정되는 것이지 단순히 어느 하나의 기준에 따라 결정되는 것이 아니라는 것이다. 중요한 것은 각각의 판단기준을 살펴보는 방법 또한 다양하기 때문에 실제로 정확한 값을 산출해내기는 어렵다는 것이다. 기업의 지불능력은 생산성 및 수익성을 어떤 기준을 척도로 하여 산출하느냐에 따라, 생계비의 경우에도 어떤 기준을 척도로 하여 산출하느냐에 따라 그 값은 달라진다. 결국 이러한 산출 방식 및 기준이 명확하지 않다보니 노사 양측은 임금을 결정하는 협상 과정에서 상호 간 의견의 차이로 인해 분쟁을 겪을 수밖에 없다. 그러나 양자가 임금을 결정하는 데 있어서의 기준을 상호 공유하고 이해한다면 임금결정이 반드시 대립적인 절차 또는 과정을 거치

3) 박경규, 「신인사관리(제3판)」, 홍문사, 2008, 420면.

지 않을 수도 있을 것이다. 기업은 근로자의 수익적 측면이 아닌 비용의 측면을 일부 보전해줄 수 있고(예를 들어 보험의 제공 등) 결국 결과적으로 근로자는 자신의 생계를 보장받는 수준에서의 임금을 지급받을 수 있기 때문이다.

Ⅲ. 임금제도의 문제점

1. 임금제도의 복합성

임금의 체계와 그 결정방법은 사회현실의 반영임과 동시에 노사관계 현실의 반영이다. 우리나라는 과거보다 많이 바뀌기는 하였지만, 여전히 많은 산업 영역에서 서구와 같은 직종별 연봉제 대신 복잡한 임금체계를 가지고 있다. 그래서 대부분 기본금 외에 각종 수당, 상여금 등이 능력별로 지급되지 않고 연공제로 지급되고 있다. 복잡한 임금체계 때문에 여러 수당, 퇴직금 등의 계산에서 노사 간의 분쟁도 적지 않다. 이렇게 발생하는 분쟁과 그 분쟁 해결의 비용을 줄이기 위해서는 결국 임금체계를 단순화하고 간명히 해야 할 필요성이 요청된다.

우리 사회가 이렇게 복잡한 임금체계를 가지게 된 것은 임금이 구체적이고 현실적인 노동의 대가라는 면과 함께 노동력을 사용자의 지배 아래 둔 것 자체에 대한 대가라는 측면이 공존하고, 후자의 측면에서 생활보장적 임금의 성격이 반영된 결과이다. 특히 후자의 생활보장 성격의 임금 부분은 사회보장이 잘 갖추어진 나라에서 공공 영역이 맡고 있는 많은 사회서비스(의료, 교육, 육아, 주거, 환경 등)를 우리나라 정부가 그 나라 수준만큼 국민들에게 제공하지 못한 데에 기인하는 면이 크지만, 다른 한편으로는 개별 근로자의 임금수준 내지 사회 전체의 평균적인 임금수준이 의료보험, 국민연금, 고용보험, 산업재해보상보험 등의 공공보험과 손해보험, 생명보험 등 여러 개인보험의 보험료와 보험금, 보험급여액 산정 기준이 되고, 정부 노임 단가, 도시일용노임 등의 도구를 통하여 공사비 등 각종 용역비의 산정의 기준이 되기도 하며, 교통사고, 산업재해를 비롯한 여러 손해배상 청구 사건에서 손해액 산정 기준이 되는 등, 우리 사회의 수많은 공공 영역과 사적 영역에서 공적 부담 내지 비용 산정의 기준이 되고 있는 현실의 반영이기도 하다. 즉 정부와 기업 등은 이와 같은 공적 부담 내지 비용 산정의 기준을 일정 수준으로 묶어두고 이와 같은 부담이나 비용의 증가를 억제하기 위해 정액급 등 표면적 임금 수준의 상승은 억제하면서 개별 노사관계에서는 근로자들의 임금 상승을 지속적으로 보장하려는 태도에서 이와 같은 복잡한 임금체계가 만들어진 면이 없지 않고, 근로자 측도 소득세 등 직접적인 세 내지 공적 부담을 덜려는 의도에서 이러한 표면적인 정액금 억제를 묵인한 것 또한 여기에 기여한 면이 있다.[4)]

2. 임금의 비임금화

ILO 제95호 협약에서는 임금개념을 포괄적으로 규정하면서, 근로자에 대한 급부를 임금 이외의 것으로 전환(비임금화)하는 경향을 경계하고 있다. 또 임금 저하로 인한 근로자들의 생활수준을 보호하기 위하여 대부분의 국가에서는 할증임금의 대상항목에 대해 상세한 규정을 두고 있다. 특히, ILO 제95호 협약의 적용에 관한 전문가위원회(the Committee of Experts of the Application of the Conversation)의 의견 가운데 주목할만한 것은, 임금의 총액에 영향을 미치지 않으면서 임금의 개념으로부터 벗어나는 복지혜택이나 다양한 수당 등이 도입되는 소위 비임금화(desalarization)에 관한 것이다. 위 전문가위원회에서는 이와 같은 비임금

4) 노동법실무연구회, 「근로기준법주해(Ⅰ)」, 박영사, 2010, 169면.

화 정책으로 인하여 임금의 범위에 포함되지 않는 급여의 증가 자체는 사실상 제95조 협약의 취지에 위반되는 것이 아님을 확인하고 있다. 한편, 이러한 비임금화정책이 임금이라는 용어로 보호되는 근로자에 대한 급여의 총액을 줄임으로써 임금이라는 개념 그 자체의 의미가 상실될 정도에 이르고 있다는 사실을 지적하고 있다는 점이다. 이에 따라 ILO는 그러한 비임금화 정책을 사용하고 있는 국가의 정부는 해당 국가의 법제하에서 비임금적 성격을 띠는 수당이 제95조 협약을 적용함에 있어서 임금에 관한 법적 보호의 범위 내에 포괄될 수 있도록 하는 조치를 취해줄 것을 요구하였다.[5)]

3. 임금결정(교섭) 체계의 교착

일반적으로 임금은 기업의 지불능력, 근로자의 생계비, 그리고 노동시장의 임금수준 등 제반 사정을 고려하여 결정된다. 그러나 임금을 결정짓는데 주가 되는 세 가지 요소는 그 산출값을 구해내는 방법만 해도 여러 가지로 구분되기 때문에 그 값이 가변적이다. 즉, 임금을 결정하는 데에는 단 하나의 방법(One Practice)이 고정적으로 존재한다고 볼 수 없기 때문에 임금을 결정하는데 있어서 노사 양측은 수 없이 대립할 수밖에 없다. 특히 유(有)노조 기업의 경우 임금을 결정짓는 세 가지 요소를 바라보는 노사 양측의 시각이 다를 뿐만 아니라, 각각의 값을 구해내는 방법 또한 대립하고 있다. 그러나 이러한 대립적인 시각이 유지되어 오다 보니 과거부터 현재까지 유노조 기업을 중심으로 단체교섭 및 임금교섭에서 불합리한 관행들이 지속되어 오고 있다. 특히 우리나라의 노조조직률이 점차 감소하고 있다는 점을 고려하면 노조가 기존에 보유하고 있던 임금인상기능 즉, 본래적 기능으로서 임금프리미엄이 불합리한 교

5) ILO, Protection of Wages, 2003, p.25-26.

섭관행에 묻혀 최근 둔화되고 있는 것은 아닌지에 대한 의문점이 발생하게 된다. 다시 말하면 단체교섭 및 임금교섭상의 불합리한 구조 및 관행들로 인하여 정작 노조가 기본적으로 갖추어야 하는 근로자의 근로조건 향상, 특히 '임금'을 향상시키는 데는 초점을 맞추지 못하고 있는 것은 아닌지에 대한 의문점이 발생한다는 것이다.

구체적으로 우리나라의 단체교섭 및 임금교섭의 현황 및 문제점을 살펴보면 크게 단일 노조선상에서의 단체교섭의 현황 및 문제와 초기업별노조선상에서의 현황 및 문제, 기타 임금교섭에서의 현황 및 문제로 구분된다. 특히 초기업별노조선상에서는 산별노조를 중심으로 문제가 발생하는데 이는 우리나라가 기존의 기업별노조형태를 취하고 있다가 1997년 외환위기를 기점으로 하여 산별노조로 전환하는 형태로 전환되면서 산별노조의 통제력 부재 등 제반 문제가 발생하게 되었다. 세부적으로 각각의 현황과 문제점을 구분하면 다음과 같다.

먼저, 초기업별노조선상에서 산별노조는 본래적 의미의 산별교섭을 실시하지 못하고 있는 경우가 대부분이다. 주요 산별노조(금속노조, 보건의료노조, 금융노조)의 교섭형태를 보면 이에 대하여 여실히 알 수 있다. 3개 노조 모두 지부 및 지회 차원의 단체교섭이 중심이 되고 있다. 이는 기본적으로 우리나라에 산별노조가 발생하게 된 배경에도 원인이 있겠지만, 산별교섭을 실시할 여건이 되지 않은 상태에서 산별노조로의 전환이 이루어지다 보니 발생한 문제이기도 하다. 기본적으로 산별교섭을 실시하기 위해서는 교섭에 대응하는 사용자 단체가 존재하여야 하지만, 우리나라에는 사용자 단체가 부재한 경우가 태반일 뿐만 아니라 존재한다고 하여도 모든 사업장을 대변하는 구성원을 갖추고 있지도 않다. 그러나 이러한 사용자 단체의 부재는 역으로 사용자들이 산별교섭에 대하여 갖고 있는 부정적인 인식에서 비롯되기도 하는데 이는 그간의 단체교섭상의 불합리한 관행과도 함께 맞물려 있다. 초기업별노조선상에서 그간의 단체교섭은 이중·다중 교섭이 숱하게 반복되어 왔고, 이러한 가운데 초기업별노조는 소속 지부 및 지회에 대한 통제력을 상실하였으며, 사용자는 교섭비용의 증가를 이유로 산별노조로의 전환에 대하여 부정적인 인식을 하게 된 것이다.

단체교섭 관행 및 구조적인 문제는 비단 초기업별노조선상에만 발생하는 것은 아니다. 우리나라는 과거부터 강성노조의 '떼쓰기식 교섭 전법' 등으로 단체교섭 진행상의 문제점을 지적받아 왔다. 특히 단체협약 체결에 있어서 인준투표제를 실시하는 관행이 이어져옴에 따라 협약체결권자인 노조 대표자가 단체협약을 체결한다고 할지라도 조합원의 투표에 따라 단체협약이 다시 체결되어야 하는 불합리한 결과가 발생하기도 한다. 또한 노사 양측이 교섭대상으로서의 경영사항에 대하여 바라보는 시각이 구별되다보니 교섭과정에서 문제가 발생하기도 한다.

노동 실무에서 바라본 단체교섭 관행 및 구조적인 문제는 보다 세부적으로 나타난다. 기존에는 국내 기업의 단체교섭 관행 및 구조를 중심으로 논의되었지만 실무상으로는 외국계 기업에서도 단체교섭 관행 및 구조적인 문제가 발생한다. 외국계 기업에서는 대표자가 외국인인 경우가 대부분이고 외국인 대표자의 노동관계법령의 이해 부족 및 언어 및 기타 습성의 차이로 인하여 교섭과정에서 의사소통 문제가 발생하게 된다. 그 밖에 더욱 중요한 문제로 평가할 수 있는 것은 단체협약의 소급적용으로 인한 교섭기간의 장기화이다. 원칙적으로 단체협약은 체결시점 이후부터 적용되어야 하지만 노사 당사자 의사에 따라 단체협약에 소급적용 규정을 마련해둘 수도 있다. 실무상으로 대다수의 기업은 이러한 소급적용 규정을 단체협약에 마련해두고 있는데 소급적용 규정으로 인하여 단체교섭 기간이 장기화될 뿐만 아니라 아울러 단체협약의 유효기간의 형해화 문제도 발생하게 된다. 즉, 단체협약을 소급 적용하게 되면 노조로서는 단체교섭기간을 단축시킬 유인요인이 없어지게 되고 교섭기간을 장기화함에 따라 보다 본인들의 주장을 관철하는 데 노력을 기할 것이기 때문이다. 또한 단체협약의 소급적용으로 인해 무협약 상태에서 노조에게 발생할 수 있는 손실 부분이 해소될 수 있기 때문에 노동조합으로서는 단체교섭기간이 장기화되는 데 대한 부담이 없어지게 된다. 반면, 사용자에게는 단체교섭기간의 장기화에 따른 여러 가지 비용 문제가 발생하게 된다. 한편 임금교섭에서도 여러 가지 문제점이 존재한다. 우리나라는 관행적으로 1년에 1회 임금교섭이 실시되고 있으며, 2년에 1회 단체교섭(여기에서는 임금교섭을 제외한 단체교섭을 의미한다)이 실시되고 있다. 그렇다보니 임금교섭이 타결된 이후에는 곧바로 임금교섭을 제외한 단체교섭 및 임금교섭을 동시에 실시하게 되고 따라서 기업을 운영하는 전체의 기간 동안 단체교섭을 진행해야 하는 문제점이 존재한다.

제2절 평균임금과 통상임금

Ⅰ. 평균임금

1. 의 의

평균임금이란 이를 산정해야 할 사유가 발생한 날 이전 3개월 동안에 그 근로자에게 지급된 임금의 총액을 그 기간의 총일수로 나눈 금액을 말한다(근로기준법 제2조 제1항 제6호). 이러한 평균임금은 근로자가 정상적 근로를 제공하지 못하거나 퇴직하는 경우 등에 평소 지급되던 임금을 반영함으로써 근로자의 기본생활을 보장하기 위해 도입된 개념이다.[6]

6) 평균임금 및 통상임금의 개념에 대해서는 김영문 · 이상윤 · 이정, 「임금개념과 평균임금 · 통

평균임금은 근로자에 대한 여러 가지 급여, 즉 퇴직금(근로기준법 제34조) · 휴업수당(동법 제46조) · 재해보상금(동법 제78~87조) · 제재로서의 감급액(동법 제95조)과 연차유급휴가수당(동법 제60조 5항)을 산출하는 기초가 된다.

근로기준법 제2조 제1항 제6호는 퇴직금이나 재해보상금 산정시 기준으로 이용하는 평균임금의 개념을 명확히 정하려는 입법취지를 갖고 있다. 평균임금의 산정방법에 따라 여러 가지 급여금액이 달라지므로 그 내용을 명확히 하지 않으면 안 되는데 평균임금은 실제로 제공된 근로에 대해 실제로 지급받은 임금의 1일 평균치를 말한다. 또한 평균임금은 실제 지급되는 수당의 한 종류가 아니라 어떤 급여금을 산출하는 기준단위로서의 의미가 있다.

'지급된' 임금이란 근로자에게 실제 지급된 임금뿐 아니라 당연히 지급되어야 할 임금 중 지급되지 않은 임금을 포함한다. 평균임금에는 시간외근로수당, 야간근로수당, 생리수당, 산전후휴가수당 등의 법정수당이 포함되고 통상 1개월을 넘는 기간을 단위로 하여 지급되는 상여금 역시 포함된다. 평균임금에 포함되는 임금의 성격은 임금의 범위에 포함되어야 하고 근로자에게 계속적 · 정기적으로 지급되어야 하며 근로자가 얻은 총수입 중 사용자가 관리 또는 지배 가능한 부분이어야 한다.

평균임금은 이론적인 것이 아니고 실제적인 편의에 의하여 나타난 제도이며 실제로 제공된 근로에 대해 실제로 지급받은 임금을 기준으로 산정된 것을 의미한다. 따라서 근로자의 통상의 생활임금을 그대로 산정하는 것이 기본이며 통상임금보다 저액일 경우에는 그 통상임금을 평균임금으로 하여 최소한 통상임금은 보장하고 있다.

상임금의 산정범위」, 법문사, 2004, 참조.

2. 평균임금의 산정

평균임금의 산정은 근로기준법 제2조 제1항 제6호에 의하여 산정사유 발생일 이전 3월간에 받은 임금총액을 그 기간의 총일수로 나누면 된다.

(1) 산정의 대상이 되는 임금

임금총액에는 평균임금의 산정기간 동안 근로자에게 지급된 임금 및 지급하기로 확정된 임금채권이 모두 포함된다. 다만, 임시로 지급된 임금 및 수당,[7] 통화 이외의 것으로 지급된 임금(노동부장관이 정하는 것은 제외[8])은 임금총액에 포함되지 않는다. 임금총액과 관련해서 문제가 되는 것은 상여금 · 유급연차휴가수당 · 의도적인 성과금 등이 임금총액에 포함되는지의 여부이다. 상여금은 사유발생일 이전 1년간 받은 전액을 12개월로 나누어 3월 해당 분을 산출하여 이를 평균임금에 포함하며,[9] 유급연차휴가수당에 대해 판례[10]는 발생한지 3월 미만이 되는 시점에서 퇴직한 경우에만 이를 평균임금에 산입할 수 있다고 본다. 또한 성과급제 시행중인 사업자의 근로자가 퇴직 전에 집중적 · 의도적으로 성과를 향상시켜 평균임금을 상승시킨 경우에는 그 의도적 성과 향상 분을 제외하고 평균임금을 산정해야 한다는 것이 판례의 입장이다.[11]

---

7) 일시적 또는 일부 근로자에게만 지급되는 교통비 · 자가운전보조비 및 자녀 학자금보조금 등의 순수한 복리후생비는 근로의 대가로 볼 수 없으므로 평균임금의 산정대상에서 제외된다(대법원 1995. 5. 12. 선고 94다55934 판결).

8) 원칙적으로 단체협약, 취업규칙, 근로계약 등에 식대에 지급규정이 정하여져 있는 것으로서 전 근로자에게 관례적 · 일률적으로 지급하는 경우에는 임금으로 볼 수 있을 것이나, 별도로 식대의 지급근거는 없더라도 출근하는 근로자에게 일률적으로 현물급식을 제공하고 이를 현금으로 환가하여 퇴직금계산을 위한 평균임금에 포함시켜온 것이 일시적인 착오에 의한 것이 아니라 당해 사업장의 관행으로 확립되어 있음이 인정된다면 이는 근로의 대상성 여부에 관계없이 평균임금 산정을 위한 기초임금에 포함시켜야 한다(1997. 1. 10, 임금 69230-15).

9) 근로의 대가로 지급되던 상여금은 근로자의 퇴직 전 3개월 사이에 실제로 지급받았건 또는 받지 못하였건 이를 불문하고 그 1년분을 월로 나눈 3개월분 해당액을 근로자의 퇴직금산정의 기초인 평균임금의 계산에 포함시켜야 한다(대법원 1978. 2. 14. 선고 77다3121 판결).

10) 대법원 1992. 4. 14. 선고 91다카5587 판결.

1) 지급받은 임금 전액

3월간의 임금총액에는 근로기준법상의 임금에 해당하는 것을 모두 포함한다. 따라서 사용자가 지급한 모든 급여 중에서 임금에 해당하지 않는 생활보조적 · 복지후생적으로 지급되는 금품, 실비변상으로 지급되는 금품, 개별근로자의 특수하고 우연적인 사정에 의하여 좌우되는 금품, 성과에 따라 변동되는 성과보상 · 이윤배분 금품, 의례적 · 호의적 · 은혜적 금품은 등 기타의 금품을 제외한 금액을 임금총액으로 산정하면 된다. 또한 임시로 지불된 임금 · 수당과 통화 이외의 것으로 지불된 임금으로 고용노동부장관이 정하는 것 이외의 것은 산입하지 아니한다(근기령 제2조②). 임시로 지불된 임금 · 수당이란 일시적 · 돌발적 사유로 인하여 지급되는 것과 같이 그 지급사유의 발생이 불확정적인 것을 말한다.

2) 임시로 지급된 임금 및 수당 제외

판례[12]에 의하면 제외되는 임금 중 '임시로 지급된 임금 및 수당'이란 '일시적 · 우발적 사유로 인하여 지급되는 따위의 그 지급사유의 발생이 불확정적인 것'을 말한다. 행정해석은 임시로 지급된 임금으로서 '임시 또는 돌발적인 사유에 따라 지급되거나 지급조건은 사전에 규정되었더라도 그 사유발생일이 불확정 · 무기한 또는 희소하게 나타나는 것(예: 결혼수당, 사상병수당)'은 평균임금에 포함되지 않는다고 보고 있다. 또한 해외근로자의 추가임금,[13] 풍수해에 대한 재해수당, 돌발적인 물가 상승에

---

11) 근로기준법상 퇴직금에 관한 규정의 취지는 어디까지나 근로자의 생활을 보장하고자 하는 데 있으므로, 그 산정의 기준으로서의 평균임금은 원칙적으로 근로자의 통상 생활임금을 사실대로 산정하는 것을 그 기본원리로 해야 할 것인 바, 이는 근로자가 의도적으로 현저하게 평균임금을 높이기 위한 행위를 하지 않았더라도 산정될 수 있는 평균임금 상당액이라고 알 수 있을 것이므로 퇴직금의 기초가 되는 평균임금은 특별한 사정이 없는 한, 평균임금 산정에 현저하게 부적당한 기간을 뺀 직전 3개월간의 임금을 기준으로 하여 근로기준법이 정하는 방식에 따라 산정한 금액 상당이라고 할 것이다(대법원 1995. 2. 28. 선고 94다8631 판결).

12) 대법원 1978. 12. 13. 선고 78다2007 판결.

13) 대법원 1990. 11. 9. 선고 90다카4683 판결.

대비한 인플레이션수당도 여기에 해당한다.

3) 상여금은 12개월 동안 받은 총액 중에서 3개월분만 산입

상여금의 지급률을 연간단위로 설정하여 1개월을 넘는 단위로 지급하고 있는 경우에는 이를 지급받은 그 월의 임금으로 취급하여 일시에 전액을 평균임금에 산입하는 것이 아니라 평균임금을 산정하여야 할 사유가 발생한 날 이전 12개월의 기간 동안에 지급받은 상여금 전액의 3/12을 평균임금산정 기준 임금총액에 산입한다.[14] 아울러 근로월수가 1년 미만인 경우에는 당해 근로월 중에 지급받은 상여금 전액을 그 근로월수로 분할 계산하여 평균임금산정 기준 임금총액에 산입하여야 한다.[15]

4) 연차휴가 미사용수당의 산입방법

판례[16]는 전년도 출근율에 의하여 발생된 연차휴가일수를 미사용하고 퇴직한 경우 미사용 연차휴가수당을 평균임금에 산입하되 퇴직하기 전 해 1년간의 일부가 평균임금 산정기간인 퇴직한 날 이전 3월간 내에 포함되면 그 포함된 부분에 해당하는 연차휴가 미사용수당만이 평균임금산정의 기준이 되는 임금총액에 산입된다는 입장이다. 예컨대 산정기준을 회계연도에 따라 1월 1일~12월 31일로 정하고 있는 사업장이라면 늦어도 1월 1일~3월 31일 이내에 퇴직하는 근로자만 연차휴가 미사용수당을 평균임금에 산입할 수 있으며 4월 1일 이후 퇴직하는 근로자는 퇴직한 날 이전 3월간 내에 포함되지 않기 때문에 제외된다.

행정해석[17]은 전전년도에 발생한 연차휴가를 전년도에 미사용하고 퇴직한 경우 그 연차휴가미사용수당의 3개월분을 임금총액에 산입된다

14) 대법원 1984. 4. 11. 선고 87다카2901 판결.
15) 대법원 2002. 10. 25. 선고 2000두9717 판결.
16) 대법원 1991. 8. 13. 선고 91다14437 판결.
17) 임금근로시간정책팀-3295, 2007. 11. 5.

는 입장이다. 그리고 전년도에 발생한 연차휴가를 미사용한 것은 수당으로 청구할 수 있지만 평균임금에는 포함되지 않는다. 예컨대, 전전년도에 15개의 연차휴가가 발생되었는데 전년도에 5개를 사용하고 10개가 남은 경우 이 10일분 통상임금의 3/12를 평균임금에 산입한다. 그리고 전년도에 발생분이 15개가 있을 경우 이 금액은 수당으로 받을 수 있지만 평균임금 산정에서는 제외한다. 결론적으로 판례는 3개월에 중점을 둔 해석을 하고 있고 행정해석은 1년에 중점을 둔 해석인데 연차휴가는 1년간의 출근성적에 따라 주어지므로 1년간의 근로에 대한 대가로 볼 수 있고 연차휴가미사용수당도 1년에 한 번 지급되는 점을 고려하면 행정해석의 견해가 논리적 타당성이 높다. 입법론적으로 연차휴가제도와 임금제도는 취지가 다른 제도이므로 연차휴가 미사용수당은 평균임금에 산입하지 않는 기타의 금품으로 해석하는 것이 타당하다.

5) 원천징수액 포함

사용자가 근로자에게 지급하는 임금 중 법령에 근거하여 그 일부를 공제한 후 원천징수하는 경우에도 평균임금산정시에는 그 금액이 모두 포함된다. 즉 공제전 금액이 임금총액이 된다. 다만, 사용자가 부담하는 사회보험료나 근로자 부담분을 사용자가 대신 부담하기로 한 금액은 임금이라고 보기 어려우므로 임금총액에 포함시키지 않는다.[18)]

(2) 산정기간

1) 산정대상기간

평균임금의 산정기간은 사유발생일 이전 3월간의 역(Calendar)상 일수를 의미하며, 실 근로일수를 의미하는 것은 아니다. 이 때 '초일 불산입'을 원칙으로 하며,[19)] 취업 후 3개월 미만의 경우에는 그 기간만을 산

18) 임금근로시간정책팀-120, 2007. 1. 9.

정기간으로 한다. 평균임금의 산정기간과 관련해서 직위해제기간, 대기발령기간 및 감봉기간 등이 평균임금의 산정기간에서 포함되는지의 되는지의 여부가 문제된다. 징계조치로 인한 직위해제기간을 평균임금의 산정기간에서 제외할 것인가에 관하여 견해 대립은 있으나, 다수설은 징계조치로서 불이익을 주는 데 그쳐야 한다는 점을 이유로 징계조치기간은 산정기간에서 제외되어야 한다고 본다. 즉, 직위해제기간은 총일수에 산입되어서는 아니 된다고 한다. 다만, 판례[20]는 개인범죄로 구속 기소되어 직위해제된 기간은 평균임금의 산정기간에서 제외되지 않는다고 본다.

2) 산정대상기간에서 제외하는 기간

업무수행으로 ① 업무수행으로 인한 부상 또는 질병의 요양을 위하여 휴업한 기간(근로기준법 제79조), ② 사용자의 귀책사유로 인하여 휴업한 기간(근로기준법 제46조), ③ 수습사용중의 기간(근로기준법 제35조 제5호), ④ 산전산후휴가기간(근로기준법 제74조), 육아휴직기간(고령자평등법 제19조), ⑤ 적법한 쟁의행위기간(노동조합법 제2조 제6호), ⑥ 군복무기간, 향토예비군훈련, 민방위훈련기간, ⑦ 업무외 부상 또는 질병, 그 밖의 사유로 인하여 사용자의 승인을 얻어 휴업한 기간, ⑧ 육아기 근로시간 단축 기간(고령자평등법 제19조의3)은 평균임금 산정대상기간에서 제외한다(근로기준법 시행령 제2조). 이러한 기간 중의 임금을 공제하지 아니하면

---

19) 평균임금을 산정하여야 할 사유가 발생한 이전 3월간이란 사유가 발생한 날의 전일부터 소급하여 3월간을 의미하는 것으로 사유가 생긴 당일이 포함될 경우 근무시간의 차이로 임금의 차이가 있어 불공정한 처사가 될 것이므로 사유발생당일은 포함하지 않는다(1982. 12. 31, 근기 1455-35037). 같은 취지; 대법원 1989. 4. 11. 선고 87다카2901 판결.

20) 개인적인 범죄로 구속 기소되어 직위해제되었던 기간은 근로기준법 시행령 제2조 소정의 어느 기간에도 해당하지 않으므로 그 기간의 일수와 그 기간 중에 지급 받은 임금액은 근로기준법 제19조 1항 본문에 따른 평균임금 산정 기초에서 제외될 수 없고, 만일 그 기간과 임금을 포함시킴으로 인하여 평균임금 액수가 낮아져 평균임금이 통상임금을 하회하게 되는 경우에는 같은 법 제19조 2항에 따라 통상임금을 평균임금으로 하여 퇴직금을 계산하여야 한다(대법원 1994. 4. 12. 선고 92다20309 판결).

근로자에게 불리한 결과가 발생하기 때문이다. 평균임금은 통상의 생활임금을 기초로 퇴직금이나 재해보상금을 산정하자는 의미이므로 정상적인 근로제공이 이루어지지 않은 기간이 포함되면 평균임금이 부당하게 낮아질 우려가 있기 때문이다. 행정해석[21]도 "위와 같은 기간과 그 기간 중의 임금을 공제하지 아니한다면 정상적인 근로의 제공을 전제로 하여 이에 대하여 지급된 실제임금의 평균치를 산정하는 평균임금제도의 취지에 맞지 아니하고, 평균임금이 부당하게 낮아지게 될 염려가 있기 때문이라 할 것"이라는 입장이다.

3. 평균임금 산정의 특례

(1) 통상임금으로 대체

평균임금이 그 산출방식에 의하여 산출된 금액이 해당 근로자의 통상임금보다 저액일 경우에는 그 통상임금을 평균임금으로 한다(근로기준법 제2조 제2항). 이는 평균임금 산정기간에, 예컨대 결근이 잦았거나 정직의 징계처분을 받는 등의 사유로 그 지급받은 임금총액이 평소보다 낮아진 경우에 근로자가 받을 불이익을 최소화하려는 것이다.[22]

(2) 고용노동부장관의 평균임금 결정

일용근로자에 대하여 사업별 및 직업별로 고용노동부장관이 평균임금액을 정하고(근로기준법 시행령 3조), 근로기준법에 의하여 평균임금을 산정할 수 없는 기간에는 고용노동부장관이 정하는 바에 의한다(동법 시행령 4조). 여기서 "평균임금을 산정할 수 없다"는 것은 그 산정이 기술상 불가능한 경우는 물론, 근로기준법의 관계규정에 의하여 그 평균임금을 산정하는 것이 현저하게 불합리한 경우까지도 포함한다.[23]

---

21) 임금 68207-353, 2003. 5. 13.

22) 임종률, 「노동법(제10판)」, 박영사, 2012, 386면.

(3) 평균임금의 조정

근로기준법상의 재해보상(휴업보상, 장해보상, 장의비, 유족보상 등)을 산정할 때 적용할 평균임금은 그 근로자가 소속한 사업 또는 사업장에서 같은 직종의 근로자에게 지급된 통상임금의 1인당 1개월 평균액이 그 부상 또는 질병이 발생한 달에 지급된 평균액보다 100분의 5 이상 변동된 경우에는 그 변동비율에 따라 인상되거나 인하된 금액으로 하되 그 변동사유가 발생한 달의 다음 달부터 적용한다(근로기준법 시행령 5조). 이는 재해보상을 위한 평균임금 산정에 있어 기준(일)을 사유발생일로 고정하게 되면 재해보상기간이 장기간으로 되는 경우 평균임금이 실제 재해보상을 받는 시점의 현실과 부합되지 아니할 수 있으므로 이러한 문제점을 해결하기 위해 같은 사업장의 동종근로자의 통상임금 변동률 등을 기준으로 평균임금을 조정할 수 있도록 하고 있다. 근로자가 소속한 사업 또는 사업장이 폐지된 경우에는 그 근로자의 업무상 부상 또는 질병이 발생한 당시에 그 사업 또는 사업장과 같은 종류, 같은 규모의 사업 또는 사업장을 기준으로 하여 위의 규정을 적용하며(동조 2항), 동일한 직종의 근로자가 없는 경우에는 그 직종과 유사한 직종의 근로자를 기준으로 한다(동조 3항).

Ⅱ. 통상임금

1. 의 의

통상임금이란 근로자에게 1시간, 1일, 1개월 등 정기적이고 일률적으로 소정근로 또는 총근로에 대하여 지급하기로 정한 시간급 금액 · 일급 금액 · 주급 금액 · 월급 금액 또는 도급 금액을 말한다. 이러한 통상

23) 대법원 1995. 2. 28. 선고 94다8631 판결.

임금은 해고예고수당(근로기준법 26조), 연장 · 야간 및 휴일근로시의 시간외근로수당(동법 56조) 및 연차유급휴가수당(동법 60조 5항) 등의 산출기초로 된다. 통상임금은 시간급으로 산정함이 원칙이므로, 일급 · 주급 · 월급 · 도급의 경우에는 이를 각 산정기준 시간대로 나누어 시간급으로 환산한다. 통상임금을 일급금액으로 산정할 때에는 시간급금액에 1일의 소정근로시간 수를 곱하여 계산한다(근로기준법 시행령 6조 3항).

판례[24)]는 "근로기준법 소정의 통상임금을 '근로자에게 정기적, 일률적으로 소정근로 또는 총근로에 대하여 지급하기로 정하여진 시간급금액, 일급금액, 주급금액, 월급금액 또는 도급금액을 말한다.'고 규정하고 있으므로, 원칙적으로 근로자에게 소정근로 또는 총근로의 대상(대상)으로 지급되는 금품으로서 그것이 정기적, 일률적으로 지급되는 것은 통상임금에 속하는 임금이다. 따라서 근로자에 대한 임금이 1개월을 초과하는 기간마다 지급되는 것이라도 그것이 정기적, 일률적으로 지급되는 것이면 통상임금에 포함될 수 있는 것이고, 소정근로시간의 근로에 직접적으로 또는 비례적으로 대응하여 지급되는 임금이 아니라 하더라도 그것이 소정근로 또는 총근로에 대하여 지급되는 임금이 아니라고 할 수 없으므로 그런 사유만으로 그 임금을 통상임금에서 제외할 수는 없다. 다만 근로기준법이 평균임금의 최저한을 보장하고 시간외 근로수당 · 야간근로수당 · 휴일근로수당과 같은 할증임금, 해고예고수당 등을 산정하는 기준이 되는 통상임금을 인정하고 있는 입법취지와 통상임금의 기능 및 필요성에 비추어 볼 때 어떤 임금이 통상임금에 해당하려면 그것이 정기적, 일률적으로 지급되는 고정적인 임금에 속하여야 하므로 실제의 근무성적에 따라 지급 여부 및 지급액이 달라지는 임금은 고정적인 임금이라 할 수 없어 통상임금에 해당하지 않는다"고 하여 통상임금의 개념을 구

24) 대법원 1996. 2. 9. 선고 94다19501 판결.

체적으로 설명하고 있다.

따라서 사용자가 근로자에게 지급한 금품이 근로기준법 제2조 제1항 5호에 따른 임금의 개념에 해당한다고 하더라도, 실제 근무성적에 비례하여 지급된 경우는 통상임금에서 제외하게 된다. 과거에는 임금이분설에 따라 생활보장적 성격을 가지는 임금을, 근로의 제공에 대한 교환적 성격을 가진 임금과 구별하여 통상임금의 범위에서 제외하기도 하였으나, 모든 임금을 근로의 대가로 보는 현재 입장에서 보면, 임금을 위와 같이 구분하여 통상임금의 범위를 정하는 것은 무의미해졌다. 현재의 일반적인 해석에 따르면 정기적, 일률적, 고정적으로 지급되는 것이 아니고 실제 근무성적에 비례하여 지급된 것은 통상임금에서 제외된다. 사용자가 근로자들에게 지급한 특정한 명목의 금품이 통상임금에 해당하는지 여부를 판단할 때에는 명칭과 관계없이 그 통상임금 해당 여부를 실질적으로 판단하게 된다.

2. 평균임금과 통상임금의 구별실익

평균임금과 통상임금을 구별하는 실익은 일반적으로 평균임금이 통상임금을 상회하므로, 근로자가 근로를 제공하지 못하거나 퇴직하는 경우 등에는 근로자의 생활수준 보장을 위해서 평균임금액을 확보해 주려는 데 있다. 그러나 평균임금을 산정기초로 할 경우에 평균임금액이 특별한 사정에 의해 통상임금보다 저액으로 산출될 경우에는 통상임금을 평균임금에 갈음하여 지급해야 하며(근로기준법 제2조 제2항), 평균임금의 조정(근로기준법 시행령 제5조)의 경우에는 평균임금액이 통상임금액의 변동비율에 따라 증감하므로 양자는 이를 엄격히 구별해야 한다.

3. 통상임금의 개념에 대한 대법원의 해석

(1) 통상임금의 개념요소: '정기성, 일률성, 고정성'

근로기준법시행령 제6조 제1항은 "통상임금이란 근로자에게 정기적이고 일률적으로 소정근로 또는 총근로에 대하여 지급하기로 정한 시간급 금액, 일급 금액, 주급 금액, 월급 금액 또는 도급 금액을 말한다"고 규정하고 있다. 다만, 통상임금의 개념요소에 대한 해석은 법원에 의해서 구체화 되어 왔다.

대법원은 1996년 판결에서 "소정근로 또는 총근로의 대상으로 근로자에게 지급되는 금품으로서 그것이 정기적 · 일률적으로 지급되는 것이면 원칙적으로 모두 통상임금에 속하는 임금이라 할 것이나, 근로기준법의 입법취지와 통상임금의 기능 및 필요성에 비추어 볼 때 어떤 임금이 통상임금에 해당하려면 그것이 정기적 · 일률적으로 지급되는 고정적인 임금에 속하여야 하므로, 정기적 · 일률적으로 지급되는 것이 아니거나 실제의 근무성적에 따라 지급 여부 및 지급액이 달라지는 것과 같이 고정적인 임금이 아닌 것은 통상임금에 해당하지 아니한다"[25]라고 통상임금의 개념을 설명하였으며, 통상임금의 개념에 대한 대법원의 이러한 입장은 현재까지 유지가 되고 있다. 즉, 통상임금의 개념요소는 '정기성', '일률성', '고정성'으로 일반화되었고, 대법원 역시 "정기적 · 일률적 · 고정적 급부라는 통상임금의 개념적 징표"라는 표현을 사용하게 되었다.[26]

좀 더 구체적으로 살펴보면 판례는 정기성을 주기적, 규칙적 지급으

25) 대법원 1996. 2. 9. 선고 94다19501 판결. 이후 따름판례는 대법원 1996. 3. 22. 선고 95다56767 판결; 대법원 1996. 5. 10. 선고 95다2227 판결; 대법원 1996. 10. 25. 선고 96다5346 판결; 대법원 1996. 12. 6. 선고 96다26671 판결; 대법원 1998. 4. 24. 선고 97다28421 판결; 대법원 1998. 6. 26. 선고 97다14200 판결; 대법원 1999. 7. 13. 선고 99도2168 판결; 대법원 2005. 9. 9. 선고 2004다41217 판결(9건)의 순으로 검색된다(법고을LX 2011 검색결과).

26) 도재형, "통상임금의 판례법리", 「노동법의 존재와 당위(김유성 교수 정년기념 논문집)」, 박영사, 2006, 101면 참조.

로 이해하면서 1임금지급기를 넘더라도 통상임금에 포함된다고 해석한다.[27] 반면, 행정해석은 1임금지급기(통상 1개월)마다 지급되는 것으로 보아 수개월 또는 1년마다 지급되는 것은 통상임금에 해당하지 않는다고 본다. 일률성이라는 개념에 대한 설명은 대법원 1993. 5. 27. 선고 92다20316 판결에서 이루어졌다. 이 판결에서 대법원은 "통상임금의 정의에서 '일률적'으로 지급되는 것이라 함은 '모든 근로자에게' 지급되는 것뿐 아니라 '일정한 조건 또는 기준에 달한 모든 근로자에게' 지급되는 것도 포함된다고 해석되지만, 여기서 말하는 '일정한 조건'이란 '고정적이고 평균적인 임금'을 산출하려는 통상임금의 개념에 비추어 볼 때 '고정적인 조건'이어야 한다"라고 설시하였다. 통상임금의 고정성과 관련하여 판례는 "근로기준법이 평균임금의 최저한을 보장하고 시간외 근로수당 · 야간근로수당 · 휴일근로수당과 같은 할증임금, 해고예고수당 등을 산정하는 기준이 되는 통상임금을 인정하고 있는 입법취지와 통상임금의 기능 및 필요성에 비추어 볼 때 어떤 임금이 통상임금에 해당하려면 그것이 정기적, 일률적으로 지급되는 고정적인 임금에 속하여야 하므로 실제의 근무성적에 따라 지급 여부 및 지급액이 달라지는 임금은 고정적인 임금이라 할 수 없어 통상임금에 해당하지 않는다"[28]라고 판시한 이후 동일한 입장을 유지하고 있다.

(2) 법적 판단

정기성이 "지급되는 시기가 일정한 단위로 이루어지는 것"을 의미한

27) 상기 대법원 1996. 2. 9. 선고 94다19501 판결 이후 동일한 입장. 하지만 1994년까지만 하여도 대법원은「실제 근무일수나 수령액에 구애됨이 없이 정기적, 일률적으로 1임금 산정기간에 지급하리고 정하여진 고정급임금(대법원 1994. 10. 28. 선고 94다26615 판결)」이라고 하여 통상임금으로 인정되지 위해서는 1임금 산정기간 마다 지급되어야 했다(유성재, "상여금의 통상임금성 – 대상판결: 대법원 2012. 3. 29. 선고 2010다91046 판결 –", (사)노동법이론실무학회 제19회 정기학술대회 자료집, 2012, 31면).

28) 상기 대법원 1996. 2. 9. 선고 94다19501 판결.

다면, 일률성은 "지급되는 대상이(일정한 조건 또는 기준에 달한) 모든 근로자인 것"이라고 볼 수 있다. 따라서 정기성과 일률성을 갖춘 급여는 일단 임금으로 판단된다. 반면, 고정성은 해당 임금이 통상임금인지 여부를 판단하는 기준이 된다. 고정성은 "임금의 지급액이 변동되지 않는 것"을 의미한다. 따라서 소정근로 또는 총근로의 대상으로서의 임금이라도 하더라도, 근로자가 실제로 근무한 연수나 근무성적에 따라 지급 여부 및 지급금액이 달라지는 것은 고정성을 갖는다고 할 수 없으므로 통상임금에 해당하지 않는다고 본다. 고정성은 일률성과 유사한 측면이 없지 않지만, 일률성은 임금지급대상의 비차별성, 동등성 또는 통일성에 초점을 맞추고 있다는 점에서 차이가 있다. 대상에 따라 차별적으로 지급되는 경우에 비하여 비차별적, 동등하게 지급되는 경우에 지급되는 임금이 고정적일 가능성이 높겠지만 대상에 따라 차별적이라고 하여 고정성이 인정될 수 없는 것은 아니다.[29]

(3) 비판적 견해

통상임금에 대한 위와 같은 개념요소에 관하여 비판적인 입장을 제시하는 견해가 있어 왔다. 일률성과 정기성에 관해서는 근로기준법시행령 제6조 제1항의 규정은 법률(근로기준법)의 위임을 받지 않은 위임명령으로서 무효이며, 해당 규정이 내용으로 포함하고 있는 정기성과 일률성의 개념 역시 근로의 대상을 판단하는 실질적인 요건 기준이 아니라는 취지의 견해[30]가 있다. 또한 고정성 역시 근로기준법의 규정이 통상임금을 판단함에 있어서 고정성이라는 개념요소를 요소를 포함하고 있지 않

29) 김기덕, "통상임금 개념요소로서의 고정성", 「통상임금(노동과 법(제6호)」, 금속법률원, 2006, 193면.

30) 김영문 · 이상윤 · 이정, 『임금개념과 평균임금 · 통상임금의 산정범위』, 법문사, 2004, 133면 이하; 김기덕, "통상임금의 법리에 관한 새로운 이해", 「통상임금(노동과 법(제6호)」, 금속법률원, 2006, 89면 이하; 유성재, "상여금의 통상임금성 – 대상판결: 대법원 2012. 3. 29. 선고 2010다91046 판결 –", (사)노동법이론실무학회 제19회 정기학술대회 자료집, 2012, 37면) 등.

으며,[31] 근로기준법시행령 역시 마찬가지라는 측면에서의 견해[32]가 있다.

(4) 고용노동부의 행정해석

고용노동부 행정해석은 "통상임금에 포함되기 위해서는 ① 근로에 대한 대가성, ② 정기적 · 일률적으로 지급, ③ 1임금산정기간 내를 모두 충족해야 한다"는 입장이다. 즉, 1임금산정기간 내의 소정근로 또는 법정근로시간에 대하여 지급하기로 정해졌거나(기본급), 담당업무나 직책의 경중에 따라 미리 정해진 지급조건에 의해 1임금산정기간 내에 소정근로 또는 법정근로시간에 대하여 정기적 · 일률적으로 지급되는 임금 및 수당(직책수당 · 직무수당) 등은 통상임금에 포함된다.

4. 통상임금에 포함되는 수당에 대한 판단

(1) 통상임금에 포함되는 수당

기본급을 비롯하여 매월 고정적으로 지급되는 직책수당, 위험수당, 면허수당, 기술수당, 출납수당, 효도제례비, 연말특별소통장려금, 출퇴근보조여비,[33] 산업안전보건비,[34] 고열작업수당,[35] 근속수당,[36] 체력단련비, 월동보조비 등은 통상임금의 범위에 해당한다.

그러나 상여금,[37] 휴일 · 연장 · 야간근로수당, 연차휴가수당, 가족수당, 중식대 등 1임금지급기를 넘겨서 지급하거나 변동적인 임금은 평균

---

31) 이종수, "통상임금 판단에서 임금의 고정성은 합법적 요건인가", 매일노동뉴스 4863호(2012. 4. 4), 22면.
32) 김기덕, "통상임금 개념요소로서의 고정성", 「통상임금(노동과 법(제6호)」, 금속법률원, 2006, 192면.
33) 대법원 2007. 6. 15. 선고 2006다13070 판결.
34) 대법원 2005. 10. 13. 선고 2004다13762 판결.
35) 대법원 2005. 9. 9. 선고 2004다41217 판결.
36) 대법원 2002. 7. 23. 선고 2000다29370 판결.
37) 단, 정기상여금의 통상임금 해당성 여부에 대해서는 제3절에서 별도로 다시 논의하기로 한다.

임금에는 포함되지만 통상임금의 범위에서는 제외된다.[38)]

(2) 일부 수당을 통상임금에서 제외하는 합의의 효력

통상임금은 법에서 유급으로 정하는 최저기준이므로 당사자 간에 일부 수당을 통상임금에서 제외하기로 합의한 경우에도 이는 법에 미달되는 내용으로서 무효가 된다.[39)] 예컨대 근속수당이 통상임금에 포함되는 임금임에도 노사가 합의하여 근속수당을 통상임금 산정에서 제외하기로 합의하여 연장 · 야간 · 휴일근로에 대한 가산임금과 유급휴가수당을 근속수당이 제외된 금액으로 산정했다면 이는 법위반으로서 무효가 된다.

(3) 통상임금 해당성 여부가 불명확한 금품

1) 가족수당

판례는 부양가족이 있는 근로자에게 가족수당이 지급되고 있고 미혼자 등 가족이 없는 근로자에게도 그 절반을 '본인수당'으로 지급하고 있다면 이는 근로의 질이나 양에 대하여 지급되는 기본급에 준하는 수당으로서 통상임금의 범위에 속한다고 판단하고 있다. 행정해석은 가족수당이 부양가족 수에 따라 차등 지급된다면 아예 임금의 개념에서 제외하여 복지후생적 금품으로 보고 있으므로 통상임금에도 포함시키지 않는다. 결론적으로 가족수당이 가족 수에 관계없이 정기적 · 고정적 · 일률적으로 지급된다면 이는 통상임금에 포함되지만, 가족 수에 따라 차이가 있는 것은 근로의 질 · 양과 관련이 없어 근로의 대가로 보기 어려우므로 순수한 복리후생적 금품으로 해석할 필요가 있다.

2) 식대, 급식보조비

판례는 식대가 근로의 대가의 성질을 갖기 때문에 임금이며 매월 일

38) 대법원 2007. 4. 12. 선고 2006다81974 판결.
39) 대법원 2006. 6. 23. 선고 2005다54029 판결.

정액을 전 근로자에게 식비명목으로 지급하기로 한 것이라면 통상임금에 해당한다고 판단한다.[40] 현물급식으로서의 식사를 제공하지만 식사를 하지 않은 근로자에게 식사비에 상당하는 금품이 제공되지 않았다면 이는 통상임금에 포함되지 않는다고 해석한다. 행정해석은 식사를 할 때만 지급되는 현물급식은 순수한 의미의 복리후생비로 임금이 아니라고 보며 단체협약 · 취업규칙 등에 규정된 급식비로서 전 근로자에게 일률적으로 지급되는 경우에는 이를 평균임금으로 보고 있다.[41] 그러나 전 근로자에게 일률적으로 지급하는 것은 통상임금에 포함되어야 한다. 결론적으로 급식비, 식대, 식비, 식권, 현물급식 등 명칭을 무엇으로 부르든 매월 정기적 · 고정적 · 일률적으로 지급하는 것이라면 통상임금에 포함될 것이나, 출근한 근로자에 대하여 식사여부와 상관없이 일률적으로 지급하는 것이라면 통상임금에서는 제외되고 평균임금에는 포함된다. 출근한 근로자가 식사를 할 때만 지급하는 식비 · 식권 · 현물급식은 임금에 포함되지 않고 단순한 복리후생적 금품으로 보아야 한다.

3) 체력단련비, 월동보조비 등 복리후생적 수당

판례는 매년 1회 일정 시기에 전체 근로자에게 지급되는 체력단련비와 월동보조비는 소정근로 또는 총근로에 대하여 지급하기로 한 금품으로 정기적 · 일률적으로 지급되는 고정적 급여이기 때문에 통상임금에 해당한다고 본다.[42] 행정해석은 체력단련비, 월동비가 정기적 · 일률적으로 전 근로자에게 지급되는 경우 통상임금이 아닌 평균임금에 포함된다고 보고 있다.[43] 취업규칙 등에 '체력단련비'의 지급조건, 금액, 지급시기를 정하여 지급되었거나 또는 전 근로자에게 관례적으로 지급해 온

40) 대법원 1996. 5. 10. 선고 95다2227 판결.
41) 임금근로시간정책팀-2961, 2006. 10. 09.
42) 대법원 1996. 2. 9. 선고 94다19501 판결.
43) 임금 68207-283, 1993. 5. 13.

경우라면 이는 임금성이 인정되므로 평균임금에 포함된다.[44] 결론적으로 체력단련비, 월동보조비 등이 매월 고정적 · 일률적으로 지급된다면 이는 임금으로서 통상임금에 포함될 것이나, 매월 지급되지 않고 1년에 1번 또는 2번에 나누어 지급하는 경우에는 상여금과 마찬가지로 평균임금에 포함시키는 것이 타당하다. 그러나 출근 여부에 따라 금액이 달라지는 출근장려수당, 무사고수당, 교통비, 연료수당 등은 출근의욕을 고취시키기 위한 복지후생적 금품이므로 임금에서 제외되므로 통상임금이나 평균임금에 포함시키지 않는 것이 타당하다.

4) 근속수당

판례는 매월 일정액을 지급하는 근속수당은 일정한 근무연수에 이를 근로자에게 실제의 근무성적과 상관없이 고정적 · 일률적으로 지급된 것이므로 통상임금에 포함된다고 한다.[45] 일부 판례는 근무기간에 따라 지급여부와 지급수준이 결정되는 근속수당은 이직율을 줄이고 장기근속을 장려하기 위한 은혜적 성격의 수당이므로 통상임금에 포함되지 않는다고 한다.[46] 행정해석은 근속연수에 따라 차등 지급되거나 일부근로자에게만 지급되는 근속수당은 통상임금에 포함되지 않는다고 한다.[47] 결론적으로 근속수당이 근속연수에 따라 차이는 있지만 매월 일률적 · 고정적으로 지급된다면 이는 근로의 대가로서 통상임금에 포함되어야 하나, 매월 지급하지 않고 1년에 1번이나 2번에 나누어 지급한다면 평균임금에는 포함되지만 통상임금에서는 제외해야 할 것이다.

5) 승무수당, 능률수당, 항해수당, 생산장려수당 등

판례는 사용자가 매 근무일마다 근로자에게 지급한 승무수당은 실제

44) 임금 68207-466, 2000. 10. 05
45) 대법원 2000. 12. 22. 선고 99다21806 판결.
46) 대법원 1992. 5. 22. 선고 92다7309 판결.
47) 임금근로시간정책팀-854, 2006. 4. 14.

근무일수나 근무실적에 따라 지급액이 변경되어 정기적 · 일률적으로 지급되는 고정적인 임금이 아니므로 통상임금에 포함시키지 않는다.[48] 행정해석은 근무일에 일정금액을 지급하는 승무수당이나 능률에 따라 지급하는 능률급 등 실제근로 여부에 따라 지급금액이 변동되는 금품은 통상임금에 포함시키지 않는다.[49] 결론적으로 승무수당, 능률수당, 항해수당, 생산장려수당 등 어떤 명칭이든 일정금액이 지급된다면 이는 통상임금에 포함되나, 실제 근로 여부나 근무실적에 따라 지급액이 변동되는 것은 평균임금에는 포함되지만 통상임금에는 포함되지 않는다.

6) 상여금, 성과급 등

상여금은 근로자들이 상여금 지급일까지 근무하였는지 여부와 1년의 근속기간을 충족하였는지 여부 등과 같은 실제 근무성적에 의하여 지급 여부와 지급액이 달라지는 비고정적인 임금이므로 통상임금에 속한다고 할 수 없다고 한다.[50] 성과나 이윤에 따라 변동하는 성과급은 임금이 아니므로 당연히 평균임금은 물론 통상임금에서도 제외한다. 일반적으로 상여금은 연간 지급률을 기준으로 하기 때문에 연간 지급액을 매월 분할해서 지급하는 형태라면 통상임금에 포함시키기는 어렵다고 한다.[51] 개인의 근무성적이나 회사의 경영목표에 도달하면 일정액 또는 일정비율의 성과급을 일정한 시기에 주더라도 일시적 · 변동적 금품이므로 임금에서 제외하고 통상임금이나 평균임금에 포함시키지 않는다.[52] 1개월을 초과하는 단위로 지급되는 상여금은 통상임금이 아니지만 매월 고정적 · 일률적으로 지급되는 상여금은 통상임금에 포함될 수 있다.[53] 그러

48) 대법원 2002. 7. 23. 선고 2000다29370 판결.
49) 근기 01254-9748, 1988. 6. 29.
50) 대법원 2007. 4. 12. 선고 2006다81974 판결.
51) 임금 68207-207, 2002. 3. 29.
52) 임금근로시간정책팀-2177, 2006. 8. 14.
53) 대법원 2012. 3. 29. 선고 2010다91046 판결. 상여금의 통상임금성 해당여부에 대해서는 제3

나 연간 상여금지급률이 정해진 상태에서 편의를 위하여 매월 분할 지급하는 경우에는 통상임금에서 제외된다. 그리고 성과나 이윤에 따라 일시적 변동적으로 지급되는 성과상여금이나 이윤분배금, 인센티브 등은 임금이 아니므로 통상임금이나 평균임금의 범위에서 제외된다. 특히 연봉제로 변경하면서 그동안 분기별로 지급하던 상여금을 매월 지급하는 형태로 지급방법을 바꿀 경우 해석상 논란이 발생할 수 있다. 따라서 연봉제로 변경할 경우 매월 분할해서 지급하더라도 통상임금 범위에서 제외하려면 연간단위로 지급액을 결정하고 지급의 편의를 위하여 지급방법을 매월 지급하는 것으로 규정해야 한다.

5. 시간급 및 일급 통상임금의 환산방법

통상임금은 시간급으로 산정함이 원칙이다. 실무상에서 가장 중요하고 많이 사용되는 것은 '시간급 통상임금'이며 통상임금을 계산기초로 사용하는 대부분의 수당이 시간단위로 산정되기 때문이다. 시간급 통상임금이란 1시간에 대해 지급하기로 정해진 통상임금에 포함되는 임금액이다. 대부분의 기업은 시간급 통상임금을 정해서 근로계약을 체결하는 것이 아니라 월단위로 급여를 정하고 있으므로 월통상임금을 시간급 통상임금으로 역산한다. 일급 · 주급, 월급으로 정해진 경우 시간급으로 환산하는 방법은 다음과 같다. 매월 고정적으로 지급되는 임금이나 매월 고정적으로 정해진 임금을 월 소정근로시간(통상임금산정기준시간, 209시간 또는 226시간)로 나누면 시간급 통상임금이 나온다.

절에서 보다 구체적으로 살펴보기로 한다.

(1) 시간급 통상임금 환산방법

1) 일급으로 정해진 경우

일급 금액으로 정해진 임금에 대해서는 1일통상임금액을 1일의 소정근로시간수로 나눈 금액이 시간급 통상임금이다. 소정근로시간은 법정근로시간의 범위 내에서 정한 시간이므로 실제로 지급된 1일 일당과는 차이가 발생할 수 있다. 예컨대 1일 10시간에 11만원을 주는 경우 일당은 11만원이지만 1일 통상임금은 8시간분인 8만원이 된다. 따라서 시간급 통상임금은 이를 소정근로시간인 8시간으로 나눈 1만원이다.

2) 주급으로 정해진 경우

주급 금액으로 정해진 임금에 대해서는 그 금액을 주의 통상임금산정기준시간으로 나눈 금액이 시간급 통상임금이다. 주의 소정근로시간과 유급으로 처리되는 시간을 합산한 시간이 주의 통상임금산정기준시간이다. 따라서 법정근로시간을 소정근로시간으로 정한 경우 주 소정근로시간 40시간과 주휴일 등 유급 처리되는 8시간을 합하여 48시간이 된다. 예컨대 1주 48만원으로 주급을 정한 근로자의 시간급 통상임금은 48만원을 48시간으로 나눈 1만원이다.

3) 월급으로 정해진 경우

월급 금액으로 정해진 임금에 대해서는 그 금액을 월 통상임금산정기준시간으로 나눈 금액이 시간급 통상임금이다. 월의 통상임금산정기준시간은 주의 통상임금산정기준시간에 1년간의 평균주 수를 곱한 시간을 다시 12개월로 나눈 시간이다. 유급으로 처리되는 시간이 포함되며 1년간의 평균주 수는 365일을 7로 나누어 계산한다. 예컨대 월 통상임금이 209만원인 근로자의 경우 월 통상임금산정기준시간인 209로 나누면 시간급 통상임금은 1만원이 된다.

(2) 일급 통상임금 환산방법

평균임금이 통상임금보다 적으면 통상임금을 평균임금으로 해야 하므로(근로기준법 제2조②) 월 통상임금을 일급 통상임금으로 환산하는 것도 필요하다. 또한 평균임금이 통상임금보다 적은지 판단하기 위해서도 일급 통상임금이 계산되어야 한다. 이렇게 일급 통상임금을 산정할 때에는 위에서 계산한 시간급 통상임금에 1일의 소정근로시간 수를 곱한다. 일반근로자는 8시간의 범위, 연소근로자는 7시간의 범위, 유해 · 위험작업근로자는 6시간의 범위에서 사용자와 근로자가 정한 시간이 소정근로시간이다.

제3절 통상임금 산정기준의 불명확성

통상임금은 해고예고수당(근로기준법 제26조), 시간외 · 야간 및 휴일근로시의 가산임금(동법 제56조), 연차유급휴가수당(동법 제60조 제5항) 등의 산정기준이 된다는 점에서 명확한 법적 판단이 매우 중요하다. 이처럼 노동법상 통상임금이 매우 중요한 개념임에도 불구하고, 근로기준법에 정의규정을 두고 있는 평균임금과는 달리(동법 제2조 6호), 통상임금에 대해서는 본법이 아닌 시행령(제6조)에 정의규정을 두어 법체계상 정합성이 결여되어 있으며, 그 내용 또한 매우 추상적이고 불명확하여 일반인은 물론 노동전문가들조차 정확하게 이해하기 힘든 구조로 되어 있다. 이에 통상임금에 대한 규정의 해석과 적용을 둘러싸고 많은 논의가 전개되어 왔으며, 노동실무에서는 주로 고용노동부의 행정해석이나 판례를 참고하여 개별적 사안에 대응하여 왔다. 하지만 후술하는 바와 같이 통상임금의 범위 및 판단을 둘러싸고 대법원 판례의 입장과 행정해석이 서로 상이할 뿐만 아니라, 판례 또한 법적 안정이나 예측 가능성보다 구체적 사안의 해결에 주안을 두다보니 통상임금에 대해서만큼 다소 일관성이 부족한 면이 있었음을 부정할 수 없다.[54] 그 결과, 통상임금의 산정에 관한 판단은 오랜 기간 동안 혼선을 빚어왔으며, 그와 관련된 문제들 역시 꾸준하게 제기되어 왔다.[55]

Ⅰ. 통상임금의 개념요소에 대한 입법연혁적 검토

현재 근로기준법은 해고예고수당(동법 제26조), 시간외 · 야간 및 휴일근로 시의 가산임금(동법 제56조), 연차유급휴가수당(동법 제60조 제5항) 등을 산출함에 있어서는 '통상임금'이라는 용어를 사용하고 있음에도 불구하고, '통상임금'에 대한 별도의 정의규정을 두고 있지는 않다.

1. 1953년: 제정 근로기준법시행령의 '통상임금' 정의규정

통상임금의 정의는 1953년 근로기준법 제정시부터 모법인 근로기준법이 아닌 근로기준법시행령 제6조에 규정되어 있었다. 정의규정의 내용은 다소 달라진 부분이 있지만, 이러한 입법방식은 그 이후에도 계속 유지되어 현행 근로기준법시행령 제6조 제1항은 통상임금을 "근로자에게 정기적 · 일률적으로 소정근로 또는 총근로에 대하여 지급하기로 정

54) 통상임금 관련 판례의 변천에 대해서는 이철수, "통상임금에 관한 판례법리의 변화 –복리후생을 중심으로–", 『노동법연구』 제17호, 2004 및 김영문 · 이상윤 · 이정, 『임금개념과 평균임금 · 통상임금의 산정범위』, 법문사, 2004, 참조.

55) 통상임금 문제에 관한 대표적 선행연구로는 박래영, "법정기준임금의 단일화에 관한 연구", 『경제연구』 제9집, 홍익대학교 경제연구소, 1993; 오문완, "임금체계 개편 방향 –기준임금 단일화를 중심으로–", 『임금연구』 2000년 겨울호; 이강성, "우리나라 임금체계의 문제점과 개선방안 –이원화된 법적 기준 임금제도를 중심으로–", 『임금연구』 2004년 가을 등이 있음.

하여진 시간급 금액, 일급 금액, 주급 금액, 월급 금액 또는 도급 금액" 이라고 정의하고 있다.

〈표 3-1〉 1953년 제정 근로기준법 시행령

제24조 법 제46조의 규정에 의한 통상임금이라 함은 다음 각호에 의하여 산정한 것을 말한다. 1. 시급으로써 정하여진 임금에 대하여는 그 금액 2. 일급으로써 정하여진 임금에 대하여는 그 금액을 1일의 소정근로시간 수로써 제한 금액 3. 주급으로써 정하여진 임금에 대하여는 그 금액을 주의 소정근로시간 수로써 제한 금액 4. 월급으로써 정하여진 임금에 대하여는 그 금액을 월의 소정근로시간 수로써 제한 금액 5. 월, 주이외의 일정한 기간으로써 정하여진 임금에 대하여는 전각호에 준하여 산정된 금액 6. 도급제에 의하여 정하여진 임금에 대하여는 그 임금 산정기간에 있어서 도급제에 의하여 계산된 임금의 총액을 당해 임금산정기간(임금마감일이 있는 경우에는 임금마감기간. 이하 같다)의 총근로시간 수로써 제한 금액 7. 근로자가 받는 임금이 전각호의 2이상의 임금으로써 되어 있는 경우에는 그 부분에 대하여 전각호에 의하여 각각 산정된 금액의 합산액

한편, 통상임금에 관한 정의규정이 법제화된 것이 1982년 8월 13일 개정 근로기준법시행령 때부터라는 견해[56]가 있는데, 이는 틀린 설명이

56) "통상임금에 관한 정의규정이 우리 법제로 들어오게 된 것은 1982년 8월 13일 근로기준법시행령 제89차 개정을 통해서이다. 그 이전까지는 근로기준법에서 통상임금이라는 용어를 사용하기는 하였지만 그것의 운용은 전적으로 통상임금예규와 판례의 해석에 맡기고 있다가, 1982년의 근로기준법시행령 제8차 개정시 제31조에 통상임금의 정의규정을 규정하게 된 것이다(문무기 · 윤문희 · 이철수 · 박은정, 「임금제도 개편을 위한 노동법적 과제」, 한국노동연구원, 2006, 7면)."

다. 비슷한 표현 같지만 "통상임금의 산정 계산방식과 관련해서는 근로기준법 제정 당시에는 별다른 내용이 없었다"[57]는 것이 정확한 표현이다.

위에서 확인할 수 있듯이 1954년 제정 근로기준법 시행령 제24조는 '통상임금의 정의'라는 표현만을 쓰지 않았을 뿐, 통상임금을 '임금을 소정근로시간수로 제한(나눈) 금액'의 의미로 각호로 유형화하여 정의하고 있다. 즉, 우리나라 노동법 연혁상 통상임금이라는 개념은 비록 근로기준법 자체에는 담기지 못했지만 근로기준법시행령에 포섭되어 입법화된 것으로 평가하는 것이 타당하다. 이를 뒷받침하는 또 하나의 근거로 1969년 전부개정 근로기준법시행령 제31조는 1954년 제정 근로기준법 시행령 제24조과 동일한 내용이면서 '(통상임금의 정의)'라는 표현을 덧붙였다는 사실을 들 수 있다.

〈표 3-2〉 1969년 전부개정 근로기준법시행령

제31조 (통상임금의 정의) 법 제46조의 규정에 의한 '통상임금'이라 함은 다음 각호에 의하여 산정한 것을 말한다.
1. 시급으로써 정하여진 임금에 대하여는 그 금액
2. 일급으로써 정하여진 임금에 대하여는 그 금액을 1일의 소정근로시간 수로써 나눈 금액
3. 주급으로써 정하여진 임금에 대하여는 그 금액을 주의 소정근로시간 수로써 나눈 금액
4. 월급으로써 정하여진 임금에 대하여는 그 금액을 월의 소정근로시간 수로써 나눈 금액
5. 월·주이외의 일정한 기간으로써 정하여진 임금에 대하여는 전각호에 준하여 산정된 금액
6. 도급제에 의하여 정하여진 임금에 대하여는 그 임금 산정기간에 있어서

57) 박훈, "통상임금 계산의 문제점", 「통상임금」, 노동과 법(제6호), 금속법률원, 2006, 270면, 각주8.

도급제에 의하여 계산된 임금의 총액을 당해 임금산정기간(임금마감일이 있는 경우에는 임금마감기간 이하 같다)의 총근로시간 수로써 나눈 금액
7. 근로자가 받는 임금이 전 각호의 2이상의 임금으로써 되어 있는 경우에는 그 부분에 대하여 전 각호에 의하여 각각 산정된 금액의 합산액

2. 1982년 이전: 통상임금의 판단 – 노동부 예규와 대법원 판례

다만, 이 당시 근로기준법시행령에 통상임금에 관한 정의규정은 있었음에도 그 구체적인 산정기준에 관한 내용은 정의규정에 없었으므로, 그 실질적인 통상임금의 판단은 노동부 예규와 대법원의 판례의 해석에 맡겨진 상황이었다. 통상임금의 의의에 관하여 대법원은 최초로 1978. 10. 10. 선고 78다1372 판결에서 "통상임금이란 실제 근무일수나 실제 수령한 임금에 구애됨이 없이 고정적이고 평균적인 일반임금 즉, 기본적인 임금과 이에 준하는 고정적으로 지급되는 수당의 1일 평균치를 의미한다"고 설시하였다.[58)]

3. 1982년: 근로기준법시행령 개정시 포함된 '정기성'과 '일률성'의 개념

이 후 1982년 근로기준법시행령 개정시 제31조에 통상임금의 정의규정이 수정되는 과정에서 '정기성'과 '일률성'이 통상임금의 구체적인 개념요소로 입법화 되어, 내용에 큰 변화 없이 지금에 이르고 있다.

---

58) 도재형, "통상임금의 판례법리", 「노동법의 존재와 당위(김유성 교수 정년기념 논문집)」, 박영사, 2006, 100면.

◆ 〈표 3-3〉 1982년 개정 근로기준법 시행령

第31조 (통상임금의 정의) ① 법과 이 영에서 '통상임금'이라 함은 근로자에게 정기적 · 일률적으로 소정근로 또는 총근로에 대하여 지급하기로 정하여진 시간급 금액 · 일급 금액 · 주급 금액 · 월급 금액 또는 도급 금액을 말한다. ② 제1항의 규정에 의한 통상임금을 시간급 금액으로 산정할 때에는 다음 각호에 의한다. 이 경우 일급 금액으로 통상임금을 산정할 때에는 시간급 금액에 1일의 소정근로시간 수를 곱하여 계산한다. 1. 시간급 금액으로 정하여진 임금에 대하여는 그 금액 2. 일급 금액으로 정하여진 임금에 대하여는 그 금액을 1일의 소정근로시간 수로 나눈 금액 3. 주급 금액으로 정하여진 임금에 대하여는 그 금액을 주의 소정근로시간 수로 나눈 금액 4. 월급 금액으로 정하여진 임금에 대하여는 그 금액을 월의 소정근로시간 수로 나눈 금액 5. 월 · 주외의 일정한 기간으로 정하여진 임금에 대하여는 제1호 내지 제4호에 준하여 산정된 금액 6. 도급제에 의하여 정하여진 임금에 대하여는 그 임금산정기간에 있어서 도급제에 의하여 계산된 임금의 총액을 당해 임금산정기간(임금마감일이 있는 경우에는 임금마감기간 이하 같다)의 총근로시간 수로 나눈 금액 7. 근로자가 받는 임금이 제1호 내지 제6호에서 정한 2이상의 임금으로 되어 있는 경우에는 그 부분에 대하여 제1호 내지 제6호에 의하여 각각 산정된 금액의 합산액

4. 1982년 이후: 통상임금에 대한 대법원 판결의 구체화

대법원 1990. 11. 9. 선고 90다카6948 판결에서 "통상임금이란 정기적, 일률적으로 소정근로의 양 또는 질에 대하여 지급하기로 된 임금으로서 실제 근무일수나 실제 수령한 임금에 구애됨이 없이 고정적이고 평균적으로 지급되는 일반임금"이라고 설명하였다. 대법원 1990. 11. 27 선고 89다카15939 판결에서도 "통상임금은 평균임금과 달리 실제 근무일수나 실제 수령임금에 구애됨이 없이 정기적, 일률적으로 소정근로 또는 총근로에 대한 대가로서 지급하기로 정하여진 시간급 금액, 일급 금액, 주급 금액, 월급 금액 또는 도급 금액"이라고 설명하였다. 통상임금의 의의에 대하여 구체적으로 설시한 것은 대법원 1990. 12. 26. 선고 90다카12493 판결이었다.[59] 위 판결에서 대법원은 "통상임금이라 함은 근로자에게 정기적, 일률적으로 소정근로 또는 총근로에 대하여 지급하기로 정하여진 시간급 금액, 일급 금액, 주급 금액, 월급 금액 또는 도급 금액을 말하며 이는 근로의 양 및 질에 관계되는 근로의 대상으로서 실제 근로일수나 수령액에 구애됨이 없이 정기적, 일률적으로 1임금 산정기간에 지급하기로 정하여진 고정급 임금을 의미하므로(당원 1978. 10. 10. 선고 78다1372 판결) 단순히 은혜적, 부정기적으로 지급되는 것이거나 근로의 양 및 질과는 무관한 요인에 따라 근로자의 일부에 대하여 지급되는 것은 통상임금의 산정에서 제외되어야 할 것이다"라고 설명하였다.[60] 그러나 이 판결에서도 '정기성', '일률성'이라는 개념에 대한 설명은 없었다.

5. 1993년: '일률성'과 '고정성'에 대한 판례법리의 개념화

통상임금의 개념요소 중 '일률성'이라는 개념에 대한 설명은 대법원 1993. 5. 27. 선고 92다20316 판결에서 이루어졌다. 이 판결에서 대법원은 "앞서 든 통상임금의 정의에서 '일률적'으로 지급되는 것이라 함은 '모든 근로자에게' 지급되는 것뿐 아니라 '일정한 조건 또는 기준에 달한

59) 도재형, "통상임금의 판례법리", 「노동법의 존재와 당위(김유성 교수 정년기념 논문집)」, 박영사, 2006, 100면.
60) 대법원 1978. 10. 10. 선고 78다1372 판결.

모든 근로자에게' 지급되는 것도 포함된다고 해석되지만, 여기서 말하는 '일정한 조건'이란 '고정적이고 평균적인 임금'을 산출하려는 통상임금의 개념에 비추어 볼 때 '고정적인 조건'이어야 한다"라고 설시하였다.[61] 통상임금의 개념요소에 관하여 더욱 명확하게 설명한 것은 대법원 2003. 4. 22. 선고 2003다10650 판결이었다. 위 판결에서 대법원은 "소정근로 또는 총근로의 대상으로 근로자에게 지급되는 금품으로서 그것이 정기적 · 일률적으로 지급되는 것이면 원칙적으로 모두 통상임금에 속하는 임금이라 할 것이나, 근로기준법의 입법취지와 통상임금의 기능 및 필요성에 비추어 볼 때 어떤 임금이 통상임금에 해당하려면 그것이 정기적 · 일률적으로 지급되는 고정적인 임금에 속하여야 하므로, 정기적 · 일률적으로 지급되는 것이 아니거나 실제의 근무성적에 따라 지급 여부 및 지급액이 달라지는 것과 같이 고정적인 임금이 아닌 것은 통상임금에 해당하지 아니한다"라고 설시하였다. 하지만 위와 같은 판결을 살펴보면 대법원은 통상임금의 필수적 개념요소로서 '정기성'과 '일률성'을, 보완적 개념요소로서 '고정성'의 요건을 갖출 것을 요구하고 있다고 볼 수 있다. 즉, 통상임금의 개념요소는 '정기성', '일률성', '고정성'으로 일반화되었고, 대법원 역시 "정기적 · 일률적 · 고정적 급부라는 통상임금의 개념적 징표"라는 표현을 사용하게 되었다.[62]

61) 같은 취지; 대법원 1994. 5. 24. 선고 93다31979 판결; 대법원 2005. 9. 9. 선고 2004다41217 판결.

62) 대법원 2005. 9. 9. 선고 2004다41217 판결. 이에 대한 자세한 내용에 대해서는 도재형, "통상임금의 판례법리", 「노동법의 존재와 당위(김유성 교수 정년기념 논문집)」, 박영사, 2006, 101면 참조.

Ⅱ. 통상임금의 판례법리에 대한 비판적 접근[63] (대법원 2012. 3. 29. 선고 2010다91046 판결을 중심으로)

1. 문제의 소재

2012년 대법원이 "상여금은 통상임금에 해당한다고 볼 여지가 있다"라고 판시한 대상판결이 확정되면서, 소위 '상여금의 통상임금 해당(성)'을 둘러싼 논쟁이 뜨겁게 이슈화되고 있다.[64] 특히, 대상판결은 상여금의 통상임금 해당성에 대한 기존의 해석과 정반대되는 입장을 취하였다는 점에서 그 파장은 실로 막대하다. 왜냐하면 "상여금은 통상임금에 해당하지 않는다"라는 판결과 행정해석이 지금까지 대법원과 고용노동부의 일관된 태도였기 때문이다.[65] 물론, 해당 판결이 '전원합의체'의 것이 아닌 이상, 향후 상여금의 통상임금 해당성에 대한 또 다른 판결이 나올 가능성도 있을 것이다. 하지만 그 사실 자체가 상여금의 통상임금 해당성에 대한 법적 판단의 불안정성을 내포하고 있다고 볼 수 있다. 뿐만 아

63) 본 내용은 이정, "통상임금에 대한 판례법리의 재검토 -정기상여금(대법원 2012. 3. 29. 선고 2010다91046 판결)을 중심으로-", 「노동법학(제43호)」, 2012. 9. 을 보완 및 재구성한 것임을 밝힌다.

64) 대상판결에 대한 평석으로는 유성재, "상여금의 통상임금성 -대상판결: 대법원 2012. 3. 29. 선고 2010다91046 판결-", (사)이론실무학회 제19회 정기학술대회 자료집, 2012); 이승길, "정기상여금은 통상임금인가", 『창조노사』, 2012년 5월호; 김희성 · 한광수, "정기상여금의 통상임금 해당성에 대한 연구", 『노동법논총』제25집, 2012. 8 등이 있음.

65) 대법원은 근속수당 및 상여금 관련 통상임금 소송에서 「통상임금이란 정기적 · 일률적으로 소정근로 또는 총 근로시간에 대한 대가로서 1임금 산정 기간에 정하여진 고정급 임금을 의미」하므로(대법원 1996. 2. 9. 선고 94다19501 판결), 「실제의 근무성적에 따라 지급 여부 및 지급액이 달라지는 임금은 고정적인 임금이라 할 수 없어 통상임금에 해당하지 않는다.」는 판단기준을 제시한 이래, 「만 1년 이상 근속한 근로자에게 1년간 정액의 근속수당을 근속연한에 따라 가산하여 지급하기로 한 경우의 근속수당이나 근속기간에 따라 차등 지급하는 상여금의 경우 통상임금에 해당하지 않는다.」라고 판단해 왔다(대법원 1990. 11. 9. 선고 90다카6948 판결; 대법원 1992. 5. 22. 선고 92다7306 판결; 대법원 1994. 10. 28. 선고 94다26615 판결; 대법원 2007. 4. 12. 선고 2006다81974 판결 등).

니라, 지금까지 많은 기업들이 현행 임금체계에 따라 오랜 기간 동안 업무를 처리하여 왔기 때문에, 새로운 판단구조에 따라 임금제도를 바꾸는 것은 불가능에 가까우리만큼 많은 혼란을 야기할 위험을 동반한다.

이를 입증이라도 하듯, 대상판결 이후 노동계는 벌써부터 '실질임금의 확보'라는 측면에서 '상여금 및 제(諸)수당의 통상임금(화)'를 주장하고 있다. 하지만 그러한 주장은 성과기반 임금제도의 운용을 통해 경영의 유연성을 확보하고자 하는 기업 입장에서는 상당한 리스크로 인식된다. 또한 본 대상판결에 앞서 2012년 1월 인천지방법원은 '한국지엠 통상임금 사건'[66]에서 "통상임금에서 말하는 '일률적 지급'이란 '모든 근로자에게 지급되는 것뿐만 아니라 일정한 조건 또는 기준에 달한 모든 근로자에게 지급되는 것'도 포함된다"고 하여, 정기상여금에 대한 통상임금 판단기준을 완화하는 판결을 하여 이미 파란을 예고한 바 있다. 이러한 측면에서 통상임금 판단의 불명확성으로 인한 노사갈등과 추가임금 청구소송 등의 법률분쟁은 다양한 산업현장에 상당한 리스크로 작용할 것으로 예상되고 있다.[67]

2. 사건개요

사용자(피고)는 대구 소재의 시외버스회사(금아리무진)로 자신의 회사에서 운전기사로 일하는 근로자들(원고)에게 단체협약 및 임금협정(이하, 협약)에 따른 임금으로서 '기본급, 각종 수당, 상여금'을 지급해 왔다. 해당 협약은 경상북도 버스운송사업조합 소속인 피고와 원고들이 속한 경

66) 인천지방법원 2012. 1. 26. 선고 2011가합6096 판결.

67) 대상판결을 계기로 민주노총 산하 금속노조 기아차 지부 2만 8천명, 한국지엠(GM)지부 1만명, 한국노총 자동차노련 소속 버스근로자 1,300여명은 "상여금도 통상임금에 포함시켜 달라"며 지난 해에 집단소송을 낸 적이 있으며, 금속노조 현대차지부도 집단소송 준비와 함께 올해 임단협에서 통상임금 문제를 공식적으로 제기할 계획이다(한겨레, "대법 「정기상여금도 통상임금」 첫 판결", 2012. 4. 11).

북지역 자동차노동조합과 체결된 것이었다. 협약은 실제 근로시간과 관계없이 1일 근로시간을 12시간(기본근로 8시간과 연장근로 4시간)으로 정하고 그에 해당하는 기본급과 각종 수당을 지급하였다. '기본급'은 기본시급에 "기본근로시간(8시간)과 월 근무일수(21일)를 곱한 금액"이다. '각종 수당'은 '기본시급'을 기준으로 산정되었으며, "연장수당, 야간근로수당, 주휴수당, 월차휴가수당 및 능률수당을 합한 금액"이다.

반면, 상여금의 지급에 대한 단체협약 제27조는 '기본급'을 기준으로, "6개월 이상 근무시 350%, 3년 이상 근무시 550%, 8년 이상 근무시 650%, 12년 이상 근무시 750%에 해당하는 금액"으로 정하고 있었으며, 상여금은 매달 지급하는 기본급이나 각종 수당과는 달리, 매분기별로 지급하였다.

【단체협약 제27조】 각 회사는 차량조합원에게 다음에 의한 상여금을 지급한다.

구분	6개월 이상	3년 이상	8년 이상	12년 이상
비율	350%	550%	650%	750%

1. 상여금 지급은 만근 기본급 기준으로 한다.
2. 상여금 지급은 분기별로 지급하며 매 분기 말까지 재직한 자로 하고, 익월 급여 지급일에 지급한다. 단 퇴직자에 대해서는 월별로 계산 지급한다.
3. 입사일에서 6개월 경과 후 해당분기 지급분부터 지급하되, 6개월 경과 후 최초 해당분기 지급률은 1년 지급률의 1/2을 지급한다.

이에 원고는 상여금이 통상임금에 해당함에도 불구하고, 각종 수당의 산정기준에 포함되지 않았으므로, 기본급에 상여금을 합한 금액에 대한 기본시급을 기준으로 3년간의 각종 수당을 재산정하여 그 차액(분)을 지급해 줄 것을 구하는 소송을 제기하였다. 원심은 "상여금의 지급 여부 및 지급액이 근로자의 실제 근무성적 등에 따라 좌우되는 것으로서 통상임금에 포함되지 않는다"[68]고 하여 원고의 주장을 기각했다. 본 사안은 이와 같은 원심의 결정에 대하여 원고가 대법원에 상고한 사건이다.[69]

3. 법적 쟁점

본 사건의 법적 쟁점은 크게 상여금은 통상임금에 해당하는지, 만약에 해당한다면 그 법적 근거는 무엇인지, 그리고 통상임금이 가지는 노동법상의 법적 의의는 무엇인지 세 가지로 구분할 수 있다. 이하, 대상판결의 요지를 각 사안의 법적 쟁점별로 살펴보면 다음과 같다.

(1) 상여금은 통상임금인가

대상 판결은 첫 번째 쟁점에 관하여 "본 사건의 상여금은 통상임금에 해당한다고 볼 여지가 있다"고 하여 상여금에 대한 통상임금을 인정한 다음, 사건을 원심법원에 파기환송하였다.

대법원은 통상임금성을 판단함에 있어서 "소정근로 또는 총근로의 대상(對償)으로 근로자에게 지급되는 금품으로서 그것이 정기적 · 일률적으로 지급되는 것이면 원칙적으로 모두 통상임금에 속한다 할 것이나, 근로기준법의 입법 취지와 통상임금의 기능 및 필요성에 비추어 볼 때 어떤 임금이 통상임금에 해당하려면 그것이 정기적 · 일률적으로 지급되는 것이 아니거나 실제의 근무성적에 따라 지급 여부 및 지급액이 달라지는 것과 같이 고정적인 임금이 아닌 것은 통상임금에 해당하지 아니한다고 할 것인데, 여기서 '일률적'으로 지급되는 것이라 함은 '모든 근로자'에게 지급되는 것뿐만 아니라 '일정한 조건 또는 기준에 달한 모든 근

---

68) 대구고등법원 2010. 10. 7. 선고 2009다6992 판결.

69) 본 사건에는 '임금'과 관련된 쟁점이 더 있지만, 본고에서는 '상여금'에 관한 쟁점만을 부각시켜 검토하였음을 밝혀둔다.

로자'에게 지급되는 것도 포함되고, 여기서 말하는 '일정한 조건'이란 '고정적이고 평균적인 임금'을 산출하려는 통상임금의 개념에 비추어 볼 때 '고정적인 조건'이어야 한다"는 종전의 일반적인 판단기준[70]을 제시하고 있다.

(2) 본 사안에서 상여금을 통상임금으로 보는 이유

대법원은 정기상여금을 통상임금이라고 해석한 다음, 그 법적 근거로 "피고가 1년을 초과하여 계속 근무한 근로자에게 근속연수가 증가함에 따라 일정 금액을 가산하여 1년 근속당 일정금액을 지급한 근속가산금은 근무성적과 상관없이 매월 일정하게 지급된 것으로서 정기적 · 일률적으로 지급되는 고정적인 임금이므로 통상임금에 포함된다는 점"을 들고 있다.

또 대법원은 그 근거에 대하여 "이 사건 상여금은 피고가 6개월을 초과하여 계속 근무한 근로자에게 근속연수의 증가에 따라 미리 정해놓은 각 비율을 적용하여 산정한 금액을 분기별로 지급하는 것으로서, 매월 월급 형태로 지급되는 근속수당과 달리 분기별로 지급되기는 하지만 그러한 사정만으로 통상임금이 아니라고 단정할 수 없다. 나아가 이 사건 단체협약 제27조에 "상여금 지급은 매 분기 말까지 재직한 자로 하고"라고 규정하면서도 곧이어 "퇴직자에 대해서는 월별로 계산 지급한다"고 추가로 규정함으로써 상여금 지급 대상에서 중도퇴직자를 제외한 것으로 볼 수 없으며, 또한 상여금 지급대상에 관한 위 규정의 의미가 기본급 등과 마찬가지로 비록 근로자가 상여금 지급대상 기간 중에 퇴직하더라도 퇴직 이후 기간에 대하여는 상여금을 지급할 수 없지만 재직기간에

---

70) 이와 같은 견해는 대법원 1993. 5. 27. 선고 92다20316 판결에서 도입된 후, 대법원 2005. 9. 9. 선고 2004다41217 판결 및 대법원 2007. 6. 15. 선고 2006다13070 판결을 거쳐 본 대상판결에 이르기까지 일관된 견해를 유지해 오고 있다.

비례하여 상여금을 지급하겠다는 것이라면, 이 사건 상여금은 그 지급 여부 및 지급액이 근로자의 실제 근무성적 등에 따라 좌우되는 것이라 할 수 없고, 오히려 그 금액이 확정된 것이어서 정기적 · 일률적으로 지급되는 고정적인 임금인 통상임금에 해당한다고 볼 여지가 있다"고 설시하고 있다.

요컨대, ① "본 사건의 상여금은 피고가 원고에게 근속연수의 증가에 따라 미리 정해놓은 각 비율을 적용하여 산정한 금액을 분기별로 지급한 점"을 통상임금의 '정기적'인 판단지표로, ② "단체협약에 퇴직자에 대해서는 월별로 계산 지급한다는 규정을 두어 중도퇴직자를 상여금의 지급대상으로 하고 있는 점"을 통상임금의 '일률적'인 판단지표로, ③ "비록 근로자가 상여금 지급대상 기간 중에 퇴직하더라도 재직기간에 비례하여[71] 상여금을 지급하는 점"을 통상임금의 '고정적'인 판단지표로 각각 본 다음, 본 사안의 정기상여금에 대한 통상임금(성)을 인정하는 판단구조를 취하고 있다고 여겨진다.[72]

(3) 통상임금의 노동법적 의미 및 본 사안의 중요성

본 사안에서 대법원은 통상임금의 판단에 대한 종전의 일반 법리를 확인하는 한편, 지급률을 연간 단위로 설정한 다음 매월 또는 분기별로 분할 지급하는 상여금은 통상임금의 범위에서 제외된다고 본 기존 대법원의 판례 및 행정해석을 뒤집은 것으로, 통상임금의 범위를 넓게 인정하였다는 점에서 의미가 있는 대법원 판례라 할 수 있다.[73] 참고로 기존

71) 판결문에는 명시되어 있진 않지만, "재직기간에 비례하여"라는 원문의 표현은 "재직기간을 일할로 계산하여"라고 이해할 수 있을 것으로 판단된다. 즉, 상여금의 지급대상자가 중도퇴직을 하게 되더라도, 상여금을 대상기간 중 근로한 날을 일급으로 계산 · 합산하여 지급할 수 있다는 의미다.

72) 같은 취지; 김희성 · 한광수, "정기상여금의 통상임금 해당성에 대한 연구", 『노동법논총』제25집, 2012. 8. 371면.

73) 같은 취지; 이승길, "정기상여금은 통상임금인가", 『창조노사』, 2012년 5월호 및 김희성 · 한광수, "정기상여금의 통상임금 해당성에 대한 연구", 『노동법논총』 제25집, 2012. 8.

의 판례는, ① 1개월을 넘는 기간마다 정기 또는 임시로 근무성적 등에 따라 지급되는 점, ② 정기적(매년 4회, 매년 6회)으로 지급된다 하더라도 근속기간에 따라 지급률이 달라지는 점 등 실제의 근무성적에 따라 좌우되게 되어 고정적인 임금이라 할 수 없다고 하면서 통상임금 해당(성)을 부정해 왔다.[74)]

4. 상여금의 통상임금성 판단

(1) 상여금의 개념적 정의(定意)

상여금의 통상임금 해당성 여부를 검토하기에 앞서, 상여금의 정의에 관하여 검색을 해 보았다.

먼저, 국립국어원의 표준국어대사전은 '상여(賞與)'를 ① "상으로 돈이나 물건 따위를 줌. 또는 그 돈이나 물건" ② "관청이나 회사에서 직원에게 정기 급여와는 별도로 업적이나 공헌도에 따라 돈을 줌. 또는 그 돈"이라고 정의하고 있다.

이어 두산백과사전에서는 상여가 '보너스(bonus)'로 검색이 되는데, 그 내용은 다음과 같다. "상여 · 성과급(成果給)이라고 한다. 그러나 한국에서 보너스, 상여라고 하는 것은 이와는 성격을 달리하는 것으로서 저임금을 보충하기 위한 생계비 보조적, 임금후불적 의미에서 정기적으로 지급되고 있다. 역사적으로는 봉건적인 관습에 있어서 추석이나 세모(歲暮)의 상여와 인간적 포상 또는 기업에 있어서 회계말 결산시의 이익잉여금 분배의 관습에서 유래를 찾아볼 수 있다. 전에는 사용자측의 일방적인 자의(恣意)에 의하여 시혜적 · 공로포상적인 이윤분배의 형식을 취하여 직원측에게만 지급된 적도 있었다. 그러나 그 후의 인플레이션으로

74) 대표적인 판례로 대법원 1990. 11. 9. 선고 90다타6948 판결; 대법원 1990. 2. 27. 선고 98다카2292 판결; 대법원 1990. 11. 27. 선고 89다카15939 판결 등이 있음.

인한 생활난으로 노동조합측의 하계수당(夏季手當) · 월동자금 · 기말수당 등의 요구에 의하여 생활비 보조적인 것으로 변질되었다. 현재로서는 생활비 가운데 차지하는 위치, 임금근로자의 의식 등 여러 면에서 이미 임금의 일부분으로 정착되었다고 할 수 있다."

국어사전과 백과사전에서 정의하고 있는 상여금의 개념적 정의는 비슷해 보이면서도 사뭇 다르다. 국어사전은 상여금의 개념을 '정기 급여'와는 다소 차이를 두면서 소위 '성과급'의 의미에 가까운 것으로 풀이하고 있다. 반면, 백과사전은 상여금을 사실상 정기 급여와 동일한 선상에서의 '임금'으로 파악하는 듯하다. 국어사전이 상여금이라는 개념의 본래 언어적 의미에 충실하다고 본다면, 백과사전은 언어적 의미뿐만 아니라 사회적인 인식과 현상도 충분하게 반영하고 있는 것으로 판단된다. 이처럼 국어사전과 백과사전에 나타난 상여금의 개념적 정의는 그 의미가 분명치 않다.

흥미로운 사실은 이처럼 애매모호한 입장이 대법원의 판례에서도 유사하게 나타나고 있다는 점이다. 요컨대, 대법원은 상여금에 대하여 "원칙적으로 상여금은 임금에 해당하지 않는다"[75]고 하면서도, "예외적으로 상여금이 그 '명목만 상여금'일 경우에는 임금에 해당할 수 있다"[76]라고도 하여 일단 상여금의 '임금 해당성'에 대해서는 실질적인 판단의 원칙을 보여주고 있다.

이처럼 상여금은 언어적, 사회적, 법률적 측면에서 여전히 불확정적

75) "매년 노사합의로 그 구체적인 지급조건이 정해지며 그 해의 생산실적에 따라 지급 여부나 지급률이 달라지는 등 지급사유의 발생이 불확정적이고, 일시적으로 지급되거나 근로자 개인의 실적에 따라 금액이 결정되는 특별상여금이나 성과급은 근로의 대상이 아니어서 임금이 아니다(대법원 2002. 6. 11. 선고 2001다16722 판결; 대법원 2004. 5. 14. 선고 2001다76328 판결; 대법원 2005. 9. 9. 선고 2004다41217 판결; 대법원 2005. 10. 13. 선고 2004다13755 판결; 대법원 2005. 10. 13. 선고 2004다13762 판결; 대법원 2006. 2. 23. 선고 2005다54029 판결; 대법원 2006. 5. 26. 선고 2003다54322, 53339 판결 등)."

76) "명목은 특별상여금 또는 성과급이지만 계속적 · 정기적으로 지급되고 그 지급액이 확정되어 있다면 임금에 해당한다(대법원 2006. 5. 26. 선고 2003다54322, 53339 판결)."

인 개념인 것으로 파악된다. 다만 세 가지 측면에서의 개념정의를 종합적으로 검토해 보건데, 상여금은 초기 도입단계에서는 임금이 아닌 개념으로 인식되었으나, 점차적으로 법적 개념으로서의 임금에 포섭되어 인식과 판단이 이루어지게 된 것이 아닌가 생각된다. 이는 아무래도 임금체계가 점차 세밀화되면서, 기업이 근로자에게 지급하여야 할 임금을 '명목상 상여금'으로 설계하여 지급하는 경우를 노동법적으로 제한하려는 시도에서 나타난 결과로 이해가 가능할 것이다.

(2) 법적 판단

종래에 대법원과 고용노동부는 상여금의 통상임금 해당여부에 대해서는 "상여금은 통상임금에 해당하지 않는다"라는 분명한 태도를 일관되게 유지해 왔다. 상여금이 일률적 · 정기적인 임금에 해당할 수 있지만, 고정적인 임금으로서 통상임금에는 해당하지 않는다는 의미이다. 예컨대, 대법원의 판례는 "1개월을 넘는 기간마다 정기 또는 임시로 기업의 경영실적, 근로자의 근무성적 등을 감안하여 지급되고 있는 상여금은 통상임금의 산정의 기초가 될 임금에 포함되지 아니한다",[77] "상여금은 근로자들이 상여금 지급일까지 근무하였는지 여부와 1년의 근속기간을 충족하였는지 여부 등과 같은 실제 근무성적에 의하여 지급 여부와 지급액이 달라지는 비고정적인 임금이므로 통상임금에 속한다고 할 수 없다"[78] 라는 태도를 원칙적으로 견지해 왔다. 고용노동부의 행정해석 또한 "1임금 산정 기간을 넘어 지급된다는 것을 이유로 통상임금에서 제외하고 있다"[79]고 하여 대법원의 판례와 동일한 결론을 유지해 왔다.

그런데 2012년 3월에 이루어진 대상 판결이 "상여금은 통상임금에

77) 대법원 1990. 2. 27. 선고 89다카2292 판결.
78) 대법원 2007. 4. 12. 선고 2006다81974 판결.
79) 고용노동부 예규 통상임금 산정지침.

해당한다고 볼 여지가 있다"고 판시를 하여 상여금의 통상임금 해당여부에 대한 기존 대법원의 태도와 정반대의 입장을 취하였다. 비록 대법원의 전원합의체에 의한 결정은 아니지만, 또 그만큼 향후 유사한 사안에 대한 결정의 불확실성을 의미한다는 점에서 이에 대한 논란이 가중되고 있다.

그렇다면 왜, 대법원은 본 사건의 상여금을 통상임금으로 판단할 수 있다고 보았을까? 상여금 또는 통상임금의 법적인 개념이 변화된 것인가, 아니면 본 사안의 상여금이 특수한 성질을 갖는 것인가. 이하에서는 통상임금의 체계에 비추어, 해당 판결의 내용을 통해 좀 더 구체적인 분석을 해 보고자 한다.

5. 본 판결에 대한 비판적 검토

(1) 사안에 나타난 요건사실의 특징

대법원이 인정한 본 사안의 가장 특징적인 요건사실은 "본 사건의 상여금은 피고가 원고에게 근속연수의 증가에 따라 미리 정해놓은 각 비율을 적용하여 산정한 금액을 분기별로 지급한 점"이라고 판단된다. 대법원이 명시적으로 언급한 바는 아니지만, 대법원은 그와 같은 요건사실에 따라 본 사안의 상여금을 일반적으로 통상임금이라고 해석되는 소위 '장기근속수당'의 성격에 가깝게 해석하는 태도를 보이고 있지 않은가 생각된다.

기존에 대법원은 장기근속수당의 통상임금성이 문제된 사안에서 "장기근속수당이 근로의 양 또는 질에 무관하게 은혜적으로 지급되는 것이 아니라 일정 근속연수에 달한 자에게 실제의 근무성적과는 상관없이 매월 일정액을 지급하여 온 것이고 정기적, 일률적으로 지급되는 고정적인 임금이므로 통상임금에 포함되어야 한다"[80]고 판시한 바 있다. 또 대법원은 그를 뒷받침하는 근거로서 해당 상여금을 퇴직자에 대해서도 재직기간에 비례하여 '일할 계산'하여 지급한 요건사실을 제시해 왔다.[81]

장기근속수당이 통상임금이라고 판단한 기존 대법원의 판단기준과 그 결과를 대상 판결의 주된 요건사실에 비추어 볼 때 상당한 유사성이 존재한다. 본 사안의 상여금 역시 근속연수에 따라 매분기별로 일정하게 지급이 되었고, 그 지급액이 근무성적 등에 따라서 달라지지 않았다. 또한 퇴직한 자에 대하여 재직기간에 비례하여 '일할 계산'하여 지급하였다는 점에서 장기근속수당이 통상임금이라고 판단된 기존의 사례와 거의 동일한 사실관계라고 판단된다.

요컨대, 대법원은 본 사안의 상여금의 지급조건을 고려할 때, 실질적인 성격은 장기근속수당에 해당한다고 볼 수 있고 그 금액이 근로자의 근무성적에 따라서 좌우된다는 점을 찾아볼 수 없으므로 고정적인 임금으로서 통상임금에 해당한다고 보는 것이 가능하다고 판단한 것으로 분석이 가능하다. 대상 판결의 상여금이 장기근속수당이라고 일반화시킬 수는 없지만, 그 실질이 통상임금에 해당하는 장기근속수당의 성격과 내용과 사실상 동일하다는 표현은 가능하다고 생각된다.

(2) 대법원이 "정기상여금은 통상임금이다"라고 했는가

한편, 본 사안이 언론의 대대적인 보도와 같이, "정기상여금은 통상임금이다"라고 일반화하여 볼 수 있는가하는 점에 대해서는 다소 의문이 있다. 대법원 판결내용의 어떤 부분을 살펴도 "정기상여금은 통상임금이

---

80) 대법원 1996. 5. 10. 선고 95다2227 판결; 대법원 2000. 12. 22. 선고 99다10806 판결; 대법원 2002. 7. 23. 선고 2000다29370 판결.

81) 물론 대법원이 장기근속수당과 유사한 '근속수당'이나 '정근수당'이라고 하여 무조건 통상임금이라고 판단해 온 것은 아니다. 대법원은 비록 근속수당이나 정근수당이라고 할지라도 '출근일수'나 '징계처분' 등을 기준으로 하여 그 금액이 변동될 수 있는 경우에는, 해당 수당이 '근무성적'에 따라 좌우된다는 점에서 통상임금에 해당하지 않는다고 보고 있다(대법원 1996. 3. 22. 선고 95다56767 판결; 대법원 1996. 5. 10. 선고 95다2227 판결).

다"라는 언급은 없기 때문이다. 물론, 대법원이 통상임금으로 볼 수 있다고 판단한 본 사안의 상여금이 '정기적으로 지급된 상여금'인 것은 맞지만, "그 실질이 장기근로수당의 성격과 내용으로 지급된 상여금은 통상임금에 해당할 수 있다"라고 표현하는 것이 보다 정확한 표현이 아닌가 싶다. 그럼에도 불구하고 본 사안의 판결이 "정기상여금은 통상임금이다"라고 보았다는 태도는 자칫 일률성과 고정성의 요소를 갖추지 못한 상여금까지 모두 통상임금(화) 시킬 수 있다는 문제의 여지를 남기게 된다.

본 사건의 상여금이 통상임금으로서의 성격과 내용을 갖는다고 본 대법원의 판단은 법적으로 일견 타당한 것으로 보인다. 그러나 그것은 어디까지나 정기성, 일률성, 고정성이라는 3가지 요건을 갖추었다는 것을 의미하는 것이지, 본건 상여금이 통상임금에 포함시킬 것인가의 여부는 통상임금을 도입하고 있는 원래에 취지에 비추어 보다 면밀하게 따져 볼 필요가 있다. 이런 의미에서, 대상 판결을 "정기상여금은 통상임금이다"이라는 명제로 일반화시키는 것은 다분히 성급한 것으로, 법적으로는 타당하지 않은 결과라고 생각한다.

(3) 비판적 검토

통상임금의 개념은 근로기준법 제정 당시에는 존재하지 않다가, 1982년 개정 시에 동법 시행령에 현행 규정이 도입되게 되었다. 원래 통상임금은 휴일 · 연장 · 야간근로에 대한 가산임금과 같은 각종 수당을 기술적으로 편리하게 산정하기 위하여 도입된 사전적 · 노구석인 개념이다. 통상임금의 산정 기초에서 일시적 · 유동적인 것을 제외시키고, 정기성 · 일률성을 통상임금의 요건으로 하고 있는 점이나, 통상임금에 대해서는 평균임금과는 달리 본법이 아닌 시행령에서 규정하고 있는 점 등을 이를 방증하고 있다.

이러한 입법취지에도 불구하고 세월이 지나면서 상여금의 고정급화 및 연봉제 등의 도입으로 인하여 통상임금에 대한 판단기준이 애매모호해지면서, 임금인상을 면탈할 목적으로 각종 수당의 명목을 바꾸거나 지급기일을 불규칙하게 하는 경우도 종종 발생하였다. 이러한 상황에 대응하기 위하여 대법원은 1996년 판례를 통하여 정기성과 일률성에 다시 '고정성(給)'이라는 요건을 추가하여 통상임금(성)을 판단하고는 있지만, 그 실질은 원래 의미의 통상임금(성)에 대한 판단지표라기 보다 임금(성)에 대한 판단지표에 더 가깝다.[82] 하지만 이러한 통상임금 판단에 대한 프레임에 대해서는 행정해석과 판례의 입장이 다를 뿐만 아니라, 판례법리 또한 일관성이 결여되어 있어 노동실무에 많은 혼란을 초래하고 심지어는 이를 둘러싸고 법적 분쟁도 끊어지지 않고 있는 실정이다.

이러한 상황 하에서 많은 기업들은 자구책으로 노사합의나 또는 단체협약에 통상임금에 관한 사항을 정하거나, 주무행정기관인 고용노동부의 지침이나 유권해석에 따라 통상임금을 처리하는 관행이 정착되어 있는 경우도 많다. 그럼에도 불구하고 대상판결과 같이 기존 대법원의 판례경향과 고용노동부의 행정해석을 뒤엎는 것으로 기업에 미치는 파급효과가 매우 크리라 생각된다. 따라서 통상임금의 산정을 둘러싼 혼선을 방지하고 불필요한 분쟁을 최소화하기 위해서는 통상임금에 대한 명확한 판단기준을 본법에 명시하는 등 입법적인 해결이 바람직하다. 하지만 입법적 해결까지는 상당한 시간이 소요되므로 당분간은 노동문제 주무기관인 고용노동부가 제시한 가이드라인을 법원이 수용하든지, 아니면 협약자치의 원칙에 따라 노사간 합의나 노사관행이 강행법규나 사회상규에 반하지 않는 한 이를 존중하는 형태로 해결을 꾀하는 것이 좋을 듯싶다.

---

82) 같은 취지; 김희성 · 한광수, "정기상여금의 통상임금 해당성에 대한 연구", 『노동법논총』 제25집, 2012. 8. 396면.

Ⅲ. 통상임금 체계의 재검토

1. 통상임금의 법적 구조

통상임금에 대한 법적 구조를 명확하게 하기 위하여 노동법이라는 전체 틀 내에서 통상임금이 어떠한 체계를 띠고 있으며 구체적으로 어떠한 역할을 하는지에 대해 살펴보기로 한다.

현행 근로기준법은 본법 제2조에서 '임금'(제5호) 및 '평균임금'(제8호)에 대해 정의한 다음, '통상임금'에 대해서는 본법에 두지 않고 동법시행령 제6조에 정의규정을 두고 있다. 평균임금이 휴업수당(제46조), 재해보상금(제78~84조), 감급한도액(제95조), 퇴직금(근로자퇴직급여보장법 제8조 1항)의 산정기초가 되는 데 비해, 통상임금은 휴일 · 연장 · 야간근로에 대한 가산임금(제56조), 해고예고수당(제26조) 및 각종 유급휴일 · 휴가 시에 임금의 산정기준이 된다는 점에서 평균임금 못지않게 중요한 역할을 하고 있다.

그럼에도 불구하고 평균임금과는 달리 통상임금에 대해서는 근로기준법에 두지 않고 더구나 아무런 법률의 위임도 없이 동법 시행령에 통상임금의 정의 및 산정 기준을 상세하게 정하고 있는 규정(제6조)은 무효로 볼 수 있으므로 법체계상 문제가 많다.[83] 기존의 판례는 거의 대부분이 시행령 제6조에 근거하여 통상임금에 해당하는지의 여부를 판단하고 있으며, 심지어 재판실무에서는 통상임금의 판단지표로 '정기성 · 일률성'에 더하여, 심지어 시행령의 정의규정 어디에도 찾아볼 수 없는 '고정성'이라는 새로운 지표를 도입하여 통상임금(성)을 판단하고 있으므로, 사법부에 의한 법형성의 한계를 넘어서는 위법행위란 비판도 제기되고

83) 이에 대해서는 김영문 · 이상윤 · 이정, 「임금개념과 평균임금 · 통상임금의 산정범위」, 법문사, 2004, 133면 이하 참조. 같은 취지; 김기덕, "통상임금의 법리에 관한 새로운 이해", 「노동과 법(제6호)」, 2006, 89면 이하.

있다.[84)]

2. 노동법상의 통상임금의 역할과 위상

한편 평균임금과는 달리 통상임금에 대해서는 본법의 위임도 없이 시행령에서 규정하고 있는 이유로는 근로자의 사정으로 근로를 제공하지 못했을 경우, 평균임금이 턱없이 부족하게 되어 퇴직금 등 수당이 적게 지급되는 것을 방지하기 위하여, 평균임금이 통상임금을 하회하는 경우에는 통상임금을 평균임금에 갈음하게 함과 동시에, 휴일 · 연장 · 야간근로에 대한 가산임금 등을 편리하게 산정하기 위하여 도입된 사전적 · 평가적 도구개념이다.[85)] 하지만, 통상적으로 평균임금이 통상임금보다 적은 경우는 매우 예외적임을 감안할 때, 통상임금의 개념은 근로자의 생활보장을 위한 것이라기보다는 가산임금의 산정에 있어 편의를 도모하기 위하여 기능적 수단의 형태로 도입한 개념임이 보다 확실해 진다. 통상임금을 본법에 규정하지 않고 시행령에 규정한 것도 그러한 이유 때문인지도 모른다. 따라서 통상임금은 '임금'이라는 명칭은 사용하고 있지만, 엄밀한 의미에서는 '근로의 대가로 근로자에게 지급되는 금품' 즉, 임금의 본질을 파악하기 위한 판단기준만으로 통상임금을 판단하는 데는 다소 무리가 있다. 다시 말해서 특정 수당이나 상여금 등이 통상임금에 포함되는지의 여부를 판단함에 있어, 임금과 동일한 기준으로 판단하게 되면 통상임금을 규정하고 있는 원래의 취지가 무색하게 될 수 있기 때문이다.

그럼에도 불구하고 판례의 경향을 보면, 대법원은 1996년 전까지는

---

84) 김기덕, "통상임금의 법리에 관한 새로운 이해", 「노동과 법(제6호)」, 2006, 192면 이하 및 유성재, "상여금의 통상임금성 – 대상판결: 대법원 2012. 3. 29. 선고 2010다91046 판결 –", (사)이론실무학회 제19회 정기학술대회 자료집, 2012), 13면 이하.

85) 대법원 1996. 3. 22. 선고 95다56767 판결 및 김희성 · 한광수, "정기상여금의 통상임금 해당성에 대한 연구", 「노동법논총(제25집)」, 2012. 8. 393면.

통상임금에 대해 '소정근로 또는 총근로의 대상으로 근로자에게 지급되는 것으로서 정기적 · 일률적으로 지급되는 것'으로 해석하다가, 1996년 2월 판결 이후부터는 "어떤 임금이 통상임금에 해당하려면 그것이 정기적 · 일률적으로 지급되는 고정적인 임금에 속하여야 한다"고 함으로써, '정기성 · 일률성'에 다시 '고정성'을 통상임금의 요건으로 요구해오고 있다. 뿐만 아니라, 대법원은 상여금에 대해서는 이미 언급한 바와 같이 1개월 이상 단위로 지급할 경우에는 통상임금으로 보지 않다가, 최근에 와서는 태도를 바꾸어 1개월 이상 단위로 지급한다 하더라도 단체협약에 명시되어 있고 지급요건이 정해져 있다면 통상임금으로 간주하는 등, 판단기준에 일관성이 없으며 각종 수당 등을 편리하게 산정하기 위한 도구개념으로서의 사전적 · 평가적 성격이라는 통상임금의 성격에 배치된다.[86]

3. 통상임금과 협약자치

현행 통상임금법체계 하에서 '정기성 · 일률성 · 고정성'을 통상임금의 요건으로 판단하는 판례 법리를 긍정적으로 평가하더라도, 법적 안정성과 예측 가능성을 가진 법리로 평가하기에는 문제가 있다. 다시 말해서, 통상임금을 둘러싼 판례와 행정해석 간에는 여전히 괴리가 심하며, 판례 또한 논리적 일관성이 결여되어 있기 때문이다.

이러한 상황을 반영하여 단체협약 중에는 궁여지책으로 통상임금의 항목 및 범위에 대한 규정을 두고 있는 경우도 발견된다. 이 경우, 단체협약에서 통상임금의 산정에 포함시켜야 할 항목보다 많이 규정하는 경우에는 문제가 되지 않지만, 반대로 통상임금 산정 시에 당연히 포함시

86) 같은 취지; 김희성 · 한광수, "정기상여금의 통상임금 해당성에 대한 연구", 「노동법논총(제25집)」, 2012. 8. 394면.

켜야할 항목을 제외하는 경우가 문제로 된다. 이에 대해서는 ① "성질상 근로기준법 소정의 통상임금에 산입 될 수당을 통상임금에서 제외하기로 하는 노사 간의 합의는 동법이 정한 기준에 달하지 못하는 근로조건을 정한 계약으로 무효"라고 보는 견해[87]와, ② "통상임금에 해당하는 특정 금원을 노사합의로 배제하더라도 사회적 합리성이 있는 것이라면 유효하다"고 보는 견해가 있다.[88]

위의 두 견해는 나름대로 설득력이 있으나, ③ 사견으로는 '협약자치'의 원칙에 입각하여 "노사간 합의가 강행법규에 위반되지 않는 한 유효하다"는 입장이다. 따라서 통상임금 산정기초에 당연히 포함되어야 할 항목을 노사가 배제하는 것은 강행법규에 반하므로 이는 당연히 무효이지만,[89] 그렇지 않고 근거법령이 없거나 위법성 여부가 애매모호한 경우에는 협약자치 우선의 원칙에 기초하여 노사합의나 노사관행을 존중해 줄 필요가 있다고 본다.[90]

4. 현재의 문제점과 바람직한 해석방향

결론적으로 본래적 의미의 상여금과 같이 임시로 지급된 임금은 매 시기의 일정한 제수당의 산정을 위해 통상임금에 해당하지 않는다고 보는 것이 임금체계의 유지 측면에서 안정적이고 합리적이라고 생각한다. 그럼에도 불구하고 후술하는 일본의 연봉제 사례에서도 보듯이, 비록 명목은 상여금이지만 통상임금과 같이 제수당의 산정이 충분히 가능한 소위 '확정임금'으로서의 상여금에 대해서는 통상임금으로서 해석해야할

87) 김기덕, "통상임금의 법리에 관한 새로운 이해", 「노동과 법(제6호)」, 2006, 130면.
88) 심성문 · 이상윤 · 이정, 「임금개념과 평균임금 · 통상임금의 산정범위」, 법문사, 2004, 179면.
89) 이는 판례의 입장이기도 하다(대법원 1992. 5. 22. 선고 92다7306 판결; 대법원 1993. 5. 27. 선고 92다20316 판결; 대법원 1994. 5. 24. 선고 93다5697 판결).
90) 물론 노사합의나 노사관행도 강행법규나 위반되거나 새로운 합의 또는 관행이 생겼을 때는 당연히 효력을 상실하게 됨은 말할 필요도 없다.

필요성이 있다고 보여진다.[91)]

본 판결은 상여금의 실질적인 성격과 내용이 '확정임금'에 해당하는 경우, 해당 상여금을 통상임금에 포섭하려고 했다는 점에서 그 의의가 있다고 생각된다. 또한 대법원은 통상임금의 판단기준이 되는 "고정성 - 임금의 지급액이 변동되지 않는 것"의 의미를 보다 유연하게 해석하여 본 사안의 상여금을 통상임금으로 볼 수 있는 가능성을 열었다고도 평가할 수 있다.[92)] 다시 말해서, 상여금의 통상임금 해당성 여부를 그 명목을 기준으로만 판단하는 데 머무르지 않고, 해당 상여금의 지급되는 내용과 성격을 보다 실질적이고 구체적으로 판단했다는 점에서 이번 판결의 의미가 있다고 생각된다.

하지만, 본 판결은 상여금의 통상임금 해당성에 대한 기존의 판례 및 행정해석을 뒤집은 것으로서, 법적 안정성이나 예측 가능성의 면에서 보면 분명 문제가 많은 판결이며, 노동실무에 미치는 파장 또한 막대하리라 예상된다. 특히 통상임금에 대한 판례와 행정해석이 서로 다르고, 판례 또한 일관성이 부족한 상황 하에서, 복잡한 통상임금 문제를 해결하기 위한 궁여지책으로 주무행정기관의 유권해석에 따라 노사가 합의로 문제해결을 해 왔다면, 그러한 합의나 노사관행이 강행법규에 반하는 등의 특별한 사정이 없는 한 이를 존중해주는 안정적인 법문화가 아직 자리잡지 못하고 있는 점이 아쉽다.

사회가 다원화되고 고용형태가 다양화되면서, 기업이 지급하는 상여금 또한 매우 다양한 형태로 존재하고 있고, 그 성격과 내용이 모두 통상임금에 해당한다고 보는 것은 다소 성급한 판단이 아닐까 싶다. 또한 그

91) 이와 유사한 견지에서 통상임금을 "산정시점에서 확정할 수 있는 임금"으로 이해하고, '확정성'을 "고정성을 대체하는 개념"으로 파악하는 것이 타당하다는 견해가 있다(김기덕, "통상임금 개념요소로서의 고정성", 「노동과 법」 제6호, 금속법률원, 2006, 193면).

92) 김소영, "근속기간에 따른 지급률에 의한 분기별 상여금도 통상임금에 포함된다", 「월간 노동법률(vol. 254)」, (주)중앙경제, 2012. 7, 73면.

동안 그 실질 여하에 상관없이 상여금은 통상임금이 아니라고 판단해 온 대법원의 태도에 비추어 보았을 때도 법적 안정성을 훼손하는 결과라는 비판도 제기될 수도 있다.

따라서 이제 본격적으로 소위 '진정한 상여금'과 '명목상 상여금(통상임금)'을 구별해 나가되, 과연 그 판단기준과 그에 대한 예측가능성을 어떻게 정밀하게 구축해 나갈 것인지에 대해서 좀 더 심도 있는 고민을 해 볼 필요가 있다. 특히 '고정성'이라는 통상임금의 판단기준에 대한 비판적인 검토가 이루어질 시점이라고 생각한다. 그와 관련하여 통상임금의 가장 큰 활용목적이 각종 수당을 산정하기 위한 것이라는 점에서, 과연 해당 임금이 "확정임금으로서 안정적인 산정의 기준이 될 수 있는가"가 중요한 판단기준이 되어야 할 것이다. 물론, 원칙적으로 통상임금에 해당하는 임금을 상여금이라는 명목으로 설계하여 지급하는 노동시장의 관행을 개선해 나가고자 하는 기업 측의 대승적인 노력은 더욱 요청된다고 본다.

제 4 장

일본의 임금제도와 법리

제1절 임금제도의 현황

제2절 평균임금과 통상임금

제3절 할증임금

제4절 상여금

제4장 일본의 임금제도와 법리

제1절 임금제도의 현황

Ⅰ. 임금제도의 의의

1. 임금의 의의

민법(제623조)에 의하면 '고용'은 '당사자의 한 쪽이 상대방의 노무에 종사하는 것'과 '상대방이 이에 대해 그 보수를 지불하는 것'을 대가관계로 한 계약으로 '노무에 종사하는 것'에 대한 '보수'가 기본적 요소로 되어 있다. 노동기준법은 이것을 보다 구체적으로, "이 법률에서 임금이란 임금, 급료, 수당, 상여 그밖에 명칭 여하에 상관없이 노동의 대상으로서 사용자가 근로자에게 지불해야 하는 것을 말한다"고 정의하고 있다(제11조). 노동기준법의 정의는 1차적으로는 임금지불의 제 원칙(제24조)과 같은 동법상 임금보호규정(그밖에 제4조 · 제15조 · 제17조 · 제23조 · 제25조 · 제27조 · 제37조 · 제89조 제1항 2호 · 제108조)에 있어서 '임금'의 의의를 분명하게 하는 것이다. 또한 보다 기본적으로는 동법상 '근로자'(제9조)의 하나의 요소인 '임금을 지불받을 것'의 의미를 분명하게 하는 의의도 있다. '근로계약'은 '근로자'의 노동관계를 내용으로 한 계약이므로, 노동기준법의 '임금' 정의는 결국 '근로계약'에 의한 '임금' 개념을 나타내게 된다.

노동기준법의 상기 정의에 의하면 '임금'의 제1요건은 '노동의 대상'이라는 것이다. '노동의 대상'인가 여부는 문제가 되는 급여의 성질과 내용에 비추어 개별적으로 판단되지만 그 판단은 용이하지 않다. 그래서 행정실무상으로는 '노동의 대상'으로서의 임금과 구별되어야 하는 것으로 '임의적 은혜적 급여', '복리후생 급여', '기업설비 · 업무비'라는 세 가지의 개념을 세워 이러한 개념에 해당하는 것은 '임금'이 아니라고 처리해 왔다.

'임의적 은혜적 급여'에 해당하는 전형적인 예는 결혼 축의금, 병문안금, 근친자 사망 시 조위금 등의 경조화복(慶弔禍福)의 급여이다. 단, 이러한 급여라도 단체협약, 취업규칙 등에 의해 미리 지급조건이 명확하게 되어 있고, 그에 따라 사용자에게 지불의무가 있는 것은 노동의 대상이라고 인정되고 임금으로 취급된다.[1)]

퇴직금(퇴직수당)과 상여(일시금)는 그 지급여부 및 지급기준 등이 오로지 사용자의 재량에 맡겨져 있는 한 임금이 아닌 임의적 은혜적 급여이다.[2)] 그러나 오늘날의 대다수 퇴직금과 같이 단체협약, 취업규칙, 노동계약 등으로 이를 지급할 것 및 그 지급기준을 정하고 있고 사용자에게 지급의무가 있는 것은 임금으로 인정된다.[3)] 상여도 단체협약과 취업규칙으로 지급시기와 금액의 결정방법 등이 정해져 있고, 그에 따라 각 시기에 결정 · 지급되는 것이라면 임금으로 인정된다.

'복리후생급여'는 사용자가 노동대상으로서가 아니라 근로자의 복리

1) 1947(昭22). 9. 13, 發基 17호.
2) 광고회사의 영업사원에 대한 '장려금'의 일부를 이 기준으로부터 임금이 아니라고 한 판례로서 中部日本廣告社事件—名古屋高判, 1990(平2). 8. 31, 勞民 41권 4호, 656면.
3) 1947(昭22). 9. 13, 發基 17호, 住友化學事件—最3小判, 1968(昭43). 5. 28, 判時 519호, 89면.

후생을 위해 지급하는 이익 또는 비용이므로 임금이 아니라고 해석된다. 복리후생급여의 전형은 고용기회균등법(제7조)과 그 시행규칙(제1조)에서 언급되고 있는 자금대부, 금전급여, 주택대여 등이다. 그 밖에 회사의 목욕탕시설, 운동시설, 레크리에이션 시설 등의 종업원의 공동이용 시설도 복리후생급여이다. 다만, 가족수당과 주택수당의 경우에도 임금규정 등으로 제도화되어 있는 경우 임금에 해당한다고 본다.[4]

이외에도 기업이 업무수행을 위해 부담하는 기업시설과 업무비는 노동의 대상으로서의 임금이 아니다. 예를 들어 작업복, 작업용품대, 출장비용, 사용(社用)교제비, 기구손료(損料) 등은 통상 여기에 해당한다.[5] 단, 통근수당 또는 그 현물지급으로서의 통근정기권은 통근비용이 근로계약의 원칙으로부터 말하면 근로자가 부담해야할 것으로 업무비가 아니고 그 지급기준이 정해져 있는 한 임금이다.

노동기준법의 임금의 정의에 의하면 '임금'의 제2요건은 '사용자가 근로자에게 지불하는 것'이다. 이 요건에 대해 문제가 되는 전형적인 예는 여관(호텔), 음식점(레스토랑) 등에 있어서 손님이 종업원에게 주는 팁인데, 이것은 손님이 지불하는 것이라는 점에서 원칙적으로 임금은 아니다.[6] 다만, 팁의 경우에도 레스토랑과 바 등에서 손님이 지불하는 급사봉사료(서비스료)가 당일 노동(서비스)을 한 근로자에게 기계적으로 분배되는 경우에는 사용자가 지불하는 것이라고 할 수 있다.

2. 임금청구권의 요건

민법에 의하면 노무에 종사하는 것과 그 보수로서의 임금은 대가관

4) ユナイテッド航空事件—東京地判, 2001(平13). 1. 29, 勞判 805호, 71면.
5) 제복에 대해서는 1948(昭23). 2. 20, 基發 297호 참조.
6) 단, 그러한 종업원이 팁만으로 생활하고 있는 경우에는 팁 수입을 받을 수 있는 영업시설을 사용하는 이익이 임금이 되는 경우가 있다.

계에 있으며(제623조), 노무자는 그 약속한 노무를 끝낸 후가 아니라면 보수를 청구할 수 없다(동조 제1항). 또 기간을 가지고 정한 보수는 그 기간이 경과한 후가 아니면 청구할 수 없다(동조 제2항). 즉, 한 달 단위로 금액을 정하는 월급, 주를 단위로 정하는 주급, 일을 단위로 정하는 일급에서는 각각 단위기간인 월, 주, 일을 종료한 시점 외에서는 보수를 청구할 수 없다.

하지만 민법 고용의 제 원칙인 이들은 임의규정이다. 따라서 만약 근로계약의 당사자가 이것과 다른 내용으로 합의를 했을 경우에는 그 계약의 내용이 우선하게 된다. 실제로 가족수당과 주택수당 등의 생활수당을 노무에 종사하지 않아도(결근을 해도) 공제하지 않는 것으로 하거나, 월급제에서 월의 중도에 임금을 지불하는 경우가 자주 발생한다. 또 보수기간 종료 시 지불 원칙에 대해서도 노동기준법은 비상시 지불(제25조)이라는 규정을 두어 근로자 보호를 우선적으로 실시하고 있다.

3. 임금에 관한 노동법적 규제

임금은 근로계약의 기본적 요소이며 그 금액 · 기준 · 지불방법 등은 원칙적으로 근로자와 사용자의 합의(노동시장에 있어서 거래)에 위임된다. 그러나 임금은 기업규모가 큰 경우, 공평하고 합리적인 제도로서 정립되고 집단적으로 결정된다. 그리고 노동조합이 있다면 노사의 주요 관심사로서 단체교섭의 핵심적인 대상사항이 된다.

이러한 임금에 대하여 노동법은 다양한 역할을 수행하고 있다. 그 첫째가 임금결정이 노사대등하게 이루어지도록 단체교섭의 법적 기초를 정비하는 것이다. 헌법 제28조와 노동조합법에 의한 단결권, 단체교섭권, 단체행동권의 보장과 노동관계조정법에 의한 노동쟁의의 조정이 여기에 해당한다. 둘째는 노동시장에서 임금의 끝없는 하락을 방지하기 위해서 임금의 최저기준액을 정하고(최저임금법), 그것에 의해 정해진 최저 임금의 실효를 꾀하는 것이다. 셋째는 평상시 및 기업 도산 시에 임금지급을 확보하기 위한 대책이다. 임금지급의 확보에 대해서는 노동기준법이 통화불(通貨拂), 직접불(直接拂), 전액불(全額拂), 매월 1회 이상 일정기일불(一定期日拂)의 제 원칙(제24조)과 비상시불(非常時拂)의 의무(제25조)를 설정하고 있다. 또 기업도산 시, 체불임금의 지급을 확보하기 위해서 「임금의 지급확보 등에 관한 법률」이 미지급임금의 대체불(立替拂)체계 등을 정하고 있다. 넷째로는 노무제공이 불가능할 경우의 임금보장으로 성과급(出來高給)의 보장급(노동기준법 제27조), 사용자의 귀책사유에 의한 휴업 시의 휴업수당(노동기준법 제26조), 업무상 부상과 질병에 의한 요양 중의 휴업보상급여(노재보험 제14조), 개인적 부상과 질병에 의한 요양 중 상병수당금(건강보험법 제45조) 등이 있다. 다섯째로 국적, 신조, 사회적 신분(노동기준법 제3조), 성별(동법 제4조), 노동조합의 조합원이라는 점 또는 그 정당한 활동을 한 점(노동조합법 제7조 제1호) 등의 이유로 한 임금지급에 대한 차별금지를 규정하고 있다.

Ⅱ. 임금체계와 지급형태

'임금'은 기업에서는 통상 매월 정해진 금액을 지급하는 임금(월례임금)과 특별하게 지급하는 임금으로 구별된다. 전자는 기본급과 모든 수당으로 이루어진 소정내(기준내) 임금과 소정외 근로에 대해 지불되는 소정외(기준외) 임금(시간외수당 · 휴일수당 · 심야수당 · 숙일직수당)으로 구별된다. 또 특별하게 지급되는 임금은 상여(일시금) 및 퇴직금(퇴직수당) 등이다.

매월 정해져서 지급되는 임금에 대해서는 임금의 지급기간을 기준으로 일급제, 주급제, 월급제로 나누어진다. 기업에서는 일반적으로 월급제를 실시하고 있지만, 통상 기본급은 일급 또는 월액으로 정해지고, 지각 · 결근에 대해서는 시간단위로 계산이 이루어진다. 이러한 월급제에서 임금은 월의 일정기일(예, 매월 20일)에 마감되어 그 후 일정기일(예, 매월 25일)에 지급된다(이 경우, 지난달 21일부터 이번 달 20일까지의 근로에 대해 이번 달 25일에 임금지급이 이루어진다). 한편, 월 중도불(가불)제를 선택하여 월의 중도 일정기일(예, 15일)에 그 월의 임금이 지급될 수도 있는데, 이러한 경우에 지급기일 후의 부족한 근로에 대해서는 다음 달의 지급일에 정산하여 감액된다.

1. 소정내 임금

소정내 임금의 주된 부분인 기본급은, 1일 또는 1월당 일정한 정액급인 경우,[7] 실적(出來高)에 따라 정해지는 성과급 임금지급(步合給)인 경우 및 양자를 병용한 합산급(總合給)인 경우가 있다. 정액급인 기본급은 학력, 연령 및 근속연수에 의해 정해지는 연령급,[8] 직무내용에 의해 정해지는 직무급, 해당기업에 의해 직무수행능력 종별(직능자격)과 그 속에서의 급수에 따라 정해지는 직능급으로 유형화할 수 있다.[9] 직능급은 일본의 다수 기업이 장기고용(연공)시스템과 능력주의를 조화시키기 위해 채용해 온 기본급 형태이다. 기본급[10]에 대해서는 종래에는 매년 1회 정기승급이 이루어지고,[11] 또 '베이스 업'[12]과 그 '분배'[13] 결과의 임금인상이

7) 각각 시간급제, 일급제, 월급제로 불린다. 최근에는 연봉제도 생겨나고 있다.
8) 직무와는 별개의 속인적 요소에 따라 정해지므로 '속인급'이라고도 한다.
9) 물론 이들은 병용될 수 있다.
10) 특히 연령급, 그러나 대부분의 직능급.
11) 승급액은 통상 사정에 따라 차가 정해진다.
12) 임금 인상의 평균액 내지 비율의 결정.
13) 정액급을 정하는 모든 요소와 사정에 의한다.

여기에 더해져 왔다. 소정내 임금 중 모든 수당은 직책수당, 기능수당, 특수근무수당, 특수작업수당, 교체수당 등 업무수당과 가족수당, 주택수당, 지역수당, 통근수당 등의 생활수당이 대표적이다.

참고로 직능자격제도에 의한 직능자격의 상승(승격)과 동자격 속에서 급의 상승(승급)은 통상, 체류연수의 기준 속에서 상사에 의한 인사고과에 의해 결정된다. 인사고과는 또 정기승급, 베이스 업의 개인별 분배, 일시금 등의 금액 결정에 있어서도 중요한 역할을 한다. 인사고과에서의 사정에 대해서는 사정권자, 사정항목, 사정 폭과 기준 등이 정해지는 것이 보통인데, 어떻게 제도화되어도 상사가 하는 사정의 재량성은 인정될 수밖에 없다. 법률적으로는 균등대우(노동기준법 제3조), 남녀동일임금(동법 제4조), 승진에 대한 남녀균등대우(균등대우법 제6조), 부당노동행위(노동조합법 제7조) 등의 모든 규정이 사정행위를 일정하게 규율하고 있는데,[14] 이들에 반하지 않는 한 해당 사정은 인사고과제도의 틀 내에서의 재량적 판단에 위임된다.[15] 따라서 사정의 타당성에 대해서는 사정권자가 인사고과제도의 취지에 반하여 재량권을 남용한 경우가 아니라면 불법행위는 성립하지 않는다.[16]

---

14) 승격상의 고과가 노동조합활동에 의한 차별로서 불법행위로 간주된 사례로, ヤマト運輸事件—靜岡地判, 1997(平9). 6. 20, 勞判 721호, 7면.

15) 예를 들어, 安田信託銀行事件—東京地判, 1985(昭60). 3. 14, 勞判 451호, 7; ダイエー事件—横浜地判, 1990(平2). 5. 29, 判時 1367호, 37; 光洋精工事件—大阪高判, 1997(平9). 11. 25, 勞判 729호, 39면.

16) 평정대상기간 이외의 기간에 있어서의 상사에 대한 반항적인 태도를 고려해서 저사정(低査定)을 한 것을 위법으로 해석한 예로서, マナック事件—廣島高判, 2001(平13). 5. 23, 勞判 811호, 21면, [illegible] 혼인의 유무라고 하는 요소로 여성을 일률적으로 저사정(低査定)한 것은 개인의 업적 · 능력에 따라 사정을 행한다고 하는 인사고과제도의 취지에 반하는 것으로 위법이라고 해석을 한, 住友生命保險事件—大阪地判, 2001(平13). 6. 27, 勞判 809호, 5면. 문헌으로는 土田道夫, 「成果主義人事と人事考課 · 査定」土田道夫＝山川隆一編 · 成果主義人事と勞動法, 日本労動研究機構, 2003, 57면 참조.

2. 상 여

상여는 단체협약이나 취업규칙 등에 하계상여와 연말상여, 2회로 나누어 정해지는 것이 일반적이다. 그 지급시기와 지급액의 결정방법(노동조합이 있다면 노동조합과 교섭하여 금액을 정한다는 내용)이 정해져 있는 경우도 있고, 회사의 성과 등을 감안하여 사용자가 정하는 내용으로 결정되어 있기도 하다. 또한 회사의 성과가 현저하게 낮은 경우에는 그 지급을 연기하거나 지급하지 않는 경우도 정하고 있는 사례가 있다. 상여의 금액은 기본급에 그 때 그 때의 상황에서 정해지는 계수(몇 개월 분)를 곱한 다음, 지급대상기간의 출근율 및 성적계수(성적사정에 의한 것)를 곱하여 산정하는 것이 전형적인 예이다. 이러한 상여는 기본적으로는 지급대상기간의 근무에 대응하는 임금이기도 하지만, 여기에는 공로보상적 의미뿐만 아니라 생활보전적 의미 및 장래의 근로에 대한 의욕을 향상시키기 위한 수단으로서의 의미가 포함되어 있다.

상여청구권은 취업규칙에 의해 보장되고 있는 것이 아니라 노사간의 교섭 또는 사용자의 결정에 의해 산정 기준과 방법이 정해지고, 산정에 필요한 성적사정도 이루어져야 비로소 발생한다. 산정 기준과 방법이 결정되어 있는 경우에는, 이에 따라 성적사정을 실시하도록 청구할 수 있고, 사정을 실시하지 않는 경우에는 해당 근로자가 확실하게 얻을 수 있는 사정점을 기준으로 한 일정한 상여금액의 청구도 가능하다.

취업규칙 등에서 상여는 지급일 또는 일정의 기준일(예를 들어 지급일의 1개월 전)에 회사에 소속되어 있는(在籍) 자에게만 지급한다고 정하고 있는 경우가 많다. 이러한 경우, 지급대상기간에는 근무를 했지만 지급일 내지 기준일에는 퇴사하여 회사에 소속되어 있지 않은 자에게는 상여가 지급되지 않는다. 판례는 자발적 퇴직자[17]나 퇴직일을 스스로 선택할

17) 大和銀行事件—最一小判, 1982(昭57). 10. 7, 勞判 399호, 11면.

수 없는 정년 퇴직자[18]에 대해서도 이와 같은 지급일 재적(在籍)요건을 적법한 것으로 보고 있다.[19]

3. 퇴직금(퇴직수당)

퇴직금은 통상 기본임금에 근속연수별 지급률을 곱하여 산정되므로 일반적으로 '임금의 후불'이라는 성격을 띠고 있다.[20] 그러나 또 한편으로는 공로보상적 성격도 가지고 있다.[21] 지급기준에 있어서 본인의 사정에 의한 퇴직과 회사측의 사정에 의한 퇴직이 구별되거나,[22] 근무성적 등을 감안하여 '동업종 타사에의 취직'과 '징계해고' 등 사용자의 입장에서 바람직하지 않은 사유가 있는 경우에는 퇴직금을 감액 내지 몰수하는 조항을 두고 있는 경우도 있다. 그래서 퇴직금의 지급에 있어서 사용자의 공로보상적 평가를 어느 정도까지 담을 것인가가 퇴직금의 임금후불적 성격 측면에서 문제가 된다.

퇴직금의 감액 · 몰수조항 중, 가장 중요한 문제는 징계해고 시 퇴직금 몰수조항의 유효성이다. 이에 대해서, 퇴직금은 근속연수마다 이에 대응하는 금액의 구체적 청구권으로서 확인해 가고, 사용자는 퇴직 시까지의 지급유예의 항변권을 가지고 있는데 지나지 않는다고 하여 그 무효를 주장하는 견해가 있다. 또 반대의 시각에서 퇴직금은 퇴직사유, 근속연수 등의 제 조건에 비추어 퇴직 시에 비로소 확정되는 것이므로 퇴직 시까지는 채권으로서 성립하고 있다고는 할 수 없고, 몰수조항의 유효성

---

18) カツデン事件—東京地判, 1996(平8). 10. 29, 勞經速 1639호, 17면.

19) 그러나 후자에 대해서는 상여의 임금으로서의 성격에서 볼 때 의문이 많다는 견해가 있다. 安枝英訷=西村健一郎, 「勞働基準法」, 青林書院, 1996, 170면 참조. 또한 유사 문제예로서 ベネッセコーポレーション事件—東京地判, 1996(平8). 6. 28, 勞判 696호, 17면.

20) 퇴직금은 고령화가 진전되는 가운데, 그 전부 또는 일부가 기업연금에 편입되어 가는 경향에 있다.

21) 통상 산정기초임금은 퇴직 시 기본급이고, 또 지급률은 근속연수에 상응하여 증가해 간다.

22) 후자 쪽이 지급률이 높다고 한다.

은 전액불 원칙의 문제가 아니라 성립요건에 관한 규정의 유효성의 문제로 보아야 한다는 견해도 있다.

또한 영업담당사원이 퇴직 후 '일정한 기간 내'에 동종 타사로 전직한 경우에는 퇴직수당의 2분의 1만을 지급한다는 취업규칙상의 결정에 대해서, 근속 중 공로에 대한 평가가 퇴직금에 반영될 뿐만 아니라 본인의 사정에 의한 퇴직으로 인해 감축된다는 취지가 있고, 해당 퇴직금이 공로보상적 성격을 함께 가지고 있다는 점 등을 고려하여 유효하다고 본 사례가 있다.[23] 한편, 같은 광고대리업에서 퇴직 후 6개월 이내에 동일한 업종의 타사로 취직한 경우에는 퇴직금을 지급하지 않는다는 취업규칙의 규정은 현저한 배신성 있는 동업종 타사로의 취직에 대해서만 적용된다고 하여 그 적용을 부정한 판례도 있다.[24] 퇴직 직전에 고객데이터를 경쟁사에 넘겨주는 등 상당히 중대한 배신행위로 징계해고된 근로자가 퇴직금을 청구하는 것은 권리남용이 될 수 있다.[25]

4. 기업연금

기업이 운영하는 연금제도는 퇴직금과 별도의 자금(原資)를 이용해서 운영되는 경우도 있고, 퇴직금의 일부 또는 전부를 이행시키는 사례도 많다. 기업연금은 기업이 독자적으로 관리 · 운영하는 것도 있지만(통상, '자사연금'), 대부분은 세제상의 우대조치가 있는 적격퇴직연금제도(법인세법 제83조 이하) 또는 후생연금기금제도(다른 이름으로 '조정연금'제도, 후생연금법 제160조 이하)를 이용해 왔다. 그러나 기업연금에 대해서는 거품경제가 무너진 후의 장기불황 속에서 재정상황이 악화되어 그 재편성이 요구되었다. 또한 노동시장의 유연화에 동반되는 전직시의 연금자산의

23) 三晃社事件—最二小判, 1977(昭52). 8. 9, 勞經速 958호, 25면.
24) 中部日本廣告事件—名古屋高判, 1990(平2). 8. 31, 勞民 41권 4호, 656면.
25) アイビ · プロテック事件—東京地判, 2000(平12). 12. 18, 勞判 803호, 74면.

이관(portability)의 제도를 정비하는 것도 사회적으로 요청되었다. 그에 따라 2001년 '확정거출연금'제도를 수립하는 확정거출연금법(이하 '확거연')이 제정되어, 합해서 종래의 '확정급부기업연금' 제도를 정비하기 위한 확정급부기업연금법(이하 '확급연')이 제정되었다.

(1) 확정거출연금

확정거출연금은 개인 또는 사업주가 갹출한 자금을 개인이 자기의 책임으로써 운용한 다음 고령기에 이에 근거한 급여를 수급할 수 있는 제도이다(확거연 제1조). 이 중에 후생연금보험적용사업소의 사업주가 단독 또는 공동으로 실시하는 것을 '기업형 연금'이라 하며, 개인이 갹출해 국민연금기본연합회가 실시하는 것을 '개인형 연금'이라고 한다(동 제2조 제1항, 제2항, 제3항).

'기업형 연금'을 실시하는 사업주는 해당 후생연금 적용사업소에서 사용되는 피용자연금피보험자 등의 과반수로 조직하는 노동조합이 있는 경우에는 해당 노동조합, 과반수의 노동조합이 없는 경우는 피보험자의 과반수 대표자의 동의를 얻어서 기업형 연금에 관련된 규약을 작성해 후생노동성장관의 승인을 얻지 않으면 안 된다(제3조, 제4조). 규약에 있어서는 자산관리기관, 가입자격, 갹출금 금액의 산정방식, 운용방법의 제시와 지도, 급여 금액 · 지불 방식, 사무비의 부담 방식 등을 정한다(제3조 제3항). 가입자는 실시사업소에서 종사하는 피용자 피보험자 등이고, 규약에서 정한 자격을 가진 자이다(제9조 · 제10조). 이러한 자들이 사망, 퇴직, 60세 도달까지 가입을 계속한다. 또한 60세에 도달한 것으로 기업형 연금 가입자의 자격을 상실한 자 등은 기업형 연금운용지도자가 된다(제15조).

사업주는 기업형 연금 가입자 기간의 계산의 기초가 되는 매달에 대해서, 자산운영기관에 대해서 연금부금을 갹출한다(제19조. 갹출 한도액은

第20조에서 정하고 있다). 사업주는 기업형 연금의 운영관리업무의 전부 또는 일부를 확정거출연금 운영관리기관에 위탁할 수 있지만(제7조), 그러한 경우 급여에 충당되어야 할 적립금에 대해서 신탁계약, 생명보험계약, 생명공제계약, 손해보험계약의 어느 하나를 체결하지 않으면 안 된다(제8조). 또한 사업주는 기업형 연금가입자 및 운용지도자에 대해서 이러한 자가 행하는 운용의 지도에 도움을 주기 위해 자산운용에 관한 기초적 자료의 제공, 그 외의 필요한 조치를 강구하도록 노력하지 않으면 안 된다(제22조). 운영관리기관은 운용방법(예금과 적금, 신탁, 유가증권매매 등)을 기업형 연금규약이 정한 바에 따라 3가지 이상 선정하지 않으면 안 되고, 그 중 하나는 '원금 확보형'을 선정하지 않으면 안 된다(제23조). 더구나 운영관리기관은 제시한 운용방법에 관한 이익의 전망 및 손실의 가능성 그리고 기타 정보를 연금가입자 · 연금지도자에게 제공하지 않으면 안 된다(제24조). 연금가입자 · 연금지도자는 연금규약에서 정한 곳에 따라, 자기의 개인별 관리자산에 대해서 운영관리기관에 개별의 운용지도를 행하여 운영관리기관이 자산관리기관에 대해서 통지하게 된다(제25조). 급여의 종류는 노령급여금(원칙적으로 60세 이상의 연금이지만, 규약에 따라 일시금으로 지급도 가능), 장애급여금(70세가 되기 전날까지 정령에서 정한 정도의 장애에 해당한 경우에 지급. 일시금도 가능), 사망일시금이다(제28조 이하). 확정거출연금의 적정한 운영을 도모하기 위한 사업주의 행동준칙도 규정되어 있다(연금가입자에 대한 충실의무, 자기 또는 제3자의 이익을 도모하기 위해 하는 운영관리업무계약의 체결 금지 등. 제43조).

어느 기업의 기업형 연금 가입자가 전직했을 때는 전직 전 기업의 자산관리기관에 있어서의 개인별 관리자산을 전직하는 기업의 기업형 연금의 자산관리기관에 이관하는 것으로 한다. 기업형 연금이 없는 기업에서 동연금이 있는 기업으로 전직한 경우도 마찬가지이다(제80조). 한편, 전직하는 기업에 기업형 연금이 없는 경우에는, 연금가입자는 이전 기업의 자산관리기관에 있어서의 개인별 관리자산을 국민연금기금연합회에 이관하는 것이 가능해 이것에 의해 개인형 연금으로써의 운용을 계속할 수 있다(제81조). 어느 것이나 연금자산의 이관(portability)의 보장을 정한 것으로 확정거출형 연금의 커다란 특징이다.

'개인형 연금'의 경우는 자영업자와 기업연금이 없고 기업형 확정거출형 연금도 도입하지 않은 기업의 종업원이 대상이 되기 때문에 국민연금기금연합회가 규약을 작성한다(제55조 이하). 확정거출연금은 종업원이 자기의 의사와 필요에 의해 연금을 운용할 수 있다. 또한 전직을 할 때의 이관(portability)의 보장에 의해 전직을 지원하는 등의 메리트를 가지고 있는 반면, 연금의 운용이 자기책임에 맡겨진 결과, 연금급부가 확정되지 않고 노후의 생활이 불안정하게 된다는 리스크도 함께 지니고 있다.

(2) 확정급부기업연금

한편, 종래와 마찬가지로 일정액의 급부를 보장하는 '확정급부형'의 기업연금에 대해서도 확정급부기업연금법에 의해서 제도가 정비되었다.

확정급부기업연금은 후생연금적용사업소의 사업주가 개인 또는 공동으로 실시하는 것으로(확급연 제2조), 규약형 기업연금[26]과 기금형 기업연금[27]으로 분리된다. 어느 경우나 기업연금을 실시하려고 하는 사업주는 피용자연금 피보험자 등의 과반수로 조직되는 노동조합이 있는 경우는 그 조합이 없는 경우는 과반수 대표자의 동의를 얻어서 확정급부기업연금의 규약을 작성해, 후생노동성 장관의 승인(규약형인 경우) 또는 기업연금기금의 설립에 관한 허가(기금형의 경우)를 받지 않으면 안 된다(제3조). 규약에 있어서는 수급자격, 급여내용 · 방법, 부금부담 등의 사항을

26) 노사가 합의한 연금규약에 근거를 해, 기업과 신탁회사 · 생명보험회사 등이 계약을 체결해, 모체기업 외에서 연금자산의 관리 · 운용과 급여를 행하는 타입. 제4조~제5조.

27) 모체기업과는 별개의 법인기금을 설립한 뒤에, 기금에 있어서 연금자산의 관리 · 운용과 급여를 행하는 타입. 기금의 조직 형태는 제8조~24조.

정한다(제4조).

확정급부기업연금의 가입자는 실시 사업소에 종사하는 피용자연금 피보험자 등이며, 규약으로 정한 자격을 가진 자이다(제15조). 급여내용은 노후급여금,[28] 탈퇴일시금[29] 이외에, 장애급여금, 유족급여금이다(제29조 이하).

부금을 갹출하는 것은 실시사업주이며, 자산관리운용기관 등에 납부하는 것으로 한다(제55조 제1항, 제56조). 연금규약에서 정한다면 본인의 동의를 요건으로 가입자도 갹출을 할 수 있다(제55조 제2항). 자산운용은 신탁계약, 생명보험계약 또는 투자고문업자와의 투자일임계약에 의해서 행하는 것을 원칙으로 한다(제65조). 또 수급권 보호를 위해서 사업주에 대한 연금자산의 적립의무(제59조), 적립금이 책임준비금의 금액 및 최저 적립 기준액을 밑돌아서는 안 되는 점(제60조), 적립부족이 생긴 경우에 일정 기간 내에 부족이 해소되도록 부금을 갹출해야만 하는 것(제63조) 등의 이외에 사업주의 수탁자책임을 명확히 하기 위해서 가입자에 대한 충실의무, 이익상반행위의 금지 등의 행위준칙(제69조)과 가입자에 대한 정보개시의무(제73조)를 정하고 있다.

확정급부기업연금법에 있어서는 규약형, 기금형 상호의 이행을 인정해 연금자산의 이관을 가능하게 한 것(제74조 이하) 이외에 확정거출연금(기업형)으로의 이관도 인정하고 있다(제117조 이하). 또한 확정급부기업연금제도에 동반해 종래의 적격퇴직연금제도(법인세법 제83조 이하)는 10년 후를 목표로 폐지되어 후생연금기금에 대해서도 필요한 재검이 행해지게 되어 있다.

한편, 최근에는 이 단체정기보험에 의해 보험금을 취득한 사용자에

28) 원칙으로서, 60세~65세의 범위에서, 규약에서 정한 연령을 지급개시연령으로 하고, 수급자격기간은 20년을 넘어서는 안 된다.

29) 규약 소정의 노후급여금의 지급요건을 충족시키지 않는 사람에게 지급.

대해서 사망한 근로자의 유족이 이것을 사망퇴직금 또는 조위금으로써 지불하도록 청구하는 사안이 늘고 있다. '단체정기보험'이란 회사가 종업원을 피보험자로서 가입시켜 회사가 보험료를 지불, 종업원이 사망한 경우에는 회사에 보험금이 지불되는 제도이다. 대부분의 판례는 단체정기보험을 "타인의 생명의 보험"(상법 제674조 제1항)이라고 하여 피보험자 본인의 동의를 요건으로 해석한 뒤, 그 동의에 있어서 보험가입자인 사용자가 보험금을 수령한 뒤, 그 상당부분을 퇴직금과 조위금으로서 유족에게 지불하는 취지의 합의가 행해지는가의 여부로 판단하고 있다.[30] 위의 합의가 인정된 경우의 지불액에 대해서는 "타인의 생명의 보험" 제도의 취지를 고려해서, 사용자의 과도한 소득이 귀속되는 것을 규제하고 근로자의 사망에 의한 경제적 손실과 단체정기보험의 운용경비를 참작하여 일정액을 정하는 예가 많다.[31] 근로자의 동의에 대해서는 본인의 개별적 동의 이외에 과반수 노동조합 또는 근로자과반수 대표자의 동의라도 괜찮다고 하는 판례가 있지만,[32] 여전히 논의의 여지가 있다.

Ⅲ. 최근 임금제도의 변화

최근 대기업에서는 종업원의 고령화와 기업의 국제경쟁의 격화 등을 배경으로 하여 연공(근속연수)을 중시한 종래의 임금제도를 수정하고, 업무내용과 성과를 중시하여 임금액을 결정하는 움직임이 확산되고 있다.[33] 연령급의 폐지와 능력급으로의 일체화, 연공급화한 직능급의 업무

---

30) 긍정적인 예로서, パリス觀光事件—廣島高判, 1998(平10). 12. 14, 勞判 785호, 50면, 부정적인 예로서는 住友輕金屬工業(団体定期保險第一)事件—名古屋高判, 2002(平14). 4. 26, 勞判 829호, 12면.

31) パリス觀光事件, 住友輕金屬工業(団体定期保險第2)事件—名古屋高判, 2002(平14). 4. 24, 勞判 829호, 38면.

32) 住友輕金屬工業(団体定期保險第一)事件—名古屋高判, 2002(平14). 4. 26, 勞判 829호.

급으로의 재편성, 업적평가에 의한 상여의 설치 등이다. 이러한 움직임 중 가장 현저한 것이 관리직 층을 중심으로 도입되고 있는 '연봉제'이다. 최근 연봉제는 '임금의 전부 또는 상당부분을 근로자의 업적 등에 관한 목표 달성도를 평가하여 연단위로 설정하는 제도'라고 파악할 수 있다.[34] 연봉제에는 월례임금뿐만 아니라 상여도 연봉에 속하는지의 여부 및 수당은 어떻게 할지 등에 따라 다양하다. 또 연봉 지급방법은 노동기준법의 매월 1회 이상 지급원칙(제24조 제2항)에 의해 12분하여 매월 지급되는 것이 보통인데, 사회보험료의 부담과의 관계도 있어 상여부분을 설정하는 경우도 많다.

연봉제는 1년에 걸친 업무의 성과에 따라 다음 연도의 임금액을 설정하는 제도이므로, 근로시간의 양(할증임금)을 문제로 할 필요 없는 관리감독자(노동기준법 제41조 제2호)와 재량근로자(동법 제38조의 3, 제38조의 4)에게 적합한 임금제도이다. 연봉제의 도입에 대해서는 취업규칙의 변경이 필요할 뿐만 아니라 변경의 합리성이 문제가 된다. 연봉제의 운용에 있어서 목표달성도의 평가에 관한 사용자와 근로자의 의견이 대립하여 타협점을 찾지 못하는 경우, 최종적으로는 사용자에게 평가결정권이 있다. 단, 목표설정과 그 평가에 대한 절차와 고충처리절차 등이 공정하게 제도화되는 것이 필요할 것이다. 연봉액을 합의로 확정한 경우에는 사용자가 해당 연도 중에 그것을 일방적으로 인하하는 것은 허용되지 않는다.[35]

판례는 원칙적으로 기업의 경영·인사제도의 급격한 변화를 배경으로 취업규칙에 의한 성과주의임금제도의 도입 필요성을 인정하고 있다.

33) 土田道夫, "能力主義賃金と勞働契約", 「季刊勞働法(185호)」, 勞働法学研究所, 1998; 土田道夫=山川隆一編, 「成果主義人事と勞働法」, 日本勞働研究機構, 2003, 19면.
34) 菅野和夫, "年俸制", 「日本勞働研究雜誌(408호)」, 1994. 1, 74면.
35) シーエーアイ事件—東京地判, 2000(平12). 2. 8, 勞判 787호, 8면. 이상에 관한 문헌으로는, 古川陽二, 「成果主義賃金と年俸制」, 日本勞働法学会編 · 講座21世紀の學勞働法(第5巻), 有斐閣, 2000, 105면.

다만, 임금이 대폭 인하된 사례에서 기업이 일정 하한액과 경과조치를 설정하거나, 인사고과제도의 공정함을 담보하는 것을 합리성의 요소로 해석해서 근로자의 이익과의 조정을 도모하고 있다.[36)]

또한 최근에는 장기화되는 불황 속에서 다양한 형태로 임금의 억제조치가 행해지고 있다. 임금의 억제조치로는 정기승급의 정지, 베이스업의 억제 · 보류, 상여지급률의 삭감 등 노사교섭의 합의를 거쳐 이루어지고 있는 것 외에도 경영방침으로서 소정시간외 근로제한 등이 있다.

그러나 경영이 보다 곤란한 상황에서는 종업원의 일부 또는 전체에 대한 임금인하도 발생할 수 있다. 예를 들어 다음과 같은 케이스를 생각할 수 있다. 첫째로는 임원과 관리직 등이 경영위기 시 보수와 임금의 일부를 반납하는 조치이다. 이것은 법적으로는 보수 · 임금채권의 일부의 포기이거나 또는 합의에 의한 보수 · 임금액의 일시적인 임금인하가 될 것이다.[37)] 경영위기에 직면한 기업이 각각의 근로자의 동의를 물어 임금감액을 행하는 경우에는, 그 동의가 근로자의 자유의사에 근거한 명백한 것임을 필요로 하고, 묵시적인 합의의 경우에는 그 유효성은 쉽게 인정되지 않는다.[38)] 둘째는 중고령층의 급격한 증가에 대처하기 위해 직급정년제를 도입함과 동시에 고령층의 임금인하 조치도 많이 이루어지고 있다. 물론 노사간의 충분한 교섭이 필요하지만, 결국은 이러한 제도개혁을 구체화하는 취업규칙 변경의 합리성 여부가 문제가 되고 있다.[39)] 셋째는 비교적 많지 않은 사례인데, 종업원의 직능자격과 등급을 전반적으로 재평가하여 능력 이상으로 높게 평가되어 있다고 인정되는 자의 자

36) 변경의 합리성을 긍정한 예로서는, ハクスイテック事件—大阪高判, 2001(平13). 8. 30, 勞判 816호, 23면, 불이익을 받기만 하는 고령자에 대해 합리성을 부정한 예로서는, 日本交通事業事件—東京地判, 1999(平11). 12. 17, 勞判 778호, 28면.

37) 사례로서 ティーエム事件—大阪地判, 1997(平9). 5. 28, 勞經速 1641호, 22면.

38) 更生會社三井埠頭事件—東京高判, 2000(平12). 12. 27, 勞判 809호, 82면.

39) 사례로서 みちのく銀行事件—仙臺高判, 1996(平8). 4. 24, 勞判 693호, 22면.

격 · 등급을 인하하는 조치가 시행되는 경우가 있다. 그러나 이러한 조치를 일방적으로 실시하는 데에는 취업규칙 등에 있어 직능자격제도를 설정해두고, 자격등급의 조정에 의한 강등을 할 수 있다는 근거가 회사 측에 필요하다.[40] 넷째로는 전체 종업원에 대해 임금자원을 일정 비율로 감액하는 조치를 취하여, 이것을 기본급과 제 수당에서 일률적으로 또는 연령 등에 의한 배분비율을 정하여 실시하는 것이다(기본급에 대한 일률적인 2할 삭감 등). '베이스 업'의 반대개념으로서 '베이스 다운'이다. 이러한 경우, 노사 간에 단체교섭을 진행하는 데 있어서 여러 가지 실제적 · 법적 문제가 발생할 것이다. 또 노동조합의 존재나 이들과의 교섭결과를 차치하더라도, 취업규칙의 불이익변경에 관한 절차와 요건을 충족할 필요가 있다. 다섯째로는 연봉제로 받고 있는 근로자에 대한 연봉액의 일반적 인하라는 것도 생각할 수 있다. 연봉액은 매년 개별교섭에 의하므로 업적평가에 의한 개별적인 인하는 가능하다. 그러나 해당 근로자의 업적이 일반적이거나 동일한 경우의 인하에는 연봉제 체계의 변경을 필요로 하며, 그 때문에 절차(단체협약 또는 취업규칙의 변경)가 필요하게 될 것이다. 여섯째로 경영위기 중 다소 과격한 수단인 정리해고를 대신하여 임금인하를 내용으로 하는 변경해약고지가 있을 수 있다.[41] 이러한 변경해약(해지)고지의 효력은 정리해고에 준하는 엄격한 요건에서 판단하게 된다.

아울러, 퇴직수당에 대해서도 그 연금화가 진전됨과 동시에 직능자격과 입적의 누적 포인트에 따라 퇴직금액을 결정하는 '포인트제 퇴직금', 또한 퇴직금을 연간임금으로 합산하여 지급하는 '급여전액 지불형사원' 등의 움직임이 있다. 또 기업의 연금재정 악화에 따라 퇴직연금의

40) チェースマンハッタン銀行事件—東京地判, 1994(平6). 9. 14, 勞判 656호, 17면; アーク證券事件—東地判, 1996(平8). 12. 11, 勞判 711호, 57면; 小坂ふくし會事件—秋田地大館支判, 2000(平12). 7. 18, 勞判 796호, 74면. 또한 통상 降格에 대해서는 410면을 참조.

41) 실제 사례로서는 スカンジナビア航空事件—東京地判, 1995(平7). 4. 13, 判時 1526호, 35면.

폐지와 감액 조치가 취해질 경우, 취업규칙의 불이익변경 문제의 틀 내에서 그 적법성 여부가 판단되고 있다.[42] 한편, 더욱 과감한 조치인 퇴직연금의 중단(폐지)에 관해서는 퇴직연금의 일방적인 해약을 유보하는 지급계약의 성립은 인정하지 않는다고 부정한 사례가 있다.[43]

제2절 평균임금과 통상임금

Ⅰ. 평균임금

1. 평균임금의 의의

노동기준법 제12조는 평균임금의 정의와 산정방법을 정하고 있다. 평균임금은 사용자에게 책임을 돌려야 하는 휴업의 경우에 지불되는 휴업수당(제26조), 근로자가 업무재해를 당한 경우의 보상(제76조 내지 제82조) 등을 산정할 때에 사용되는 것이지만, 이러한 수당이나 보상의 목적은 근로자의 생활보장에 해당된다. 이 때문에 평균임금은 근로자의 통상의 생활임금을 그대로 산정한다는 것이 그 기본원리로 되어 있다.[44] 평균임금의 산정방법의 원칙은 뒤에서 설명하는 바와 같이, 산정사유의 발생일 이전의 3개월간에 지불된 임금의 총액을 같은 기간의 총일수로 나눈 것이지만, 우연히 그 기간 중에 임금의 총액이 극단적으로 늘어난 경우나 줄어든 경우에 대해서는 예외가 인정되고 있다. 그리고 이러한 원

42) 名古屋學園事件—名古屋高判, 1995(平7). 7. 19, 勞判 700호, 94면; 幸福銀行事件—大阪地判, 1998(平10). 4. 13, 勞判 744호, 54면—함께 감액이 유효하다고 판단.

43) 幸福銀行(年金打切り)事件—大阪地判, 2000(平12). 12. 20, 勞判 801호, 21면.

44) 厚生労働省労働基準局編, 「2010(平成22)年版 · 労働基準法(上)」, 労務行政, 2011, 168면.

칙에서도 타당한 금액을 산정할 수 없는 경우나, 일용근로자에 대해서는 후생노동대신이 그 금액을 정하는 것으로 하고 있다.[45] 또 특정의 장면을 상정했던 평균임금의 구체적인 산정방법에 대해서는 대부분의 통달에 의해서 행정의 견해가 제시되고 있으며 실무는 이에 따라서 운용되고 있다.

노동기준법은 평균임금에 의해서 산정해야 하는 것으로서 다음의 것을 규정하고 있다. ① 해고예고수당(제20조), ② 휴업수당(제26조), ③ 연차유급휴가일에 대하여 지불되는 임금(제39조 제6항), ④ 근로자가 업무상 부상을 입거나 또는 질병에 걸리거나 또는 사망한 경우의 재해보상으로서 - (ⅰ) 휴업보상(제76조), (ⅱ) 장애보상(제77조), (ⅲ) 유족보상(제79조), (ⅳ) 장제비(제80조), (ⅴ) 중단보상(제81조), (ⅵ) 분할보상(제82조), ⑤ 감급의 제재의 제한액(제91조). 또, 노동자재해보상보험법(이하 '노재보험법'이라고 함)에서의 급부기초일액에 대해서도 '노동기준법 제12조의 평균임금에 상당하는 금액으로 한다'(동법 제8조 제1항)고 되어 있다. 이러한 수당, 기타 금원의 지급 및 감급의 제재의 제한액은 모두 근로자의 생활을 보장하는 것이다.

연차유급휴가일에 대하여 지불되는 임금에 대해서는 평균임금이외, 취업규칙 등에서 정하는 바에 따라 소정근로시간 근로한 경우에 지불되는 통상의 임금으로 하는 것이나, 노사협정에 의해 건강보험법의 표준보수일액에 상당하는 금액으로 하는 것도 가능하다고 되어 있다. 실무상은 통상의 임금으로 하고 있는 사례가 많다고 생각된다. 실제로 사용자가 평균임금의 계산을 필요로 하는 것은 해고예고수당, 휴업수당, 감급의 제재 등 한정된 경우가 된다고 할 수 있다.

45) 1963(昭和38), 厚生労働省 告示 제52호.

2. 평균임금의 산정원칙

평균임금은 ① '산정해야 하는 이유가 발생한 날로부터 이전 3개월 동안'에 ② '지불된 임금의 총액'을 ③ '그 기간의 총일 수'로 나누는 것이 산정방법의 원칙이다. 단, 항상 같은 사업장에 고용되는 상용근로자는 매일 사업장을 달리하는 것이 상정되는 일용근로자와 마찬가지로 취급할 수 없기 때문에, 상기의 원칙은 상용근로자에 관한 것으로 여겨지고 있다. 이하에서는 우선 상용근로자의 원칙적인 산정방법에 대하여, ① 산정기간, ② 산정기초임금, ③ 총일수의 견해를 설명한다.

(1) 산정기간

1) 기본적인 해석

산정기간은 '산정해야 하는 사유가 발생한 날 이전 3개월간'으로 되어 있다(제12조 제1항 본문). 단, 임금마감일이 있는 경우에 대해서는 직전의 임금마감일이 기산일로 되어 있기 때문에(제12조 제2항), 대부분의 경우는 이것이 적용되게 된다. 우선, 이 경우에 대하여 설명한다. 예를 들면, 매월 1일부터 말일까지를 임금계산 기간으로 하고 지급일을 다음달 15일로 하는 경우, 임금마감일이 매월 말일이 된다. 이 경우, 5월 10일에 평균임금을 산정해야 하는 사유가 발생한 경우에는, 4월 30일을 기산일로 하게 된다.

임금의 마감일이 수당 등 종류마다 다른 경우라고 해도, 예를 들면 기본급은 전월 16일부터 당월 15일까지, 그 외에는 매월 1일부터 말일까지와 같은 경우가 산정된다. 통달에는 '임금마다 임금마감일이 다른 경우, 예를 들면 단체업적급을 제외한 다른 임금은 매월 15일 및 월말의 2회가 임금마감일로, 단체업적금만은 매월 월말 1회만인 경우, 직전의 임금마감일은 각각 각 임금마다 임금마감일이다'고 되어 있다.[46] 임금마감일이 없는 경우에 대해서는 기산점이 되는 '산정해야 하는 사유'란, 평균임금을 산정해야 하는 사유마다 다음과 같이 되어 있으며 이것이 기산일이 된다.

(a) 해고예고수당

해고예고수당을 산정할 때의 기산점은 '근로자에게 해고의 통고를 한 날'로, 해고의 예고를 한 후에 해당 근로자의 동의를 얻어 해고일을 변경한 경우라고 해도 당초의 해고를 예고한 날을 말하는 것으로 되어 있다.[47]

(b) 휴업수당 및 연차유급휴가

사용자의 책임으로 돌려야 하는 사유에 의해 휴업한 경우에 지불되는 휴업수당 및 연차유급휴가의 임금을 산정할 때의 기산점은 해당 휴업일 및 휴가일로, 해당 휴업 및 휴가가 2일 이상의 기간에 걸친 경우는 그 최초의 날이 해당된다.

(c) 재해보상

재해보상을 산정하는 경우의 평균임금의 기산점은 사상의 원인인 사고발생일 또는 진단에 의해 질병의 발생이 확정된 날(규칙 제48조)로 규정되어 있다. 동일인의 동일 사고에 대한 평균임금을 개개의 보상사유에 의해 좌우되어야 하는 것은 아니라고 되어 있으며,[48] 휴업보상, 장애보상, 유족보상 등에 공통하여 같은 날이 기산일이 된다.

(d) 감급제재의 제한액

감급의 제재의 제한액을 산정하는 경우의 기산점은 제재의 의사표시가 상대방에 도달한 날이 된다.[49]

---

46) 1951(昭26). 12. 27, 基收 5926호.
47) 1964(昭39). 12. 36, 基收 2316호.
48) 1950(昭25). 10. 19, 29基收 2908호.

2) 이전 3개월간의 의미

'이전 3개월간'에 대하여 조문의 문언에서는 산정사유의 발생일(기산일)을 포함하여 계산하는 것이라고 생각할 수 있다. 하지만 산정사유가 발생한 날의 전일부터 소급한 3개월간으로, 산정사유가 발생한 날은 포함되지 않는 것으로 하는 것이 학설상 유력하다.[50] 행정해석도 "통상 해당일에는 노무의 제공이 완전히 이루어지지 않고 임금도 전부 지급되지 않는 경우가 많다. 따라서 이것을 3개월간에 산입함으로써, 오히려 평균임금이 실태에 입각되지 않게 되기 때문에, 위와 같이 해석해야 할 것이다"라고 하고 있다.[51] 그리고 임금마감일이 정해져 있는 경우에 비슷한 해석을 바탕으로 한 통달이 있다. 즉, "임금마감일이 매월 월말로 규정되어 있는 경우에, 예를 들면 6월 30일에 산정사유가 발생했을 때에는 그 직전의 마감일인 5월 말일부터 소급하여 3개월의 기간을 취한다"고 되어 있다.[52] 이 3개월은 90일이 아니고, 역일(暦日)에 따른 3개월이라는 것이 된다. 즉, 실제의 일수에 관계없이 예를 들면 4월 15일에 산정사유가 발생한 경우에는 4월 14일부터 1월 15일까지가 산정기간이 되고, 윤년인지의 여부에 따라서 달라지는 경우는 없다.

임금마감일이 있는 경우로 산정기간의 도중에 임금마감일이 변경되어 있을 때에 대해서는 이 3개월의 견해에 대하여, 엄격하게 3개월의 기간을 취하지 않고 3개월의 역일수에 가장 가까운 일수를 산정기간으로 한다는 예외적인 통달이 있다.[53] 이 통달에 의해서 제시된 사례는 다음과 같다. 이 경우 직전의 마감일인 9월 25일을 기산일로 하면, 3개월의

---

49) 1955(昭30). 7. 19, 基収 5875호.

50) 吾妻光俊, 「労働基準法(新コンメンタール)」, 日本評論社, 1964, 61면; 松岡三郎, 「条解労働基準法(新版)上」, 弘文堂, 1958, 1157면.

51) 厚生労働省労働基準局編, 「2010(平成22)年版・労働基準法(上)」, 労務行政, 2011, 172면.

52) 1949(昭24). 7. 13, 基収 2044호.

53) 1950(昭25). 12. 28, 基収 3802호.

역일수(약 90일)에 가장 가까운 것은 7월 10일의 이전 임금 마감일이 되어 이 77일간을 산정기간으로 한다는 것이다.

구임금의 마감일 매월 10일 → 신임금의 마감일 매월 25일
마감일 변경 8월 25일부터 (8월은 10일 및 25일로 한다)
산정사유 발생일 10월 11일

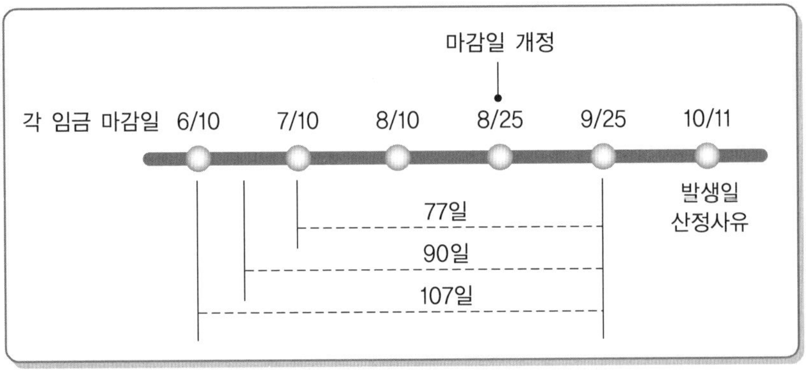

3) 공제된 기간

후술하는 최저보장액의 규정에 관계없이 평균임금의 산정에서는 산정기간에 일정의 사유에 의한 휴업 등이 있는 경우, 이 기간을 산정기간에서 공제한다. 또 이 기간에 지불된 임금이 있는 경우에는 이것이 산정기초 임금에서 공제된다(제12조 제3항). 이러한 취지는 해당 기간 및 그 기간 중의 임금을 공제하지 않으면 평균임금이 부당하게 낮게 되는 것을 방지하는 것에 있다. 최저보장액은 결근 등과 같은 이유가 없는 경우에 보장되는 것이지만, 여기서 공제의 대상이 되는 휴업 등은 반드시 근로자에게 잘못 있는 것은 아니기 때문에 이러한 구별이 이루어지고 있는 것이라고 생각된다.

(a) 업무상의 질병에 의한 휴업기간
(b) 산전산후의 휴업기간
(c) 사용자의 귀책사유에 의한 휴업기간
(d) 육아휴업 및 개호(간병)휴업기간 등
(e) 시용의 사용기간

이러한 것들 가운데 (a), (b), (d) 및 (e)에 대하여, 법은 임금의 지급에 대하여 어떠한 것도 규정하고 있지 않다. 이 때문에 무급이 되는 경우도 있다. 또 (c) 및 (e)에 대해서는 무급이 아니라도, 통상의 경우보다도 낮은 임금(또는 수당)이 되는 경우가 많다. 이러한 기간에 대해서는 임금의 지급 유무나 금액에 관계없이 휴업기간의 일수와 해당기간 중에 지불된 임금에 대하여 산정에서 공제된다. (c)의 휴업기간에 대해서는 일부휴업의 경우의 취급에 대하여 통달에 의해서 견해가 제시되고 있다. 즉, 평균임금의 산정기간 중에 일정 시간을 근로한 후 사용자의 귀책사유로 휴업을 한 날이 있었던 경우에는 실제로 지급된 임금이 평균임금의 100의 60을 초과하는지의 여부에 관계없이 일부 휴업이 있었던 날을 휴업일로 간주하여 그 날의 임금을 전액 공제하는 것으로 되어 있다.[54]

(2) 산정기초임금

1) 기본적인 해석

이 '임금의 총액'에는 노동기준법 제11조에서 규정하는 임금의 모든 것이 포함된다. 3개월간의 기간 중에 승급이나 강급(降給)에 의해서 임금 베이스가 변경된 경우라도, 해당 3개월 중에 신구(新舊) 베이스에 따라서 실제로 지급된 '임금의 합계액'이 임금의 총액이 된다.[55]

---

54) 1950(昭25). 8. 28, 基收 2397호.
55) 1947(昭22). 11. 5, 基発 233호.

그러나 평균임금은 산정사유 발생 시에 근로자가 현실에 따라서 또는 받는 것이 확정된 임금에 의해서 산정해야 한다. 따라서 이미 산정사유가 발생한 후 임금베이스가 소급하여 변경되었다고 해도, 이 경우에는 변경전의 임금베이스에 기초로 하여 산정된다.[56] 또 문언상은 '지급된'으로 되어 있지만, 현실적인 지급이 이루어져 있지 않아도 산정사유 발생일에 이미 채권으로서 확정되어 있는 임금도 포함된다.[57] 반대로, 선불임금과 같이 산정기간 중에 지급된 임금이라고 해도 산정기간 경과후에 확정된 임금은 포함되지 않는다.

2) 고용계약관계가 이중으로 성립하고 있는 경우

(a) 이중 고용의 경우

근로자가 두 개의 사업장에 고용되어 양사업장의 사용자로부터 각각 임금을 지불받고 있는 경우에 대해서는, 합계액이 아니라 산정사유가 발생한 사업장에서 지급받은 임금만이 '임금의 총액'이 된다.[58]

(b) 퇴직 후의 경우

업무상의 질병이 치유된 후에 전(前)사업장을 퇴직한 근로자가 다른 사업장에 근무 중에 전(前)사업장에서의 업무상의 질병이 재발한 경우의 평균임금은, 전(前)사업장에서 지불받은 임금으로 산정하는 것으로 되어 있다.[59]

(c) 출향 중의 경우

출향근로자의 취급에 대해서는 노동자재해보양보험법(労働者災害保養保険法)이 보험급부를 위한 급부기초일액에 상당하는 평균임금을 산정하

---

56) 1948(昭23). 8. 11, 基收 2934호.
57) 厚生労働省労働基準局編, 「2010(平成22)年版 · 労働基準法(上)」, 労務行政, 2011, 173면.
58) 1953(昭28). 10. 2, 基收 3048호.
59) 1950(昭25). 5. 13, 基收 843호.

는 경우를 별도로 규정하고 있다. 즉, "출향하는 사업주가 출향사용사업주와의 계약 등에 의해 출향근로자에게 지급하는 임금명목의 금전급부를 출향사용사업주가 지급했던 임금으로 간주하고, 출향사용사업주가 출향근로자에게 지불했던 임금을 합산한 뒤, 보험급부의 기초가 되는 임금을 산정할 것." "또한 상기 평균임금의 산정이 노동기준법 제12조 제2항의 규정에 따라야 하는 경우로, 출향하는 사업의 임금마감일과 출향사용 사업의 임금마감일과 상이할 때에는 각각에 관계되는 부분에 대하여 특별히 계산하여 양사의 합계액을 보험급부의 기초가 되는 평균임금으로 할 것"으로 되어 있다.[60]

3) 연봉제의 경우

연봉제가 적용되고 있는 근로자에 대해서는 연간 임금총액의 12분의 1을 1개월의 임금으로 산정한다. 상여라는 명목의 임금이라고 해도 사전에 금액이 확정되어 있는 경우에는 이것도 평균임금으로 포함하여 산정된다.[61]

4) 제외임금

평균임금을 산정하는 경우의 '임금의 총액'에는 (a) 임시로 지급된 임금 – 퇴직금, 사상병수당, 치료위문금 등, (b) 3개월을 초과한 기간마다 지불되는 임금 – 상여, (c) 통화 이외의 것으로 지급되는 임금으로 일정한 범위에 속하지 않는 것의 세 가지는 산입하지 않는다(제12조 제4항). 이러한 임금을 산입하면, 산정사유 발생의 시기에 따라서 평균임금에 현저한 고저(高低)를 발생시킬 우려가 있기 때문이다.[62] 이러한 제외임금은 근로자의 통상의 생활임금을 그대로 산정한다는 평균임금의 취지에 비

60) 1960(昭35). 11 .2, 基発 932호.
61) 2000(平12). 3. 8, 基收 78호.
62) 厚生労働省労働基準局編, 「2010(平成22)年版 · 労働基準法(上)」, 労務行政, 2011, 180면.

추어 볼 때, 평균임금의 폭이 현저하게 변경되는 것을 방지하는 것이 주요한 목적이라고 생각된다.

또, (c)의 실물급여로 산입되는 일정한 범위는 시행규칙에서 규정하고 있으며(제12조 제3항), 제24조 제1항 단서의 규정에 의한 법령 또는 단체협약의 별단의 규정에 근거로 하여 지불되는 통화이외의 것으로 한정된다(규칙 제2조 제1항). 즉, 노동기준법이 허용하는 현물급여라면 산입된다. 이 경우의 현물급여의 금액의 평가에 대해서는 원칙적으로 법령 또는 단체협약이 정하는 바에 따르고, 단체협약에서 정해진 금액이 적당하지 않다고 인정되는 경우 또는 법령 또는 단체협약에 규정이 없는 경우에는 도도부현(都道府縣) 노동국장이 그 평가액을 정할 수 있는 것으로 되어 있다(규칙 제2조 제3항). 이때의 도도부현 노동기준국장의 평가액의 결정기준에 대해서는 "현물급여를 위하여 사용자가 지출했던 실제의 비용을 초과하거나, 또는 그 3분의 1을 하회해서는 안 된다", 단, "공정소매가액, 기타 이에 준하는 통제액의 규정이 있는 것에 대해서는 실제비용의 여하에 관계없이, 그 금액을 초과해서는 안 된다"는 통달이 있다.[63)]

(3) 총일수

평균임금의 산정의 분모가 되는 산정기간의 총일수에 대해서는 역일수의 총수를 계산한다. 따라서 근로일이나 실제로 근로했던 날 등의 임금지불의 대상이 되는 날뿐만 아니라 휴일이나 결근일도 포함하게 된다.

(4) 단수의 처리

평균임금을 계산했던 경우에 전위(錢位) 미만의 단수가 발생하는 경우가 있다. 이 경우 그 단수는 버리는 것으로 되어 있다.[64)]

63) 1947(昭22). 12. 9, 基発 452호, 1954(昭29). 6. 29, 基発 355호.
64) 1947(昭22). 11. 5 基発 232호.

(5) 평균임금의 최저보장

이상의 산정방법으로 산정을 했음에도 불구하고, 평균임금이 현저하게 낮아질 때의 구제제도로서 최저보장액이 정해져 있다(제12조 제1항 단서). 최저보장액으로 상정되고 있는 것은 시간급제, 일급제 및 성과급제와 같이 산정기간의 실근로일이 통상과 비교하여 현저히 낮은 경우이다. 이러한 경우에는 근로자의 생활비당 임금을 산정하고자 하는 평균임금의 궁극적인 의미를 상실하게 된다. 따라서 이러한 경우에 최저보장액을 적용함으로써 그에 대한 구제를 도모하고 있다.

(a) 일급제, 시간급제 또는 성과급제, 기타 도급제로 정해진 경우

산정기간에 일급제, 시간급제 또는 성과급제 등의 규정에 근거로 하여 지급된 임금의 총액을 그 기간 중에 실제로 근로한 일수로 나눈 금액의 100분의 60이 최저보장액이다. 여기서 말하는 임금의 총액이란 일급제, 시간급제 또는 성과급제, 기타 도급제에 의해 지급된 임금의 총액으로 월급제 등 노동기준법 제12조 제1항 제2호에 규정되어 있는 임금은 포함되지 않는 것으로 되어 있다.[65] 또 일수에 대해서는 원칙적으로 역일단위, 즉 오전 0시부터 오후 12시까지를 말한다.[66] 단, 소정근로시간이 2역일에 걸친 근무를 행한 근로자에 대해서는[67] 해당 근무를 시업시각이 속하는 날에서의 1일의 근로로서 다루어진다.[68] 예컨대, 시급제로 일하는 근로자에 대하여 산정기일의 3개월간의 실근로일수가 40일로 그 동안의 임금의 총액이 20만엔인 경우, 200,000/40×60/100=3,000으로서 3,000엔이 최저보장액이 된다. 6할로 되어 있는 이유에 대해서는 "통상의 경우 가동상황이 가장 나쁜 사업에서도 1개월 가운데 18일은 일한

65) 1947(昭22). 12. 26, 基発 573호.
66) 1948(昭23). 7. 3 基收 2176호.
67) 일주야교대근무와 같이 명확히 2일의 근로로 해석되는 것이 적당한 경우를 제외함.
68) 1970(昭45). 5. 14 基発 374호.

다는 사실을 근거로 했다"[69]고 한다.

(b) 임금의 일부가 월급제, 주급제, 기타 일정 기간으로 정해진 경우

월급제나 주급제 등의 임금과 (a)의 임금이 동시에 지급되고 있는 경우에는 월급제와 주급제 등으로 지급된 임금의 부분의 총액을 그 기간의 총역일수로 나눈 금액과 일급제나 도급제 등으로 지급된 임금에 대하여 (a)의 방법으로 계산한 금액과의 합계액이 최저보장액이 된다. 일반적으로는 임금의 계산방법을 1개월로 하고 지각, 조퇴 및 결근을 했을 경우에도 공제가 없는 완전 월급제의 경우에는 산정기간내의 실근로일수가 극단적으로 적었기 때문이라고 하여 평균임금이 이상하게 저액이 된다는 경우는 일어날 수 없다. 제12조 제1항 단서도 이 때문에 월급제의 경우에 대해서는 규정하고 있지 않다. 그러나 월급제라고 해도 지각, 조퇴 및 결근의 경우에 이 시간수에 따른 공제를 행하는 제도, 이른바 '월급일급제'의 경우에는 시간급제나 월급제 등과 같은 문제가 발생할 수 있다. 이 때문에 제12조 제8항에 근거로 하여 월급일급제의 경우의 최저보장액의 산정방법이 규정되어 있다.

(6) 고용 후 3개월에 미치지 않는 자

고용 후 3개월 미만밖에 경과하고 있지 않은 근로자에 대해서는 고용 후의 기간과 그 기간 중의 임금의 총액에 의해 산정하는 것으로 되어 있다(제12조 제6항). 제6항의 적용이 있는 경우의 제2항과의 관계에 대해서는 판례에서 "고용후 3개월의 기간이 없는 경우에는 3개월분을 평균하는 것이 불가능하기 때문에 3개월에 가장 가까운 고용 후의 전체 기간의 총 임금을 기준으로 하는 것으로 한 것이 동조(제12조) 제6항의 규정이다. 거기서 제6항의 규정의 적용이 있는 경우는 제2항의 적용을 배제하는 것

69) 寺本広作, 「労働基準法解説」, 信山社出版, 1998, 239면.

이라고 해야 한다"고 되어 있다.[70] 이에 대하여 행정의 해석은 고용 후 3개월 후 미만인 근로자에 대해서는 임금마감일이 있을 때에는 직전의 임금마감일에서 기산한다고 하는 통달[71]을 유지하고 있다.[72]

근로자가 전적한 경우 여기서 말하는 '고용'에 해당하는지의 여부에 대해서는 "각각 회사간의 인사교류에 따른 전적에 대하여 노동기준법 제20조의 해고예고를 하지 않고, 또 전적 후 3개월간에 미치지 못하는 동안에 평균임금을 산정하는 사유가 발생한 경우에는 평균임금의 산정에는 노동기준법 제12조 제6항의 규정에 의한 고용후의 기간으로 하지 않고, 구회사(전적전의 회사)에서의 기간을 통산한 3개월간에 대하여 평균임금을 산정"하는 것으로 되어 있다.[73]

그 밖에 정년퇴직후의 재고용에 대하여 통달은 형식적으로는 정년의 전후에 따라서 별개의 계약이 존재하고 있지만, 정년퇴직 후에도 계속하여 촉탁으로서 동일업무에 재고용된 경우에는 실질적으로는 하나의 계속된 근로관계라고 생각할 수 있다고 하여 산정사유 발생일 이전 3개월간을 산정기간으로 하여 평균임금을 산정하고 있다.[74] 하지만 이러한 행정해석은 근로계약관계가 일단 종료되었음에도 불구하고, 실질적으로는 하나의 계속된 근로관계라고 평가할 수 있는 경우에 한하여 본항이 적용될 수 있다고 하는 것이므로 다소 유의할 필요가 있다.

---

70) 大阪高判, 1954(昭29). 5. 31, 高等裁判所刑事判例集7-5-735.
71) 1948(昭23). 4. 22, 基收 1065호.
72) 厚生労働省労働基準局編, 「2010(平成22)年版 · 労働基準法(上)」, 労務行政, 2011, 182면.
73) 1952(昭27). 4. 21, 基收 1946호.
74) 1970(昭45). 1. 22, 基收 4464호. 정년퇴직 후에 재고용되는 경우에는 근로조건이 대폭적으로 변경되는 것이 일반적이라는 점에서 재고용후의 기간을 산정기간으로 하는 것이 합리적이라는 견해가 있다.

3. 평균임금 산정의 예외

(1) 상용근로자에 관한 특례

1) 시용기간 중

시용기간은 산정기간에서 공제된다(노동기준법 제12조 제3항 제4호). 이것은 시용기간이 끝나고 본채용이 된 후에 평균임금을 산정해야 하는 사유가 발생한 경우를 상정한 것이다. 그러나 만약 시용기간 중에도 평균임금을 산정해야 할 사유가 발생하는 경우, 제12조 제1항에서 제6항에 따라서도 산정할 수 없게 된다. 이러한 경우에 대비하여 해당(시용) 기간 중의 일수 및 이 기간 중의 임금에서 평균임금을 산정하는 것으로 되어 있다(노동기준법 시행규칙 제3조).

2) 공제기간이 3개월 이상에 이른 경우

제12조 제3항 각호의 공제기간이 과거 3개월 이상에 이른 경우나, 고용일에 산정사유가 발생한 경우에 원칙을 적용하면 산정기간이 없게 되므로 평균임금을 산정하는 것이 불가능하게 된다. 이 경우를 상정한 것이 노동기준법 시행규칙 제4조로 그 구체적인 내용은 도도부현 노동국장이 정하도록 하고 있다.

(a) 공제기간이 과거 3개월 이상에 걸친 경우

노동기준법 시행규칙 제4조 전단의 경우에 대해서는 노동기준법 제12조 제3항 제1호에서 제4호의 기간의 최초의 날로 평균임금을 산정해야 하는 사유가 발생한 날로 간주하는 것으로 되어 있다.[75]

(b) 고용당일의 경우

후단의 경우에 대해서도 "고용일에 평균임금을 산정해야 하는 사유가 발생한 경우, 해당 근로자에게 일정의 임금이 사전에 정해져 있는 경

75) 1947(昭22). 9. 13, 基発 17호.

우에는 그 금액에 의해 추산할 수 없는 경우에는 그 날에, 해당 사업장에서 동일한 업무에 종사한 근로자의 1인 평균의 임금에 의해서 추산하는 것”[76]으로 되어 있다. 그리고 신규졸업채용자의 자택대기에 대해서도 이에 따라서 평균임금의 금액을 산출하고 휴업수당을 지급해야 한다고 되어 있다.[77]

3) 사용자의 책임 없는 사유에 의한 휴업기간이 발생한 경우

이러한 경우에도 제12조 제1항에서 제6항에 따라서 산정했을 때에는 평균임금의 금액이 현저하게 타당성이 결여된 것이 되지 않을 수 없는 것으로서 그 산정이 도도부현 노동국장에게 위임되어 있다.[78] 그리고 이 경우에 대하여 앞에서 언급했던 1)의 통달이 준용되고 있다.[79]

4) 기타

이상, 노동기준법 시행규칙 제3조 및 제4호와 고시 제5호 제1조에 의해서도 아직 산정할 수 없는 경우에 대해서는 고시 제5호 제2조에 의해서 “후생노동성 노동기준국장이 정하는 바에 따른다”고 하여 포괄적으로 위임되어 있다. 또 이 ‘산정할 수 없다고 인정한 경우’란 노동기준법 제12조 제8항과 마찬가지로 단순히 산정이 불가능한 경우뿐만 아니라, 제1항에서 제6항에 의한 계산은 가능해도 그것에 의해서 산정하는 것이 현저하게 적당하지 못한 경우도 포함한다고 해석하는 것이 행정해석이다.[80] 고시 제5호 제2조에 대해서는 각 구체적인 사례에 대하여 수많은 통달이 제시되어 있다.

---

76) 1951(昭26). 3. 26, 基発 184호, 1958(昭33). 2. 13 基発 90호.

77) 1975(昭和50). 3. 24, 労働省労働基準局監督課長, 労働省労働基準局賃金福祉企画課長連盟内輸.

78) 厚生労働省労働基準局賃金時間課編著, 「改訂平均賃金の解説」, 労働調査会, 102면.

79) 1949(昭24). 4. 11, 基発 421호.

80) 厚生労働省労働基準局賃金時間課編著, 「改訂平均賃金の解説」, 労働調査会, 104면.

(2) 일용근로자의 평균임금

노동기준법 제12조 제7항은 일용근로자의 평균임금에 대하여 "그 종사하는 사업 또는 직업에 대하여 후생노동대신이 정하는 금액을 평균임금으로 한다"고 하여 상용근로자와는 구별하고 있다. 이것은 ① 일용근로자의 가동상태가 일반 근로자에 비교하여 고르지 못하고, 그 때문에 일반 상용근로자와 같은 산정방법에 따를 때에는 그 산정사유의 발생 시기에 따라서 평균임금액에 현저한 변동을 초래한 결과, 임금 그 자체의 취지에 반할 우려가 있을 것, ② 일용근로자는 본래 매일 그 근무처를 달리하는 것이 통례이고 과거의 장기간의 임금액 또는 근로일수를 조사하는 것이 어려운 경우가 많기 때문이라고 설명하고 있다.[81]

노동기준법 제12조 제7항에서 말하는 '매일 고용되는 자'의 의미에 대해서는 1일의 계약기간으로 고용되어 그 날에 한하여 그 근로계약이 종료하는 근로자로 그 계약이 매일 갱신되었다고 해도 당연히 매일 고용된 자로서의 성격을 바꾸는 것은 아니라고 하고 있다. 이에 대해서는 제12조 제7항의 규정에 따라 1963(昭38)년 노동성 고시 제52호가 규정하고 있다.

Ⅱ. 통상임금

1. 의 의

일본의 노동기준법에는 임금 및 평균임금에 대해서는 우리와 거의 대동소이한 규정을 두고 있으나, 할증임금의 산정기초가 되는 통상임금에 대해서는 우리와는 달리 별도로 정의규정을 어디에도 두고 있지 않다. 다만, 시간외 및 휴일 · 심야근로의 경우에 할증임금과 관련하여 노

81) 厚生労働省労働基準局賃金時間課編著, 「改訂平均賃金の解説」, 労働調査会, 2004, 185면.

동기준법 및 동법 시행규칙에서 '통상의 근로시간 또는 근로일의 임금(通常の勞働時間又は勞働日の賃金)' 이라는 표현을 사용하고 있을 뿐이다. 따라서 이러한 상이점에 대한 구체적인 검토 없이 일본에서 '통상임금'이라는 개념이 있다고 소개하고 있는 다수의 국내 문헌은 엄밀한 의미에서는 잘못된 개념을 사용하고 있다고도 볼 수 있다. 다만, 본절의 목적이 우리나라와 일본의 임금 개념을 비교하는 것에 있으므로, 우리나라의 법 개념을 빌려 이하에서는 '통상의 근로시간 또는 근로일의 임금'을 편의상 '통상임금'이라고 표기하였다.

일본에서의 통상임금에 관한 규정을 구체적으로 살펴보면, 우선 노동기준법 제37조 제1항은 시간외 근로 및 휴일근로에 대해 "통상의 근로시간 또는 노동일의 임금 계산액의 25% 이상 50% 이하의 범위 내에서 각각 정령으로 정한 비율 이상의 비율로 계산한 할증임금을 지불해야 한다"라고 규정하고 있으며, 심야근로에 대해서는 동조 제3항에서 "통상의 근로시간 임금 계산액의 25% 이상의 비율로 계산한 할증임금을 지불하여야 한다"고 규정하고 있다. 또한 시간외 및 휴일 · 심야근로의 산정과 관련하여 동법 시행규칙 제19조 제1항[82]에서도 관련 규정을 두고 있다.

이러한 법조문으로부터 알 수 있듯이, 할증임금 계산의 기초가 되는 임금은 '근로의 의무가 있는 통상의 근로시간(또는 근로일)의 임금'이다. 여기서 '통상의 근로시간'이라 함은 '당해 사업장에서 근로자가 근로의무를 지는 시간'을 의미하기 때문에, 이를 엄격하게 해석하지 않으면 아

82) 제19조제1항「법 제37조제1항(시간외 및 휴일 · 심야의 할증임금)의 규정에 의한 통상의 노동시간 또는 통상의 노동일의 임금의 계산액은 다음 각호의 금액에 법 제33조(재해 등에 의하여 임시로 필요가 있는 경우의 시간외 노동 등) 또는 법 제36조제1항(시간 외 및 휴일노동)의 규정에 의하여 연장된 노동시간 또는 휴일의 노동시간 또는 오후 10시부터 오전 5시(후생노동대신이 필요하다고 인정한 경우에는 그 정하는 지역 또는 기간에 대해서는 오후 11시부터 오전 6시)까지 노동시간수를 곱한 금액으로 한다.(이하 생략)」

니 된다. 따라서 예를 들어 당해 사업장의 소정근로시간이 법정근로시간을 초과하는 경우에는 법정근로시간이 통상의 근로시간이 된다. 또한 '통상의 근로일'이라 함은 '당해 사업장에서 근로자가 근로의무를 지는 근로일'을 의미하기 때문에 이 또한 엄격하게 해석하여야 한다. 따라서 취업규칙 등에서 휴일로 정하고 있는 일요일이나 축일 등은 원칙적으로 근로의 의무가 없는 날이므로 통상의 근로일에서 제외된다.[83) 노동기준법 제37조 제1항은 '시간외 근로'와 '휴일근로'라는 두 가지 근로에 대한 할증임금에 대해 규정하고 있다. 따라서 노동기준법은 '통상의 근로시간 또는 근로일의 임금'이라는 표현을 쓰고 있기는 하지만, 결국은 시간당 임금을 산출한 다음 이를 기초로 시간외 근로시간 및 휴일근로시간의 길이에 따라 할증임금액을 계산한다는 점에서는 다를 바 없다.

2. 통상임금의 개념

통상임금이란 ① '당해 근로에 대한 통상의 임금'이란 의미와 ② '할증임금을 지급해야할 근로(즉, 시간외 및 휴일 · 심야근로)가 심야가 아닌 소정근로시간 중에 이루어진 경우, 당해 근로에 대해 지급해야 할 임금'이라는 의미를 가진다. 여기서 '심야가 아닌'이란 심야근로의 경우에는 소정근로시간 중의 근로라 하더라도 25%의 할증임금을 지급해야 하므로 할증임금의 기초임금에 심야의 할증임금이 포함될 우려가 있으므로 특별히 '심야가 아닌 소정근로시간'이라는 표현을 하고 있는 것이다. 따라서 '심야가 아닌'이라는 표현을 문언에서 삭제하면, "통상임금이란 할증임금을 지급해야 할 근로가 소정근로시간 중에 이루어진 경우에 당해 근로에 대해 지급하기로 되어 있는 임금을 말한다"라고 정의할 수 있다.[84)]

83) 東京大学労働法研究会, 「注釈労働基準法(下巻)」, 有斐閣, 2004, 641면.
84) 厚生労働省労働基準局編, 「2010(平成22)年版 · 労働基準法(上)」, 労務行政, 2011, 511면, 清水和夫, "諸手当の割増賃金の算定基礎はこうする", 「勞務事情(No.1025)」, 2003. 2, 34면.

한편, 소정시간 외의 근로는 소정시간 중의 근로의 연장선에서 이루어지는 경우가 대부분이므로 양자의 근로의 내용이 다른 경우는 그렇게 많지가 않다. 따라서 예를 들어, 소정근로시간 중에는 '甲작업'에 종사하고 시간 외에는 '乙작업'에 종사하는 경우, 당해 시간 외 근로에 대한 '통상임금'이라 함은 乙작업에 대해 정하고 있는 임금이다. 따라서 할증임금을 지불해야할 시간에 소위 '특수작업'에 종사한 경우, 특수작업에 대한 소위 '특수작업수당'을 가산하여 지급하도록 되어 있는 때에는 그 특수작업수당도 당연히 통상임금에 포함된다.[85)]

이처럼 소정근로시간 내 및 소정근로시간 외의 근로가 동질인 경우, 위에서 정의한 기준에 비추어 보면 결국 '소정근로시간 중의 근로에 대해 지급하는 임금'이 통상임금이라고 할 수 있겠다. 가족수당 등의 경우에도 소정근로시간 중의 근로에 대해 지급되는 것이기 때문에 통상임금에 해당한다. 따라서 소정근로시간 중의 근로와 소정근로시간 외의 근로가 같은 경우에는 어떤 임금이 할증임금의 기초임금에 해당할지의 여부는, 우선 통상근로시간 중의 임금에 해당하는지의 여부를 판단한 다음, 이에 해당하지 않는 경우에는 할증임금의 기초에 포함시킬 필요가 없으며 이에 해당하는 경우에는 그 다음 단계인 가족수당 등 노동기준법에서 정하는 '7가지 제외임금(제외수당)'에 해당하는지의 여부를 판단할 필요가 있다.

3. 통상임금에 해당하지 않는 임금

노동기준법 제37조는 "통상의 근로시간의 임금으로서, 가족수당 등 7가지의 임금에 해당하지 않는 것은 할증임금의 계산 기초에 포함시켜야 한다"라고 규정하고 있다. 그리고 시간내 및 시간외 근로가 동일한 경우,

85) 1948(昭23). 11. 23, 基発 1681호.

'통상의 소정시간의 임금'이란 '소정근로시간 중의 근로에 대해 지급하기로 되어 있는 임금'이므로 기본급은 물론 가족수당, 주택수당, 직무수당 등 거의 대부분의 임금은 통상임금에 해당한다.

그러면 할증임금의 기초가 되는 통상임금에 해당하지 않는 임금으로는 어떠한 것이 있을까? 여기에 해당하는 것으로서는 시간외 · 휴일 · 심야근로에 대해 지급되는 임금, 일숙직수당, 연차유급휴가수당, 그리고 휴업수당 등과 같이 근로를 전제로 하지 않는 수당은 '통상의 근로시간에 대한 임금' 등이 통상임금에 해당하지 않는다. 이에 대해 보다 구체적으로 검토하면 다음과 같다.

(1) 시간외 · 휴일 · 심야근로에 대해 지급되는 임금

시간외 · 휴일 · 심야근로에 대해 지급되는 임금은 '소정근로시간의 근로에 대해 지급되는 임금'이 아니므로 통상임금에 해당되지 않고, 할증임금의 기초에도 포함되지 않게 된다. '심야'라고 하는 시간대에 근로한 것에 대한 임금(심야할증임금)도 통상임금에 해당하지 않으며, 심야근로에 대해 지급되는 임금은 처음부터 통상임금에서 제외된다.

(2) 일숙직수당

최근에는 거의 없어졌지만, 사무 · 관리부문의 근로자 등이 통상의 업무와는 달리 교대로 월 수회에 걸친 숙직근무, 월 1회의 일직근무를 함에 따라 지급되는 숙직수당 및 일직수당도 소정근로시간이 아닌 시간외에 이루어지는 일숙직 근무, 휴일에 이루어지는 일숙직 근무에 대해 지급하는 수당이므로 소정근로시간 중의 근로에 대해 지급되는 임금이 아니므로 통상임금에는 해당하지 않는다.

(3) 연차유급휴가수당 · 휴업수당 등

연차유급휴가의 임금(노동기준법 제39조) 및 사용자의 귀책사유에 의한 휴업의 경우에 지급되는 휴업수당(동조 제26조) 등은 원래 취업의무가 있는 소정근로시간 중에 일정한 이유에 의하여 근로를 할 수 없는 경우에 특별한 계산방식으로 본래의 임금에 대체하여 보장적으로 지급되는 임금이다. 다시 말해서, 연차유급휴가 및 휴업은 근로에 해당되지 않으므로 이들에 대한 임금, 수당은 근로에 종사하지 못한 것에 대한 특별보상에 해당하는 임금이다. 따라서 소정근로시간에 근로한 경우에 지급되는 임금이 아니므로, 통상임금에 해당하지 않는다. 물론, 연차유급휴가를 취득하지 않거나 또는 휴업을 하지 않고 근로에 종사할 경우, 근로계약상 지급하도록 되어 있는 임금은 소정근로시간에 근로에 종사한 것에 대해 지급되는 임금이므로 통상임금에 해당한다.

제3절 할증임금

Ⅰ. 할증임금의 의의

1. 취 지

(1) 할증임금의 규제

노동기준법 제37조는 시간외 · 휴일 · 심야근로를 하게 했을 때에는 그 시간수에 따라 할증임금을 지불해야 한다고 규정하고 있다. 동조문에 의하면 사용자가 시간외 · 휴일 · 심야근로를 시키는 만큼 통상의 임금에 그 시간수에 따른 금액의 할증임금을 추가하여 지불할 필요가 있다. 이러한 할증임금규제가 규정되어 있기 때문에 오늘날의 법규제 하에서는 "1개월의 급여는 고정적으로 ○○엔으로 한다. 시간외 · 휴일 · 심야근로를 해도 그 급여액은 일절 변동하지 않는다" 등의 순수한 월급제를 취하는 것은 노동기준법 제41조의 적용제외(이른바 관리감독자 등)를 제외하고, 노동기준법 제37조 위반이 된다.[86] 성과급제나 연봉제를 취했다고 해도 이상의 사항에 차이는 없다.

(2) 민법상의 규정과 제2차 세계대전 전 · 후의 노동법 규제

근로자와 사용자와의 고용계약에는 먼저 계약에 관한 일반법인 민법이 적용되지만, 민법은 고용계약에서의 '보수'의 종류나 금액에 대하여 특별히 제한을 두고 있지 않다(민법 제2장 제8절). 할증임금의 지불을 규정하는 조문도 없다. 즉 민법상은 시간외 · 휴일 · 심야근로에 할증임금을 지불할지의 여부는 계약마다 자유롭게 설정할 수 있는 것이라고 할 수 있다. 다음으로, 특별법인 노동법으로 시선을 돌리면, 제2차 세계대전 전에는 노동기준법의 전신이라고 할 수 있는 공장법(工場法), 상점법(商店法), 광업법(鉱業法) 등의 노동법규가 있었지만, 이러한 법률에는 할증임금규제를 정하는 조문을 두고 있지 않았다. 민간 기업에서는 사실상 시간외근로 등에 대하여 할증임금을 지급하는 제도가 실시되어 있었다고는 하지만, 그러한 제도는 법률에서 실시를 의무화한 것은 아니었다. 그 후, 패전 후인 1947(昭22)년, 헌법 제25조(생존권), 제27조 제2항(근로조건의 법정)에 따라서 노동기준법이 성립하였다. 이 노동기준법 제37조에 할증임금에 관한 조문이 규정되었다. 이에 따라서 일본에서 처음으로 할증임금규제가 창설되게 되었다. 이리하여 현재의 법규제 하에서는 노동기준법 제37조에 의하여 사용자는 시간외 · 휴일 · 심야근로에 할증임

86) 이에 가까운 제도를 취하기 위해서는, 후술하는 재량근로제나 할증임금의 고정지불을 준비할 필요가 있다.

금을 지불하는 것을 의무화하게 되었다. 이 조문은 강행법규이기 때문에, 취업규칙이나 계약서에 "할증임금을 지급하지 않는다"고 정해도 그 규정은 무효가 되며, 노동기준법 제13조 및 제37조에 의하여 할증임금의 지급의무가 부과된다.

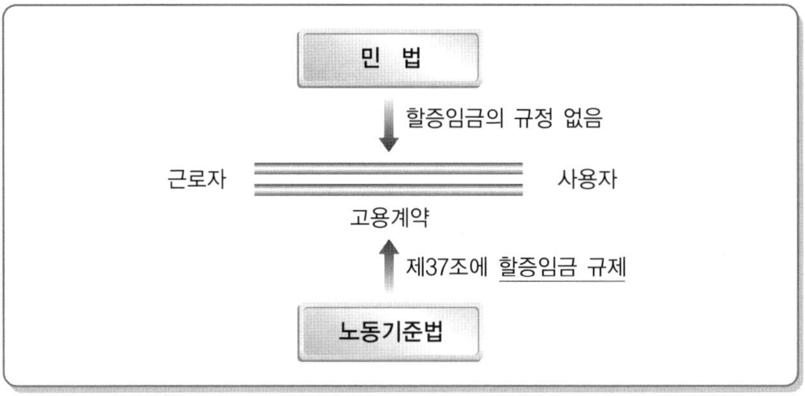

(3) 할증임금규제의 의미

노동기준법에 할증임금규제를 규정한 취지는 다음의 두 가지 사항에 있다고 할 수 있다. 첫째가 사용자에게 경제적 부담을 부여함으로써 시간외 · 휴일근로를 억제하고, 노동기준법 제32조 및 제35조의 법정근로시간제, 주휴제의 원칙을 유지할 것, 둘째는 부담을 동반하는 근로에 대하여 근로자에 대한 보상을 하게 하는 것이다.[87] 다만, 심야근로는 노동기준법 제32조 및 제35조의 법정근로시간제 · 주휴제의 원칙과는 관계가 없기 때문에 첫 번째 취지는 해당되지 않고,[88] 두 번째 취지(근로자에 대한 보상)에만 해당된다. 이러한 점에서 시간외 · 휴일근로의 할증임금과는 규제의 취지에 상이한 부분이 있다.

87) 심야근로는 두 번째 취지에만 해당된다.
88) 단, 심야할증임금도 심야근로를 억제하는 기능을 가진 것이라고 할 수 있다.

(4) 기업의 임금제도와의 관계

기업의 노동비용(근로자를 고용할 때 필요한 직접 · 간접의 비용)은 아래 그림과 같이 현금으로 지급되는 현금급여액과, 퇴직금 · 복리비 등의 현금급여 이외의 노동비용으로 나눌 수 있다. 현금급여액은 매월 정해져서 지급되는 급여와 상여 · 기말수당으로 나뉘고, 또 전자는 소정근로시간의 근무에 지불되는 소정내 급여(기본급 · 제수당)와 이것을 초과한 시간의 근무에 지불되는 소정외 급여로 나눌 수 있다. 그리고 다음 그림은 후생노동성 2011년 취로조건종합조사, 매월 일정액이 지불되는 급여와 상여 · 기말수당의 비율은 매월 근로통계조사(2010년 연보), 소정내 급여와 소정외 급여의 비율은 2011년 매월 근로통계조사를 참고한 것이다.

현물급여 가운데 소정내 급여와 상여 · 기말수당은 기업이 직능급이나 성과주의 등의 견해를 베이스로 임금제도의 방법이나 기준을 설계할 수 있다. 이에 대하여 소정외 급여는 노동기준법 제37조에서 계산방법이 강행법규로서 규정되어 있기 때문에, 기업이 이와 다른 제도를 정해도 법에 근거로 하는 금액에 충족되지 못하면 차액분의 할증임금은 지급해야 한다.

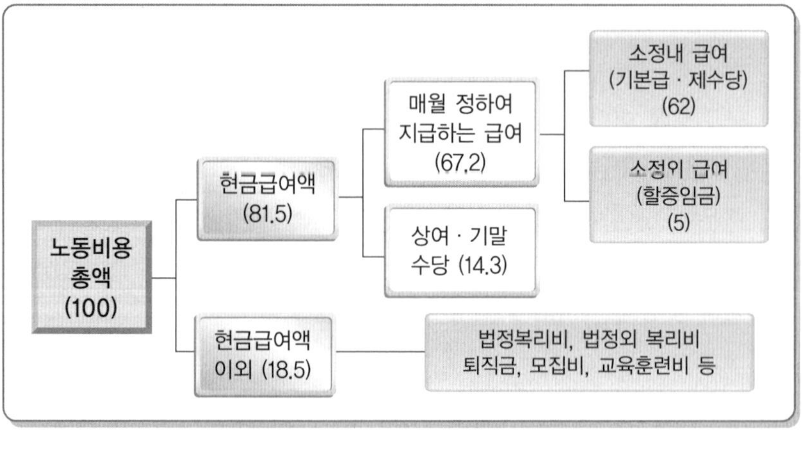

2. 노동기준법 제37조의 개요

(1) 노동기준법 제37조

할증임금이란 사용자가 근로자에게 ① 시간외근로, ② 휴일근로, ③ 심야근로를 시킬 때에 지급해야 하는 임금을 말한다. 그 근거는 노동기준법 제37조에 규정되어 있다. 동조 제1항은 시간외 · 휴일근로(①, ②)의 할증임금의 근거조문이다. 할증률은 '정령에서 정하는 비율'로 되어 있지만, 시간외근로에 대해서는 2할 5부, 휴일근로에 대해서는 3할 5부의 비율이 각각 정령(할증임금령)에 규정되어 있다. 또 동조 단서는 1개월 60시간을 초과하는 시간외근로의 할증률을 5할 이상으로 하고 있다.[89] 동조 제2항은 정령에서 할증률을 정하는 데 있어서 근로자의 복지, 시간외 · 휴일근로의 동향, 기타 사정을 고려한다고 하고 있다. 그 결과 할증임금령에 의해 상기의 할증률이 규정되어 있다는 것이 된다. 동조 제3항은 2010년 4월 1일에 시행된 개정에서 신설되었던 '대체휴가'에 대하여 규정하고 있다. 동조 제4항은 심야근로(③)의 할증임금의 근거조문이다. 할증률은 2할 5부 이상으로 되어 있다. 동조 제5항은 할증임금을 계산할 때의 기초가 되는 임금에서 제외해야 하는 것(제외임금)으로서 가족수당, 통근수당을 열거한 다음, 기타 제외임금은 후생노동성령(노동기준법 시행규칙 제21조)에서 규정하도록 하고 있다.

(2) 시간외 · 휴일 · 심야근로

다음으로 노동기준법 제37조에서 할증임금의 지급대상으로 여겨지는 ① 시간외근로, ② 휴일근로, ③ 심야근로의 의미에 대해 알아보기로 한다. 여기서 중요한 것은 할증임금의 대상은 법률상 규정된 '시간외근로', '휴일근로'로, 취업규칙 등에서 규정되는 것과는 반드시 일치하지

89) 2010년 4월 1일 시행의 개정에서 인상.

않다는 점이다.

1) 시간외근로

노동기준법 제32조는 사용자는 근로자를 1주간에 40시간을 초과하거나 또는 1일에 8시간을 초과하여 근로시켜서는 안 된다고 규정하고 있다.[90] 이렇게 노동기준법이 정하고 있는 1주간 또는 1일 근로시간수의 상한을 '법정근로시간'이라고 한다. 또한 노동기준법 제36조 제1항은 사용자가 근로자에게 법정근로시간을 초과하는 근로, 즉 '법정시간외 근로'를 시키기 위해서는 과반수 노동조합이 있는 경우에는 그 과반수 노동조합, 이러한 노동조합이 없는 경우는 근로자의 과반수를 대표하는 자와의 노사협정(이른바 '36협정')을 체결하여 이를 행정관청(소관 노동기준감독서장)에 신고해야 한다고 규정하고 있다(또 노동기준법 제36조 외 동법 제33조에 비상사유에 의한 시간외·휴일근로의 규정도 있다). 그리고 사용자가 근로자에게 법정시간외 근로를 시켰을 때에는 그 시간수에 따라 할증임금을 지급해야 한다고 규정하고 있는 것은 노동기준법 제37조 제1항이다. 사용자로 하여금 할증임금을 지급하도록 요구하고 있는 것은 노동기준법 제32조의 법정근로시간을 초과하는 부분(법정시간외 근로)이다.

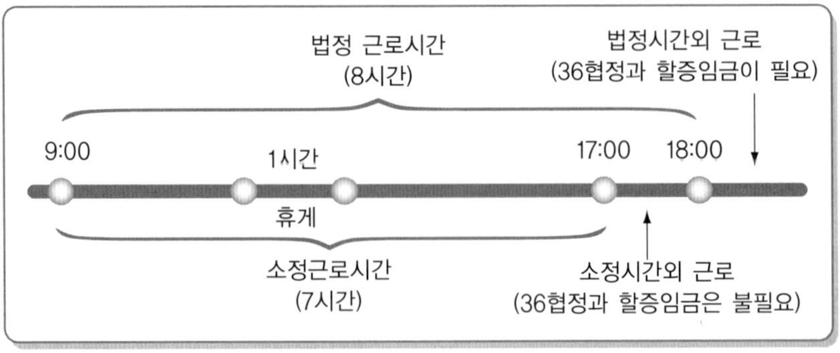

90) 예외로 상시 10인 미만의 근로자를 사용하는 상업, 영화연극업, 보건위생업, 접객업은 1주 44시간, 1일 8시간(노동기준법 제40조, 노동기준법 시행규칙 제25조의2).

이에 대하여 사용자가 취업규칙 등에서 정하고 있는 근무시간(시업시각에서 종업시각까지의 시간에서 휴게시간을 뺀 시간)을 '소정근로시간'이라고 하지만, 이를 초과하는 부분(소정시간외 근로)은 노동기준법상의 규제대상은 아니다. 따라서 소정시간외 근로는 1주 40시간을 초과하는 법정시간외 근로에 해당되지 않는 한, 36협정의 체결 · 신고나 할증임금 규제의 적용을 받지 않는다. 예를 들면, 소정근로시간이 7시간인 기업에서 7시간을 넘어 8시간 이하의 근로(소정시간외 근로)에 할증임금(0.25의 부분)을 지급하는지의 여부는 기업이 취업규칙 등에서 규정할 수 있는 사항이라고 할 수 있다. 다만, 소정시간외 근로에 대해서도 별단의 합의를 행하지 않는 한 통상의 근로시간의 임금을 지급할 필요가 있다.

2) 휴일근로

노동기준법 제35조 제1항 및 제2항은 사용자는 근로자에 대하여 1주간에 1일, 또는 4주간을 통하여 4일의 휴일을 제공해야 한다는 취지를 규정하고 있다(후자의 '변형주휴제'를 취하기 위해서는 취업규칙 등에서 단위가 되는 4주간의 기산일을 정할 필요가 있다). 동조에 근거로 하여 휴일을 의무적으로 부여해야 할 경우의 휴일을 '법정휴일'이라고 한다.

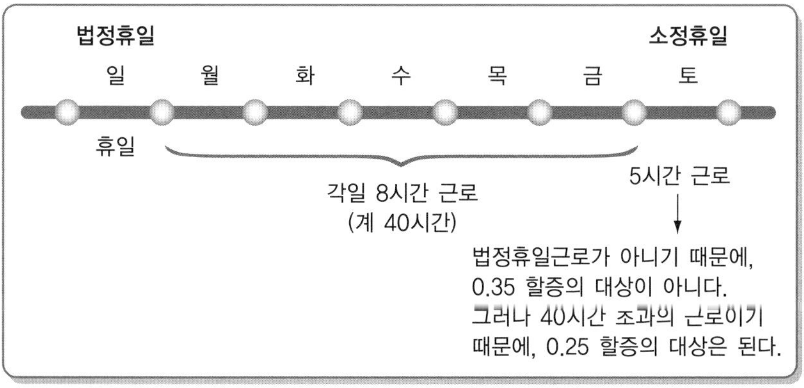

휴일근로에 대해서도 할증임금을 지급해야 하는 것은 법정휴일에 근로한 경우(법정휴일 근로)이다. 이에 대하여 법정휴일 외, 취업규칙 등에 의해 계약상 규정된 휴일을 '소정휴일'이라고 한다. 이 소정휴일에 근로한 경우(소정휴일 근로)에는 할증임금의 지급의무는 발생하지 않는다. 단, 소정휴일 근로를 한 결과 그 근로가 1주 40시간을 초과하는 법정시간외 근로에 해당하는 경우에는, 상기 1)의 시간외근로의 할증임금(0.25)을 지불할 필요가 있기 때문에 주의가 필요하다.[91]

3) 심야근로

'심야근로'란 오후 10시부터 오전 5시까지의 시간대에 근로하는 것을 말한다. 심야근로에 관해서는 시간외 · 휴일근로와 달리, 심야근로를 했을 때에 '36협정'의 체결 · 신고를 해야 한다는 등의 규제는 없다(노동기준법 제36조 참조). 한편, 노동기준법 제37조의 할증임금규제와의 관계에서는 심야근로를 시켰을 때에는 할증률 25% 이상의 할증임금을 지불해야 한다는 취지가 규정되어 있다(노동기준법 제37조 제4항).

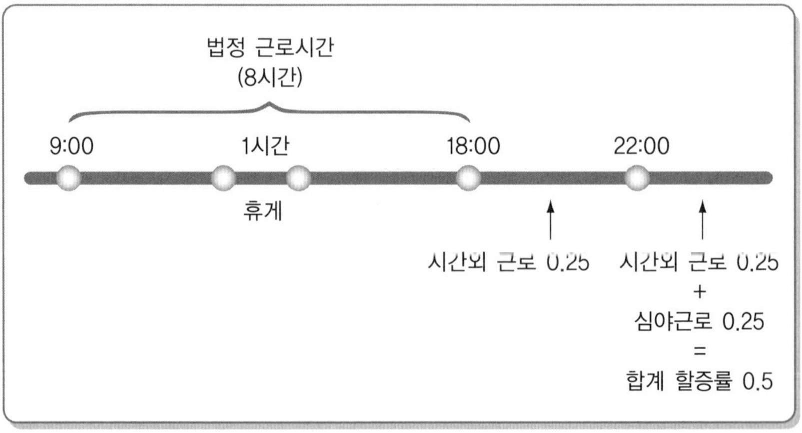

91) 1개월 60시간을 초과한 시간외근로가 될 때에는 할증률 50%.

주의를 필요로 하는 것은 심야근로의 할증임금은 노동기준법 제41조의 적용제외(이른바 관리감독자 등)에 해당하는 경우도 지급이 필요하다는 점이다.[92] 근로가 행해진 시간대에 착안하는 심야근로의 규제는 근로시간에 관한 노동기준법 중의 다른 규정과 취지목적이 다르며, 동법 제41조의 '제6장 및 제6장의 2에서 정하는 근로시간, 휴게 및 휴일에 관한 규정'에 포함되지 않는다고 해석하고 있기 때문이다. 이에 대하여, 상기 1) 및 2)의 시간외 · 휴일근로의 할증임금은 동법 제41조에 해당하는 근로자에 대한 지급의무가 없다. 또한 노동기준법 제37조 제4항은 심야시간대에 대하여 '후생노동대신이 필요하다고 인정하는 경우에는 그 규정하는 지역 또는 기간에 대해서는 오후 11시부터 오후 6시'로 하고 있지만, 이를 근거로 하여 지역 또는 시간의 지정이 행해진 적은 없다.

(3) 시간외 · 휴일 · 심야근로의 할증률

노동기준법은 할증률에 대해 각각 다음과 같이 규정하고 있다(동법 제37조 제1항 및 제4항, 할증임금령). 2010년 4월 1일 시행된 노동기준법 개정에 의해, 1개월 60시간을 초과하는 시간외근로의 할증률의 인상이 이루어졌다. 이 할증률 인상은 당분간 중소사업주의 사업에 대해서는 적용되지 않는다(노동기준법 제138조). 언제까지 유예될지에 대해서는 일본정부는 2013년 3월 31일을 경과한 시점에서 검토한 뒤, 필요한 조치를 강구하도록 하고 있다.

92) ことぶき事件－最二小判 2009(平21). 12. 18, 労判 1000-5.

구 분	통상근로시간 또는 근로일의 임금의 계산액의
시간외근로	25% 이상
1개월 60시간을 초과한 시간외근로	50% 이상
휴일근로	35% 이상
심야근로	25% 이상

시간외 · 휴일 · 심야근로가 중첩된 경우(예: 휴일에 8시간을 초과한 근로)의 할증률은 다음과 같다.

구 분	통상근로시간 또는 근로일의 임금의 계산액의
휴일근로+시간외근로	35% 이상
시간외근로+심야근로	50% 이상 (25% + 25%)
1개월 60시간을 초과한 시간외근로+심야근로	75% 이상 (50% + 25%)
휴일근로+심야근로	60% 이상 (35% + 25%)

상기는 휴일근로와 시간외근로가 중첩된 경우는 휴일근로의 할증률(35% 이상)만이 적용되고, 그 이외의 경우는 각각 할증률이 가산되는 것을 의미한다. '휴일근로+시간외근로'의 경우에 할증률이 가산되지 않는 것은 후술하는 것처럼 양자의 규제의 취지가 비슷하고 할증원인이 같은 성질의 것이기 때문에 높은 쪽의 할증률이 적용한다고 설명되어 있다. 이에 비해 시간외 · 휴일근로가 심야의 시간대에 행해진 경우는 할증률이 가산된다(노동기준법 시행규칙 제20조). 이것은 심야근로가 근로하는 시간의 위치(시간대)에 착안한 규제로 법정근로시간 규제 · 주휴제의 원칙에 근거로 하는 시간외 · 휴일근로와는 할증원인이 다르기 때문이라고 해석하고 있다.

(4) 노동기준법 제37조에 근거로 하는 할증임금은 100% 부분을 포함하는가?

1) 125%설과 25%설

시간외근로를 실제로 계산할 때에 마지막에 곱하는 비율은 125%(1.25)이다.[93] 예를 들면, 기초임금 2,000엔의 경우 시간외근로 1시간분의 임금액은 2,000엔×1시간×1.25=2500엔이 된다(휴일근로라면 1.35). 한편, (3)에서 살펴보았듯이, 노동기준법 제37조에 근거로 하는 할증률은 시간외근로가 25%(0.25), 휴일근로가 35%(0.35)이다.

양자의 차인 100% 부분의 법적근거가 무엇인지는 노동기준법 제37조에서 말하는 '할증임금'의 범위를 어떻게 해석하는지에 관련된다. 이 점에 관해서는 ① 100% 부분을 포함하는 125%가 노동기준법 제37조에 근거로 하여 지급이 의무화된다는 견해(125%설)와, ② 노동기준법 제37조에 근거로 하여 지급을 의무화하고 있는 것은 할증부분의 25%만으로 하는 견해(25%설)로 나누어진다. '125%설'에 의하면 100% 부분도 포함하여 노동기준법 제37조에 근거로 하는 할증임금이고, '25%설'에 의하면 100% 부분은 노동기준법 제37조가 아니라 동법 제24조에 의하여 지불이 보장되는 통상임금이 된다.

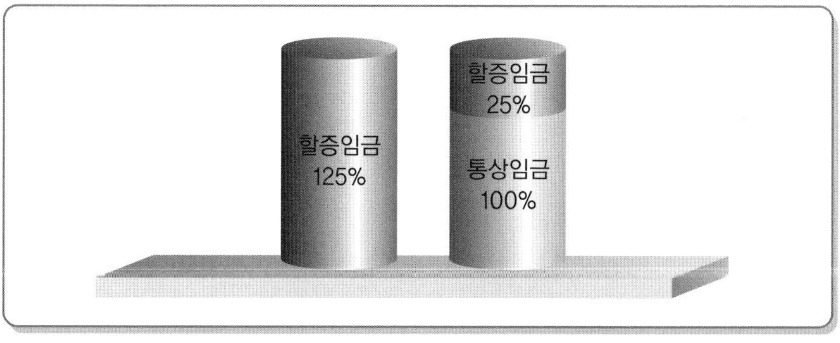

93) 다만, 취업규칙 등에서 그 이상의 비율을 정하고 있는 경우는 그 비율.

2) 어떻게 생각해야 하는가?

행정통칙은 "제37조가 할증임금의 지불을 규정하고 있는 것은 당연히 통상의 근로시간에 대한 임금을 지불해야 한다는 것을 전제로 하는 것이다"고 하여 125%설을 취하고 있다. 판례에도 125%설을 전제로 하는 것이 존재한다.[94]

그러나 (3)에서도 볼 수 있듯이, 노동기준법 제37조의 문언은 '2할 5부…의 비율로 계산한 할증임금'으로 하고 있으며, 25% 부분의 지급의무만을 정하고 있다. 문언을 있는 그대로 해석하면 ②의 25%설이 타당하다고 할 수 있다. 또 이 견해에 따르면, 25%밖에 요구되지 않는 것이 명확한 성과급제(노동기준법 시행규칙 제19조 제1항 제6호)를 정합적으로 해석하는 것이 가능하다. 학설에서는 25%설을 취하는 것이 유력하다.[95]

125%설과 25%설의 어느 것을 취하는지에 따라서, 노동기준법 제37조 위반이 성립하는 범위가 다르다. 예를 들면, 노동기준법 제114조에 근거로 하는 부가금의 금액에 대하여 현재의 재판실무에서는 125%를 베이스로 정하는 것이 일반적이지만, 25%설에 따르면 100% 부분에는 노동기준법 제37조 위반이 성립되지 않기 때문에 부가금 지급의 대상이 되지 않는다고 생각된다. 재판실무가 상기의 논의를 바탕으로 한 뒤 이러한 취급을 하고 있는지는 의문이고, 125%의 부가금의 지불을 요구하는 원고측의 소장을 추인하고 있는 인상도 받는 부분이다.

(5) 근무밀도가 낮은 시간의 할증임금액

할증임금의 산정기초가 되는 통상임금으로는 그 근로에 있어서 통상의 임금이라는 의미가 있다. 따라서 어느 특정한 작업에 대하여 부가적으로 수당이 지급되는 계약내용의 경우[96]에서 그 작업이 법정시간외에

---

94) 藤香田事件=広島高判, 1950(昭25). 9. 8, 刑事裁判資料 55-636.
95) 東京大学労働法研究会編, 「注釈労働時間法」, 有斐閣, 1990, 491면.

미칠 때, 그러한 부가적 수당도 통상임금에 산입된다.[97] 근무밀도가 낮은 시간에 대하여 다른 임금액의 규정을 하고 있는 경우에 관해서도 비슷하게 해석된다. 예를 들면, 1시간당의 임금액이 원칙적으로 2,000엔으로 규정되어 있지만, 연수시간에 대해서는 근무밀도가 낮은 것을 고려하여 1시간당 1,000엔으로 하는 취지의 별단의 합의가 계약상 정해져 있는 경우에, 연수시간이 법정시간외에 미칠 때에는 할증임금의 산정기반이 되는 통상임금은 어디까지나 그 근무실태에 입각하여 설정된 1,000엔이 된다.

그러나 이렇게 근무밀도가 낮은 시간에 관한 임금액을 설정하는 데 있어서는 최저임금법에 위반되는 경우가 없도록 유의할 필요가 있다. 또 최저임금을 상회하고 있어도 다른 근무밀도와 비교하여 금액이 부당하게 낮은 경우에는 공서양속에 위반하는 것으로서 그 금액설정이 무효가 될 가능성도 있다(민법 제90조). 따라서 이러한 별단의 합의를 할 때에는 금액이 근무밀도에 알맞은 것이라고 할 수 있는가라는 관점에서의 검증도 필요하게 된다.

---

96) 예를 들면, 특수작업이나 위험작업에 종사하면 '특수작업수당'이나 '위험작업수당'이 지급되는 경우.

97) 1948(昭23). 11. 22, 基発 1681호.

Ⅱ. 할증임금의 산정

1. 할증임금이 지급되는 시간

(1) 서론

사례

X사의 시업 및 종업시각은 오전 9시~오후 6시(휴게 1시간)이다. X사에서는 매주 월요일에 시업의 30분전(오전 8시 30분)부터 사내의 전체 미팅을 하는 것으로 되어 있다. X사의 사원은 회사의 지시를 바탕으로 하여, 매주 월요일은 오전 8시 30분까지 출근하고 있었다.

제1항에서 살펴보았듯이, 노동기준법 제37조가 할증임금을 지급하도록 규정하고 있는 것은 ① 시간외근로, ② 휴일근로, ③ 심야근로의 3종류이다. 그러나 시간외 · 휴일 · 심야에 어떠한 활동을 했다고 해도 즉시 할증임금의 지급대상이 된다고는 한정되지 않고 전제로서 그 활동이 노동기준법 제32조의 '근로시간'일 필요가 있다. 상기 사례에서 오전 8시 30분부터 오전 9시까지의 미팅은 소정시간외에 행해지고 있다. 따라서 이 30분이 '근로시간'에 해당하면, 지각이나 조퇴가 없는 한, 1일 8시간을 초과하는 법정시간외 근로가 되어 할증임금을 지급할 필요가 있다. 그래서 원래 '근로시간'이 의미하는 바는 무엇인가, 상기 사례의 30분간은 '근로시간'에 해당하는가라는 점이 문제가 된다.

(2) 노동기준법 제32조의 근로시간의 판단방법

1) 최고재판소 판례의 정식

근로시간이란 무엇인가라는 의문을 가지고 노동기준법 제32조를 살펴보아도, 단순히 '근로'라고 표현하고 있는 것만으로 구체적으로 어떠한 활동이 이에 해당되며 또는 해당되지 않는지는 분명하지 않다. 그러나 노동기준법 제32조의 근로시간의 의의에 관해서는 1998년과 2007년 사이에 세 종류의 최고재판소 판결이 나오면서 실무상의 해석지침이 되는 기준을 제시하고 있다. 최고재판소의 기준을 도표로 나타내면 다음과 같다. 이하에서는 이 도표를 바탕으로 최고재판소 판결에서 제시한 '근로시간'의 견해에 대하여 설명한다.

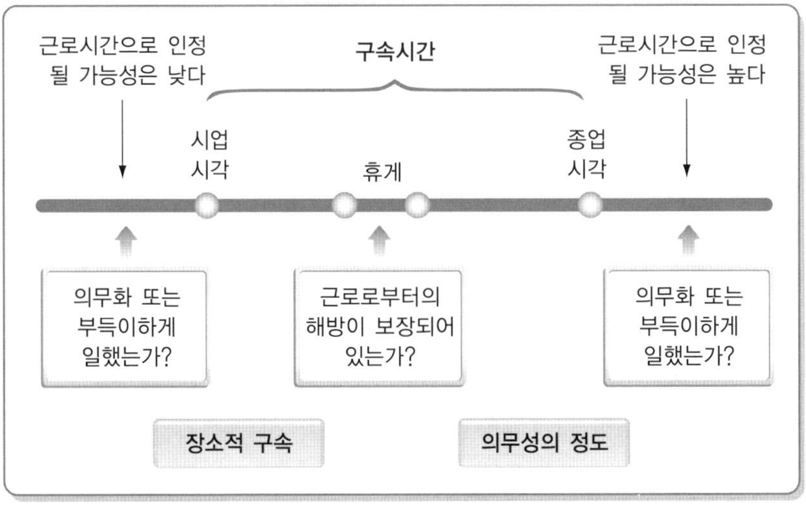

2) 구속시간의 내 · 외로 기준이 달라진다

먼저, 근로시간성의 판단기준은 문제가 되고 있는 것이 구속시간의 '내측'의 활동인지, '외측'의 활동인지에 따라서 달라진다. 구속시간이란 시업시각에서 종업시각까지의 시간(소정근로시간에 휴게시간을 더한 시간)을 말한다.

첫째로, 구속시간의 '외측'은 원래 사용자의 지휘명령 하에 놓여 있지 않는 시간이다. 따라서 근로시간이라고 평가되는 것은 사용자로부터 업무 등의 의무화(지시)가 별도 이루어진 경우이다. 또는 사용자의 의무화(지시)가 없어도 업무 등에 부득이하게 종사하게 되는 경우, 즉 업무 등을 행하지 않는 것에 따른 불이익이나 불편함(징계처분이나 인사상의 불이익 취급 등) 때문에 해당업무 등에 종사하지 않을 수 없는 경우도 근로시간에 해당한다. 이에 대하여 근로자가 이러한 의무화나 불이익에 의하지 않고, 자발적으로 일찍 와서 업무를 행하여도 그것은 근로시간이라고는 평가되지 않는다. 이상은「미츠비시 중공업 나가사키 조선소 사건(三菱重工業長崎造船所事件)」[98]의 판례 취지에서 도출된 내용이다. 또 휴일도 본래 근로할 의무가 부과되어 있지 않기 때문에 구속시간의 외측으로서 유사하게 다루어진다.

둘째로 구속시간의 '내측'은 사용자의 지휘명령 하에 놓여져 있다는 것이 원칙이다. 따라서 사용자의 의무화 등이 별도로 있었는지를 보는 것이 아니라, 그 전제로서 어떤 지휘명령하의 상태에서 해방되는 것이 보장되어 있는가라는 관점에서 평가된다. 따라서 휴게실 등에서 쉬고 있어도 업무대응의 필요가 발생했을 때에 업무를 해야 한다면 근로로부터의 해방이 보장되어 있다고는 할 수 없기 때문에 근로시간에 해당될 가능성이 있다.[99]

3) 장소적 구속의 유무, 업무성의 정도

이상의 사항 외에도 장소적 구속의 유무, 업무성의 정도 등의 요소도 근로시간을 판단할 때의 고려대상이 된다.

첫째, '장소적 구속'이란 그 행동을 특정 장소에서 행해야 한다는 제약이 부과되어 있는가라는 문제이다. 2000년의「미츠비시 중공업 나가사키 조선소 사건」판결에서는 보호구를 소정의 탈의실에서 탈착해야 한

98) 三菱重工業長崎造船所事件-最一小判, 2000(平12). 3. 9, 勞判 778-11.
99) 이러한 점은「다이세이빌딩 관리 사건」의 판례 취지에서 도출된 내용이다. 大星ビル管理事件-最一小判, 2002(平14). 2. 28 勞判 822-5.

다는 제약(장소적 구속)이 있는 것이 탈착시간의 근로시간성을 인정할 때의 전제로 여겨지고 있다. 이에 대하여 자동차로 통근하는 은행의 여성사원 등 자택에서 제복을 입고 오는 것이 가능하고, 사내의 탈의실에서 옷을 갈아입도록 요구받고 있지 않은 경우는 장소적 구속의 요소가 없기 때문에 제복을 갈아입는 시간은 '근로시간'에 해당되지 않는다. 시업시간 전, 종업시간 후에 행해진 옷을 갈아입는 시간은 그것이 사내에서 이루어졌다고 해도 장소적 구속의 요소가 없는 이상 할증임금의 지급대상은 해당되지 않는다. 둘째, 업무성이란 문제가 되고 있는 활동내용이 업무적인 것이라고 할 수 있는가라는 문제이다. 예를 들면, 직장의 회식은 업무성이 거의 없는 활동이다. 따라서 상사로부터 "이번 술자리에 반드시 나와라"고 듣거나, 직장 내에서 참가해야 하는 분위기가 있었다는 정도로는 근로시간에 해당되는 것은 아니다.

4) 시업(始業)시각 전인가? 종업시간 후인가?

시업시각 전과 종업시간 후에는 근로시간으로 평가될 가능성의 정도가 다르다. 시업시각 전에 업무활동을 한 경우, 이 날은 아직 한 번도 사용자의 지휘명령 하에 놓여 있지 않은 가운데 종업원이 출근하여 업무 등을 행한 것이 된다. 이 경우, 시업시각 전에 출근한 시간은 기본적으로 종업원의 자주적인 활동이라고 생각되기 때문에, 즉시 사용자의 지휘명령에 근거로 하는 것으로서 근로시간이라고 인정되는 것은 아니다. 이렇게 일찍 출근하여 한 활동에 대하여 사용자의 의무화 또는 부득이하게 이루어졌다고 할 수 있는 상황에 있었는지를 살펴볼 필요가 있다.

이에 대하여 종업시각 후의 경우, 종업원은 시업종업시각의 틀 내에서 일단 사용자의 지휘명령에 놓이고, 그 연장선상에서 업무활동을 한 것으로 된다. 따라서 종업시각 후에도 업무를 계속하고 있는 경우, 그것은 원칙적으로 사용자의 지휘명령하의 행동의 연장에 있는 것이라고 평가되어 적어도 묵시적 의무화(명령)에 따른 근로시간의 존재가 인정될 가능성이 높다고 할 수 있다. 이러한 경우에는 사용자측에서 '오늘은 그만 퇴근하도록' 하라고 명시적으로 지시해야 한다. 그럼에도 불구하고 그 날에 그 업무를 할 필요가 없는데 잔업을 했다고 해도 그것은 이미 사용자의 지휘명령하의 활동이라고는 할 수 없게 되기 때문에, 이러한 지시를 한 뒤의 시간은 근로시간이 되지 않고 할증임금의 지급대상도 되지 않는다.

5) 사례에 대하여

이상 언급한 바를 전제로, 앞의 사례를 다시 한 번 살펴보자. 30분간의 전체 미팅은 시업시간 전, 즉 구속시간의 '외측'의 활동이다. 따라서 미팅에 대한 참가에 대하여 사용자의 의무화(명령)가 있었는가, 또는 참가하지 않으면 징계 등의 불이익이 있기 때문에 어쩔 수 없이 참가했었는가라는 기준에 따라 근로시간에 해당하는지 판단을 해야 한다. 사례의 사안에 의하면, 시업 전 30분간의 미팅에 참가하는 것을 회사가 명확히 지시한 사실이 인정된다. 이러한 지시는 사용자의 의무화(명시의 명령)로 평가되는 것이다. 이렇게 사용자의 의무화가 존재하는 점에서 미팅에 필요한 30분은 노동기준법 제32조의 '근로시간'에 해당된다고 해석된다. 따라서 그 날의 법정시간외 근로 30분간에 대하여 할증임금의 지급의무가 X사에 있다는 것이 된다.

(3) 근로시간을 둘러싼 여러 사례의 검토

다음으로, 상기 (2)에서 살펴보았던 견해를 바탕으로 근로시간에 관한 사례를 세 가지 정도 검토하고자 한다.

1) 대기시간

사례 1

X사의 사원은 점심시간에 당번제로 전화응답 담당을 맡게 되어 있다. 당번이 된 사원은 점심시간 중에 자신의 책상에서 신문을 읽거나 도시락을 먹거나 해도 좋지만, 전화가 울리는 경우에는 이에 대응하도록 회사로부터 지시를 받고 있었다.

이 경우, 실제로 전화대응을 한 시간이 근로시간이 되는 것은 당연하다고 하여 전화당번을 지시받은 점심휴게의 시간 전체가 근로시간이 되는지가 문제가 된다. 근로로부터 해방이 보장되고 있는지가 문제가 되지만, 전화당번인 사원은 전화가 울린 경우에는 전화대응을 하도록 지시받고 있으며, 전화가 울려도 무시하고 신문을 계속 읽고 있어도 좋다는 것은 아니기 때문에 근로로부터의 해방이 보장되고 있다고는 할 수 없다. 따라서 점심휴게시간 전체가 근로시간이 되고, 그 결과 1일의 근로시간이 8시간을 초과하는 경우에는 할증임금을 지급할 필요가 있다. 할증임금의 발생을 피한다고 하면, 어디까지 전화대응의 필요가 없는 자유로운 휴게를 보장해야 한다는 것이다. 또 이 경우, 그 사원에게는 점심휴게의 시간을 제공하고 있지 않다는 것이 되기 때문에 노동기준법 제34조의 휴게규정에 위반할 가능성이 있다. 이 때문에 동조에 위반하지 않도록 전화당번인 사원에게는 별도 휴게를 부여할 필요가 있다. 아울러 다른 사원과는 별도의 시간에 휴게를 취하게 되기 때문에 노동기준법 시행규칙 제31조의 예외사업에 해당되지 않는 한, 노동기준법 제34조 제2항 본문의 일제휴게와의 관계에서 동조 단서의 노사협정을 체결해 둘 필요가 있다.

2) 교육 · 연수

사례 2

X사는 신입사원을 대상으로 하여 종업시각 후의 2시간을 사용하여, 신입연수를 실시하고 있다. 신입사원은 연수에 참가하도록 지시를 받고 있으며 만약 결석을 하면, 인사고과에 불리하게 고려될 가능성이 있다.

이 연수는 구속시간의 의무화 또는 어쩔 수 없이 하게 되었다고 할 수 있는지가 문제가 된다. 사례의 신입사원은 회사로부터 참가지시를 받고 있으며, 또 결석하면 불이익을 받게 될 가능성이 있기 때문에 의무화도 어쩔 수 없이 하게 되었다고 할 수 있는 상황도 인정된다. 따라서 연수의 2시간은 근로시간에 해당된다고 평가된다. 그 결과, 연수가 1일 8시간을 초과하는 법정 근로시간에 이른다고 한다면 그 시간에 대하여 할증임금을 지급할 필요가 있다. 소정내 급여와의 별도로 할증임금을 지급하고 싶지 않는 경우에는 연수시간을 소정근로시간 내로 옮겨 실시해야 한다. 또는 소정근로시간 외에서의 연수에 관하여 통상임금과는 다른 임금액을 설정하는 합의를 하는 것도 생각할 수 있다. 이에 대하여 연수가 자유참가로 결석해도 특별히 불이익이 없는 경우에는 연수내용이 업무에 관련되는 것이라고 해도 의무화 등이 없는 이상 근로시간에는 해당되지 않는다. 행정통달에서도 "근로자가 사용자가 실시하는 교육에 참가하는 것에 대하여, 취업규칙상의 제재 등의 불이익 취급에 의한 출석의 강제가 없고 자유참가라고 하면, 시간외근로가 되지 않는다"[100]고 되어 있다.

---

100) 1951(昭26). 1. 20, 基収 2875호, 1988(昭63). 3. 14, 基発 150호 · 婦発 47호.

3) 이동시간

사례 3

영업사원 Y는 사이타마현 지역 담당으로서 지역 내의 고객을 대상으로 외근영업을 하고 있다. Y는 어느 날, 오전 7시에 자택을 나와서 현내 A시의 거래처에 직행하여 오전 9시에 거래처에 도착하여 영업활동을 했다. 그 후, 오후 1시에 그곳을 출발하여 오후 3시에 이번에는 현내 B시의 거래처에 도착, 영업활동을 했다.

이 경우, ① 오전 7시~오전 9시의 직행시간, ② 오후 1시~오후 3시의 이동시간이 근로시간에 해당하는 것일까?

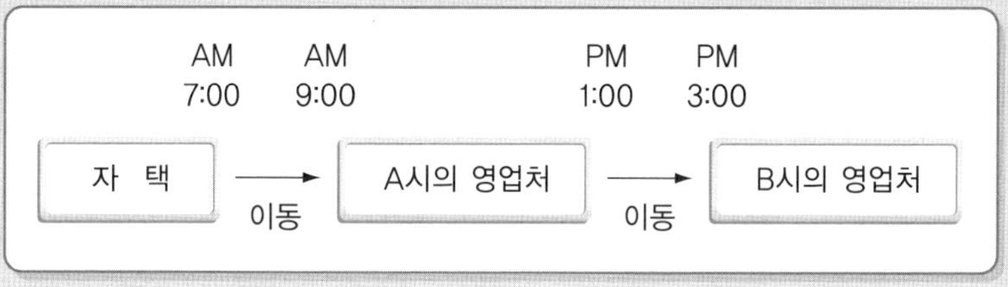

상기는 이동시간의 문제이지만 통근시간, 즉 자택에서 근무장소까지의 이동시간에 관해서는 이동 중에 귀중품의 감시 등 특단의 지시(의무화 등)를 받고 있지 않는 한, 근로시간에 해당되지 않는다고 여겨지고 있다.[101] 사례의 영업사원 Y의 근무장소는 근로시간의 판단과의 관계에서는 사이타마현 지역이 여기에 해당된다고 해석된다. 그 때문에, ①의 직행시간은 자택에서 근무장소까지의 이동시간, 즉 통근시간과 비슷한 것이라고 파악할 수 있다. 따라서 ①의 직행시간은 이동 중에 특단의 지시를 받고 있지 않는 한, 근로시간에 해당되는 것은 아니다. 아침에 일찍 나와서 직행했다고 해도, 할증임금의 지급할 필요는 없다. 이 점은 현지퇴근[直歸]시간에 대해서도 마찬가지이다.

101) 1948(昭23). 3. 17, 基発 461호, 1958(昭33). 2. 13, 基発 90호 참조.

한편, ②의 이동시간은 근무장소로부터 근무장소로의 이동이기 때문에 통근시간과는 다르다. 이 때문에 근로로부터의 해방이 보장되어 있는지가 문제가 된다. 거래처에서 거래처로의 이동 중, 사원은 바로 다음 거래처로 향하는 것이 요구된다. 통근도중이라면 가는 도중에 보육원에 자녀를 맡기러 가거나 병원의 아침진료를 받기 위해 들리는 것도 가능하지만, 근무시간 중이기 때문에 그러한 자유는 인정되지 않는다. 따라서 근로로부터의 해방이 보장받고 있다고는 할 수 없고, ②는 근로시간에 해당된다고 평가되며, 이동 중에 업무이탈시간이 인정되면 그 시간분은 근로시간에서 공제된다. 이렇게 이동시간은 자택과 근무장소와의 이동과 근무장소 간의 이동의 경우로 견해가 나뉘어져 왔다.

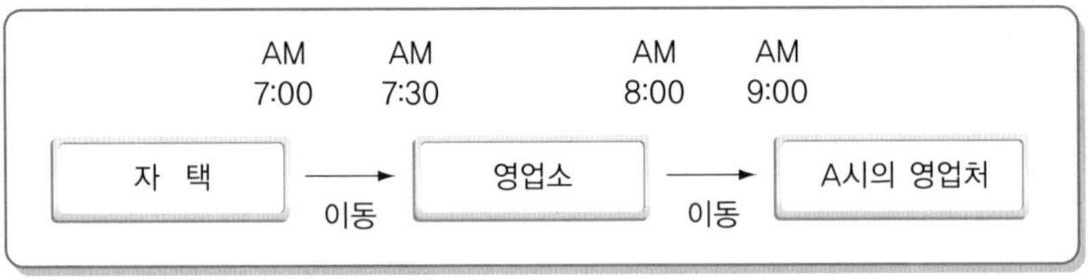

여기서 말하는 근무장소에는 회사의 영업소도 포함된다. 이 때문에 거래처에 직행하는 것이 아니라, 일단 회사의 영업소에 들러 영업소에서 업무연락이나 업무작업을 한 뒤에 거래처로 가도록 명시적으로 지시를 받고 있는 경우, 자택에서 영업소까지의 이동(오전 7:00~7:30)은 통근시간이 된다. 하지만 영업소로부터 A시의 거래처까지의 이동(오전 8:00~9:00)은 근무장소 간의 이동이 된다(상기 그림 참조). 이 근무장소 간의 이동은 소정근로시간 외로, 통상적으로는 구속시간의 '외측'의 문제이지만, 본건에서는 거래처에 들러 업무연락이나 업무작업을 하도록 지시가 명시적으로 되어 있기 때문에 이 단계에서 일단 회사의 지휘명령 하에 있었던 것으로 생각할 수 있다. 따라서 그 후의 이동시간(AM 8:00~AM 9:00)은 상기 ②와 마찬가지로 구속시간의 '내측'의 문제로 파악된다. 그렇게 하면 이동 중에 업무로부터 이탈하여 다른 장소에 들러도 좋다고 한 자유가 없는 한, 오전 8:00~9:00의 이동은 '근로시간'으로 평가되어 1시간분의 할증임금이 발생할 가능성이 있다.

이렇게 시간대로서는 소정근로시간의 '외측'이라고 해도 회사의 지시 등에 따라 지휘명령 하에 있었다고 인정되는 경우는 구속시간의 '내측'이라고 파악하는 것은 「오오바야시 퍼실리티즈(오크빌서비스) 사건(大林ファシリティーズ(オークビルサービス)事件)」[102]에서 취해진 견해이다. 다만, 동판결은 업무매뉴얼에 소정근로시간 외에도 일정한 근로를 하도록 지시가 명시되어 있었기 때문에 그렇게 인정되었던 사안이었고, 일회적인 지시가 이루어진 경우에도 동판결과 비슷하게 해석될 수 있을지에 대해서는 다소 의문이 있다. 그러나 일회적이라도 할지라도 본건과 같이 명시적인 지시가 있는 사안은, 구속시간의 '내측'으로 파악한 뒤 할증임금의 발생이 있었다고 여겨질 리스크는 부정할 수 없다. 이러한 점에 비추어볼 때, 할증임금 코스트를 발생하지 않도록 하고 싶은 경우에는 영업소에 들리는 것을 의무화하는 것이 아니라, 상기 ①과 같이 출퇴근의 자유를 인정하는 취급을 해야 하는 것이다.

---

102) 大林ファシリティーズ(オークビルサービス)事件－最二小判 2007(平19). 10. 19, 労判 946-31.

2. 할증임금액의 계산방법

(1) 서론

사 례

Y는 어떤 근무일에, 시업시각인 오전 9시부터, 1시간의 휴게를 끼고 오후 11시까지 근무를 했다. 또 Y는 법정휴일에 5시간의 근무를 했다. Y의 그 해의 소정근로일수는 240일, 1일의 소정근로시간은 8시간이다. 이상의 근로에 대하여 Y에게 지급해야 하는 할증임금의 금액은 어떻게 계산되는 것일까?

할증임금의 계산방법은 노동기준법 제37조 및 노동기준법 시행규칙 제19조에서 제21조에 걸쳐 규정하고 있다. 노동기준법의 규정과는 다른 계산을 하여 그 결과 지급한 할증임금의 금액이 노동기준법의 계산방법에 근거로 하는 금액을 하회하면 그 만큼의 미지급이 발생하게 된다. 계산방법이 달라도, 지급액이 결과적으로 법소정의 계산으로 도출된 금액을 상회하고 있다면 노동기준법 제37조 위반이 되지 않는다. 그러나 금액의 부족이 발생하고 있다면 동조 위반이 되기 때문에 미지급으로 인한 잠재적인 리스크를 피하기 위해서도 이러한 점에 대한 바람직한 이해가 중요하다고 할 수 있다. 이하에서는 통상의 근로시간 제도를 전제로 하는 계산에 대한 해설이다.[103)]

(2) 노동기준법을 근거로 하는 계산식

할증임금액의 계산방식은 일본의 정사원의 대부분이 취하고 있는 월급제의 경우, 다음과 같다.

103) 특별한 근로시간제도, 즉 변형근로시간제(노동기준법 제32조의 2, 4, 5), 플렉스타임제(동법 제32조의 3), 사업장외 근로의 간주제(동법 제38조의 2), 재량근로제(동법 제38조의 3, 4)에서의 계산방법은 石嵜信憲「労働時間規制の法律実務」, 中央経済社, 2010, 205면, 237면, 473면, 491면 참조.

$$\frac{\text{1개월의 기초임금액}}{\text{1개월의 소정근로시간 수}} \times \text{시간외·휴일·심야 근로의 시간 수} \times \text{할증률} = \text{1시간당의 임금액}$$

상기의 계산식에 근거로 하여 다음과 같은 순서에 따라서 그 금액을 계산해 가는 것이 된다. 다음의 (3)~(5)에서는 이러한 ①~③의 순서를 차례로 살펴보고자 한다.

① 종업원에게 지급되는 임금 가운데, 할증임금의 산정기초에 포함하는 임금(기초임금)과 그러하지 않은 임금(제외임금)을 나눈다.
② 기초임금액에서 1시간당의 임금단가를 산출한다(시급환산).
③ 1시간당의 임금단가에, 할증률과 시간수를 곱한다.

(3) 할증임금의 산정기초가 되는 임금 (순서①)

1) 사례에 대하여

앞의 사례의 Y의 급여명세, Y에게 적용되는 취업규칙의 규정은 다음과 같다고 가정하자. 이하를 전제로 Y에게 지급되는 급여를 기초임금과 제외임금으로 나누어 작업을 한다.

○년○월도	영업	Y 귀하

급여명세서

지급	기본급 300,000	영업수당 50,000	가족수당 30,000	주택수당 10,000
공제	통근수당 5,000	시간외 수당 ??	휴일근무 수당 ??	심야근무 수당 ??
근태				
누계				

○○주식회사

【급여규정(초)】

제○조 (영업수당)

1. 영업직의 종업원에 대하여, 월액 50,000엔의 영업수당을 지급한다.
2. 전항의 영업수당 중, 30,000엔은 제○조 내지 제○조의 시간외 · 휴일 · 심야근무수당으로서 지급한다.

제○조 (가족수당)

가족수당은 종업원이 부양하는 다음의 자가 있는 경우에, 월액 다음과 같이 지급한다. 단, 자녀에 대하여 2인을 한도로 한다.

배우자 월액 2만엔 18세 미만의 자녀 월액 1만엔/명

제○조 (주택수당)

주택수당은 다음의 구분에 따라 월액 다음과 같이 지급한다.

자기소유 주택 거주자 1만엔 임대주택 주거자 2만엔

제○조 (통근수당)

1. 통근수당은, 통근을 위하여 항상 공공교통기관을 이용하는 종업원에 대하여, 비과세 한도액의 범위 내에서 실비 지급한다. 단, 편도 2km 이내의 경우는 지급하지 않는다.
2. 실비의 지급은, 가장 간편한 공공교통기관을 사용하는 것으로 회사가 인

정한 경우에 대하여 실시한다.

2) 기초임금과 제외임금

할증임금의 산정기초에서 제외되는 금액은 다음과 같다.

① 가족수당
② 통근수당
③ 별거수당
④ 자녀교육수당
⑤ 주택수당
⑥ 임시로 지급되는 임금
⑦ 1개월을 초과한 기간마다 지급되는 임금
⑧ 실질적으로 할증임금에 충당하는 취지의 수당

①과 ②는 노동기준법 제37조 제5항에서 규정하고, ③에서 ⑦은 후생노동성령에서 정하는 임금으로서 노동기준법 시행규칙 제21조에 열거되고 있다. ⑧은 이러한 임금의 계산을 기초로 하면 취지가 중복되기 때문에 제외임금에 해당한다고 해석되고 있다.[104] 이러한 것은 한정적으로 열거되는 것이기 때문에, ①에서 ⑧이외를 제외임금으로 할 수는 없다. ①에서 ⑧이외의 '임금'은 모두 기초임금에 포함할 필요가 있다.

3) 제수당(①~⑤)

①에서 ⑤가 제외되는 것은 근로의 내용과는 관계없이 개인적인 사정에 의해서 지급되는 임금이기 때문이다. 따라서 ①에서 ⑤에 해당되는지는 수당의 명칭에 관계없이 그 실질에 비추어 판단해야 한다. 예를 들면, 가족수당이라는 명칭의 급여라고 해도 부양가족의 유무 및 인수와는 관계없이 일률적인 금액이 지급되는 경우 등은 제외임금에는 해당되지

104) 大日本警備センター事件–大阪地判 1982(昭57). 2. 26, 勞判 385–[付録]29.

않는다. 반대로 ①과는 다른 명칭(생활수당, 물가수당 등)이라고 해도 임금 지급의 구조가 부양가족의 유무 및 인수에 의한 것으로 되어 있으면 제외임금에 해당된다.

【제외임금에 해당되는 사례】
- 부양가족의 유무 및 인수에 따라 산정되는 수당 (→ ①의 가족수당에 해당)
- 통근의 거리 및 실비에 따라 산정되는 수당 (→ ②의 통근수당에 해당)
- 주택에 필요한 비용(임대주택의 집세, 자가 소유주택의 대출월액 · 관리비용 등)에 따라서 산정되는 수당(→ ⑤의 주택수당에 해당)

【제외임금에 해당하지 않는 사례】
- 부양가족의 유무 및 인수와 관계없이 일률적으로 지급되는 가족수당
- 통근의 거리 및 실비에 관계없이 일정액, 일정률이 지급되는 통근수당
- 임대주택, 자가 소유주택 등의 주택형태에 따라 지급되는 주택수당(자가 소유주택 거주자는 1만엔, 임대주택 거주자는 2만엔 등)

이렇게 기초임금에 포함되는지의 여부는 수당의 실질을 살펴본 뒤에 판단해야 한다. 급여명세의 임금항목을 보는 것만으로는 이 점에 대해서는 알 수 없기 때문에 취업규칙이나 계약서의 조항을 보고 그 수당의 지급조건 등을 체크할 필요가 있다.

4) 임시로 지급되는 임금(⑥)

⑥의 임시로 지급되는 임금이란 '임시적, 돌발적 사유에 근거하여 지급되는 것 및 결혼수당 등 지급조건은 사전에 확정되어 있지만 지급사유의 발생이 불확정이고 또 매우 드물게 발생하는 것'을 말한다.[105] 평균임금에 관한 노동기준법 제12조 제4항에 규정되는 동일문언과 같은 의미이다. 예로서는 사상병수당, 치료위문금, 퇴직금, 결혼수당 등을 들 수 있다. 제외의 취지는 매월 지불되는 것이 아니기 때문에 계산기술상의

105) 1947(昭22). 9. 13, 基発 17호.

어려움을 동반하기 때문이라고 설명하고 있다.

5) 상여 등(⑦)

⑦의 1개월을 초과하는 기간마다 지불되는 임금이란, 노동기준법 제24조 제2항 단서의 '상여, 기타 이에 준하는 것으로 후생노동성령에서 정하는 임금'의 말하며 구체적으로는 다음의 것을 의미한다(노동기준법 시행규칙 제8조). 제외의 취지는 ⑥과 같다.

- 상여
- 1개월을 초과하는 기간의 출근성적에 따라서 지급되는 정려(精勵)수당
- 1개월을 초과하는 일정기간의 계속근무에 대하여 지급되는 통근수당
- 1개월을 초과하는 기간에 걸친 사유에 의해서 산정되는 장려가급 또는 능률수당

행정통달에 의하면 상기의 상여는 지급액이 사전에 확정되어 있지 않은 것을 말한다고 해석하고 있다.[106] 이에 의하면, 연봉제에서 월액급부분과 상여부분을 합계한 것이 사전에 연봉액으로서 확정하고 있는 경우의 상여부분은 제외임금에 해당하지 않는 것이 된다.

6) 사례에 대하여

이상을 전제로, 앞의 사례의 Y의 급여를 기초임금과 제외임금으로 나누면, 다음과 같다(○는 기초임금, ×는 제외임금). 기본급 이외의 제수당은 급여규정의 규정을 보고 제외임금에 해당하는지를 판별할 필요가 있다.

106) 1947(昭22). 9. 13, 基発 17호.

구 분	결 론	이 유
기본급	○	-
영업수당	2만엔 부분만 ○	영업수당 5만엔 중 3만엔은 할증임금에 충당하는 취지이기 때문에, ⑧의 제외임금에 해당된다.
가족수당	×	①의 제외임금에 해당된다.
주택수당	○	주택비용에 따라 산정되는 수당이 아니기 때문에, ⑤의 제외임금에 해당되지 않는다.
통근수당	×	②의 제외임금에 해당된다.

따라서 Y의 1개월당의 기초임금액은 30만엔+2만엔+1만엔=33만엔으로 계산된다. 기초임금에 산입해야 할 임금을 잘못하여 제외해버리면, 산출된 할증임금액이 줄어 그 만큼 미지급이 발생하기 때문에 노동기준법의 규칙을 바르게 이해할 필요가 있다.

(4) 1시간당의 단가를 산출한다

1) 기초임금을 시급베이스로 환산

다음 스텝으로서 기초임금액을 소정근로시간 수로 나눔으로써 1시간당 임금단가를 산출한다(노동기준법 시행규칙 제1항 제4호). 임금액을 시급베이스로 환산한다는 것이다. 앞의 사례의 Y의 임금형태는 월급제이기 때문에 다음과 같은 계산식이 된다.

기초임금 ÷ 1개월의 소정근로시간 = 1시간당의 단가

월급제 이외의 임금형태의 경우는, 각각 다음과 같은 계산식이 적용된다.

임금형태	단가계산
시간급	시간급의 금액
일급	일급액÷1일의 소정근로시간 수 (※일에 따라서 소정근로시간 수가 다를 때에는, 1주간의 1일 평균 소정근로시간 수)
주급	주급액÷1주간의 소정근로시간 수 (※주에 따라서 소정근로시간 수가 다를 때에는, 4주간의 1주 평균 소정근로시간 수)
순(旬)급 · 반월급 등	해당기간의 급여액÷해당기간의 소정근로시간 수 (※기간에 따라서 소정근로시간 수가 다를 때에는, 1개월, 1년 등의 일정기간의 평균 소정근로시간 수)
도급급(성과급 등)	임금산정기간의 임금총액÷임금산정기간에서의 총근로시간 수
복수의 임금형태로 이루어진 경우	각 부분에 대하여, 각각 상기의 계산방법에 따라서 산정된 금액의 합계액 (※예를 들면, 월액부분과 성과급부분의 단가를 각각 계산한 뒤, 산출된 수치를 합계)

예를 들면, 일급액이 8,000엔, 1일의 소정근로시간 수가 8시간이라면 1시간당의 단가는 1,000엔이다. 또 시간급제에서 시간급 850엔이라면 그것이 그대로 단가가 된다.

2) 사례에 대하여

앞의 사례의 Y의 1개월의 소정근로시간은 (240÷12개월)×8시간 =160시간이다. Y의 1시간당의 단가는 6)에서 계산한 금액에서 이 시간수를 나눔으로써 33만엔(기초임금)÷160시간≒2,063엔으로 산출된다(소수점 이하 절상).

(5) 할증률과 시간수를 곱한다

마지막으로 1시간당의 단가로 할증률과 시간외 · 휴일 · 심야근로의 시간수를 각각 곱함으로써 할증임금의 금액을 산출한다. 앞의 사례의 Y는 오전 9시부터 1시간의 휴게를 끼고 오후 11시까지 근로를 하고 있다. 즉, 이 근무일에는 오후 6시부터 오후 10시까지, 1일 8시간을 초과하는 법정시간외 근로가 발생하고(4시간), 오후 10시부터는 법정시간외 근로에 심야근로가 중복하여 발생(1시간)하게 된다. 또 Y는 5시간의 법정휴일근로를 하고 있다. 할증률은 이미 살펴보았다. 통상임금인 100% 부분의 지불도 각각 필요하게 된다. Y의 1시간당의 기초임금액은 상기와 같이 2,063엔이기 때문에 이에 기초로 하여 Y의 할증임금액을 계산하면, 다음과 같이 합계 2만 7,335엔의 할증임금의 지불의무가 발생하고 있는 것이 된다.

	기초임금	시간수	할증률	할증임금액
시간외근로	2063엔	4시간	100%+25%	10,315엔
시간외+심야		1시간	100%+50%	3,095엔
휴일근로		5시간	100%+35%	13,925엔
합계		–		27,335엔

(6) 1개월 60시간을 초과한 시간외근로의 할증임금

1) 개정에 따른 할증률 인상

2010년 4월 1일에 시행된 노동기준법개정으로 1개월 60시간을 초과하는 법정시간외 근로의 할증률은 50% 이상으로 인상되었다(노동기준법 제37조 제1항 단서). 또 앞에서 언급했듯이, 당분간 중소사업주의 사업에 대해서는 적용이 유예되어 있다(노동기준법 제138조). 이 '60시간'의 산정대상이 되는 것은 법정시간외 근로이다. 소정시간외 근로, 법정휴일근로는 '60시간'의 산정의 대상은 되지 않는다. 소정휴일근로는 그것이 1주

40시간 또는 1일 8시간을 초과하는 법정시간외 근로에 해당하는 경우에는 '60시간'의 산정 대상이 되기 때문에 주의가 필요하다.

2) 대체휴가

대체휴가란 1개월 60시간을 초과하는 시간외 근로의 할증률(50% 이상) 가운데 통상의 할증률(25% 이상)에 추가된 부분에 대하여 할증임금을 지급하는 대신 유급의 휴가를 부여할 수 있는 제도이다(노동기준법 제37조 제3항). 위의 1)과 같이, 2010년 4월 1일 시행의 노동기준법개정에서 1개월 60시간을 초과하는 시간외근로의 할증률이 25% 이상에서 50% 이상으로 인상되었다. 대체휴가도 동개정시에 도입된 제도로, 근로자의 건강확보의 관점에서 추가부분에 대하여 할증임금의 지급 대신 휴가를 제공받도록 된 것이다.

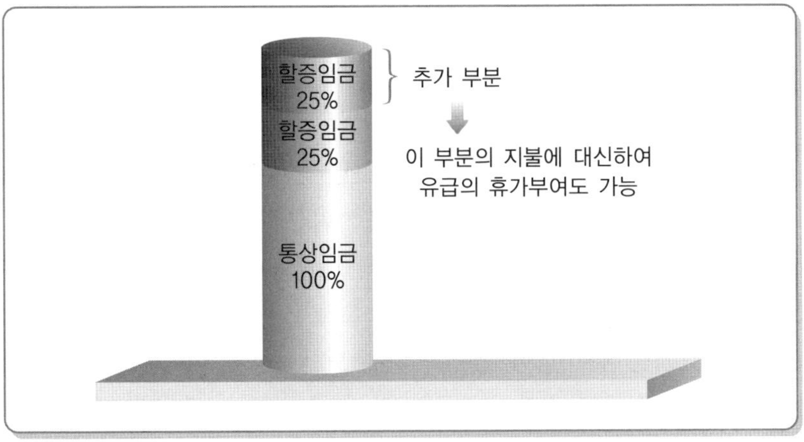

기업의 입장에서는 휴가를 부여함으로써 할증임금 코스트를 억제할 수 있는 메리트가 있는 반면, 근로시간 관리가 복잡하게 되는 측면이 있기 때문에 제도를 실시하는 비율은 22.9%에 그치고 있다.[107] 대체휴가를

부여하기 위해서는 사업장의 과반수 노동조합이나 근로자의 과반수를 대표하는 자와의 사이에서 다음의 사항을 규정한 노사협정을 서면으로 체결할 필요가 있다(노동기준법 시행규칙 제19조의 2).

① 대체휴가 시간수의 산정방법
② 대체휴가의 단위 (1일 또는 반일)
③ 대체휴가를 부여할 수 있는 기간 (2개월 이내)

대체휴가의 계산방법은 다음과 같다. 예를 들면, 특별 할증률 50%, 통상의 할증률 25%인 회사에서 어떤 종업원이 1개월에 92시간의 법정시간외 근로를 했다고 하면 대체휴가의 시간수는 (92시간－60시간)×(0.5－0.25)=8시간으로 계산된다.

(1개월 60시간을 초과하는 시간외근로 수)×(특별 할증률－통상의 할증률)

3) 대체휴가의 부여단위

대체휴가의 단위는 1일 또는 반일이다. 따라서 2)의 사례의 경우, 1일(8시간)의 휴가를 부여하든지, 반일(4시간)의 휴가를 2회 부여할 수 있다. 시간단위 연차휴가(노동기준법 제39조 제4항) 등과 더불어 휴가를 취득할 수도 있기 때문에 대체휴가의 시간수가 6시간인 경우에, 2시간의 시간단위 연차휴가와 더불어 1일(8시간)의 휴가를 부여하는 것도 가능하다. 또한 대체휴가를 부여할 수 있는 기간은 노사협정에서 정하는 기간으로 한정된다. 이 기간은 60시간을 초과하는 시간외근로가 행해진 달 후의 2개월 이내로 해야 된다. 1개월의 도중에 시간외근로가 60시간을 초과해도 그 달에 대체휴가를 부여할 수는 없고, 부여할 수 있는 것은 다음달부터 2개월 이내의 노사협정에서 정하는 기간이다. 노사협정에서 기간을

107) 2011(平成23)年, 就労条件総合調査.

'2개월'로 정한 경우, 1개월째에 발생한 대체휴가와 2개월째에 발생한 대체휴가를 3개월째에 합산하여 부여할 수도 있다.

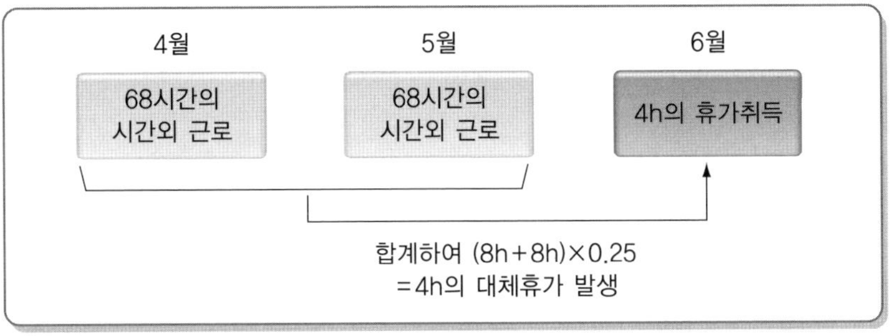

4) 대체휴가의 효과

대체휴가를 실제로 취득하게 되면 이에 대응하는 시간외근로에 대하여 '추가'부분의 할증임금 지급의무가 소멸되고, 통상의 할증률(25% 이상)에 의한 할증임금을 지급하면 충분하게 된다.

3. 할증임금규제가 적용되지 않는 근로자

노동기준법 제41조는, 노동기준법 제4장, 제6장, 제6장의 2에서 규정하는 근로시간 · 휴게 · 휴일에 관한 노동기준법상의 규정을 적용하는 것이 적당하지 않는 업태 · 업종의 근로자에 대하여 이러한 규정을 적용하지 않는다고 정하고 있다. 노동기준법 제41조에 근거로 하여, 적용제외의 대상이 되는 것은 다음의 근로자이다.

① 농업, 축산, 양잠, 수산의 사업에 종사하는 자
② 감독 또는 관리의 지위에 있는 자 또는 기밀의 사무를 다루는 자
③ 감시 또는 단속적 근로에 종사하는 자로 사용자가 행정관청의 허가

를 받은 자

이러한 ①~③의 근로자에 대해서는 법률상, 시간외 · 휴일근로의 할증임금을 지급할 의무가 없다.108) 이에 대하여 앞에서 서술했듯이 심야근로의 할증임금은 적용제외의 대상자에게도 지급할 필요가 있기 때문에 주의가 필요하다.109)

(1) 농업, 수산업 등에 종사하는 근로자(1호)

노동기준법 제41조 제1호는 '별표 제1 제6호(임업을 제외) 또는 제7호에 열거하는 사업에 종사하는 자'를 적용제외의 대상자로 규정하고 있지만, 구체적으로는 다음의 사업에 종사하는 자를 말한다. 이것은 이러한 종류의 사업이 기후 등의 자연조건에 좌우되기 때문에 법정근로시간, 주휴제의 원칙에 성질상 어울리지 않는 점에 따른 것이다.

- 토지의 경작 또는 개간 또는 식물의 재식(栽植), 재배, 채취 또는 벌채의 사업, 기타 농업의 사업(※단, 임업에 대해서는 노동기준법 제41조의 적용대상자에는 포함되지 않는다)
- 동물의 사육 또는 수산동식물의 채포(採捕) 또는 양식의 사업, 기타 축산, 양잠 또는 수산의 사업

(2) 감독 또는 관리의 지위에 있는 자(2호)

1) 감독 또는 관리의 지위에 있는 자란?

노동기준법 제41조 제2호는 '감독 또는 관리의 지위에 있는 자'를 적용제외의 대상자로 하고 있다. 이 규정이 있었던 것에 의해 기업은 과장 등 일정한 직위 이상의 근로자를 관리직으로 규정하고, 관리직에는 잔업비용을 지불하지 않아도 좋다는 취급을 일반적으로 해왔다. 그러나 기업

108) 근로시간 · 휴일에 관한 규정을 전제로 하기 때문이다.
109) 심야업에 관한 규정은 적용제외로 여겨지고 있지 않기 때문이다.

이 규정하는 관리직과 노동기준법 제41조의 제2호에서 말하는 '감독 또는 관리의 지위에 있는 자'와는 별개의 개념이고, 모든 관리직이 노동기준법이 규정하는 근로시간 · 휴일 · 휴게에 관한 규정의 적용을 받지 않는 것은 아니다. 행정통달[110]에서도 '감독 또는 관리의 지위에 있는 자'인지의 여부는 다음과 같이 명칭에 관계없이 실체적으로 판단해야 한다고 되어 있다.

> 감독 또는 관리의 지위에 있는 자란, 일반적으로 국장, 부장, 공장장 등 근로조건의 결정, 기타 노무관리에 대하여 경영자와 일체적인 입장에 있는 자라는 뜻이지만, 명칭에 얽매이지 않고 출퇴근 등에 대하여 엄격한 제한을 받고 있지 않은 자에 대하여 실체적으로 판별해야 하는 자일 것.

2) 통달 · 판례에 따른 판단기준

행정통달[111]은 '감독 또는 관리의 지위에 있는 자'의 판단기준에 대하여 직무내용, 책임과 권한, 근무양태 외 급여 등의 대우에 대해서도 일반 근로자에 비하여 우대조치가 취해져 있는지를 검토하도록 하고 있다. 판례에서도 다음의 세 가지 요소를 들고 있으며, 행정통달과 마찬가지의 고려요소를 바탕으로 판단이 이루어지고 있다.[112]

① 사업주의 경영에 관한 결정에 참가하고, 노무관리에 관한 지휘명령권한을 가지는 등 경영자와 일체적인 입장에 있을 것
② 자신의 출퇴근을 비롯한 근로시간에 대하여 자유재량이 있을 것
③ 일반 종업원과 비교하여, 그 지위와 권한에 적합한 임금상의 처우를 부여받고 있을 것

---

110) 1947(昭22). 9. 13, 基発 17호.
111) 1988(昭63). 3. 14, 基発 150호.
112) 株式会社ほるぷ事件-東京地判 1997(平9). 8. 1, 労判 722-62 등.

3) '감독 또는 관리의 지위에 있는 자'의 해당성을 둘러싼 대응

통달 · 판례의 일반적인 판단기준은 상기와 같지만, '감독 또는 관리의 지위에 있는 자'의 판단기준을 직접 제시한 최고재판소 판결이 없어 실무상 확고한 판단기준이 확립되어 있지는 않다. 예를 들면, '경영자와 일체적인 입장'에 있기 때문에 필요한 권한의 범위에 대하여, ① 기업경영전체에 대한 관여를 요구하는 판례[113]가 있는 한편, ② 사업소단위에서의 권한을 문제로 삼는 판례[114]가 존재한다. 「일본 맥도널드 사건(日本マクドナルド事件)」 후에 나온 행정통달[115]에서도 어디까지 점포(사업소)에 소속되는 아르바이트 등의 채용권한, 점포에서의 근로시간 관리의 권한을 가지는지를 판단요소로서 들고 있었다. 이와 같이 '감독 또는 관리의 지위에 있는 자'의 해당성의 문제는 아직 판단기준으로서 불투명한 부분도 남아 있는 것이 현재 상황이다.

그러나 현실에 부하도 없는 등 관리직으로서의 실태가 명확하게 결여된 종업원까지 '감독 또는 관리의 지위에 있는 자'로 다루는 것은 타당하지 않고, 그러한 경우에는 종업원의 권한 등에 대하여 재검토를 하는 것이 적절하다. 이하에서는 이러한 관점에서 현재 상황에 대하여 생각할 수 있는 방안에 대하여 살펴보고자 한다.

(a) 관리직의 권한의 재검토

'감독 또는 관리의 지위에 있는 자'에 해당하는 관리직으로서 다음의 감독권한 또는 관리권한을 가져야 한다.

① 감독권한: 사용자를 위하여 근로자의 근로상황을 관찰하고, 지휘감독에 따라서 근로자의 노무제공을 확보하는 권한

---

113) 日本マクドナルド事件-東京地判, 2008(平20). 1. 28, 勞判 953-10.
114) 전술한 株式会社ほるぷ事件, 三栄珈琲事件-大阪地判, 1991(平3). 2. 26, 勞判 586-80.
115) 2008(平20). 9. 9, 基発 0909001호.

② 관리권한: 사용자를 위하여 근로자의 채용, 해고, 승급, 전근 등의 인사관리를 행하는 권한, 또는 본사의 기획, 조사 등의 기업전체의 사업경영에 관한 중요사항에 직접 관여하는 권한

권한의 장소적 범위에 대해서는 앞에서 언급한 바와 같이 기업경영 전체의 권한으로 해석하는 판례도 있지만, 한 점포 · 한 사업장에서의 감독권한, 관리권한이 있으면 충분하다.[116]

(b) 근무시간에 관한 자유재량에 대하여

판례에서는 자신의 근무시간에 관한 자유재량의 유무도 '감독 또는 관리의 지위에 있는 자'의 해당성을 판단하는 기준으로 하고 있다. 이러한 관점에서 관리직과 비관리직과의 사이에서 근무시간에 관한 재량의 방법을 명확하게 구별한다는 방법이 있다. 구체적으로는 ① 결근 · 지각 · 조퇴에 대하여 관리직은 사후에 보고 · 신고하면 충분하다고 하는 한편, 비관리직은 승인사항으로 하고, ② 관리직은 임금과 시간을 절단하여 결근 · 지각 · 조퇴에 의한 공제를 하지 않는 한편, 비관리직은 임금과 시간을 연동시켜서 이러한 경우에 임금공제를 하는 등 no work no pay를 철저히 하고 있다. ③ 비슷하게 비관리직은 상여와 시간을 연동시키고, 관리직은 양자를 절단하는 형태로 관리직에 대해서는 근로시간에 대한 자유재량을 확보하는 것을 생각할 수 있다.

(c) 관리직으로서의 임금처우에 대하여

통달 · 판례는 '감독 또는 관리의 지위에 있는 자'의 판단기준으로서 일반종업원에 비하여 그 지위와 권한에 적합한 임금상의 처우를 생각하고 있는 점을 들고 있다. 그러나 노동기준법 제41조 제2호에는, 이러한 임금면의 요소는 규정되어 있지 않다. 원래 임금면의 요소는 노동기준법

116) 노동기준법 제9조 · 제10조의 문언에서 사업소 단위의 권한이 있으면 '사용자'로서 경영자와 일체적인 입장에 있다는 것이 가능하기 때문.

의 입법 당초에 상정되어 있던 것이 아니었다.[117]

다만, '감독 또는 관리의 지위에 있는 자'의 해당성을 검토하는 데 있어서 일반종업원과의 임금비교라는 관점을 고려대상으로 하는 것에는 의문이 제기된다. 통달 · 판례가 고려하고 있는 관계에서 할증임금을 포함한 월례급여에서 관리직과 그 회사와의 사이에 금액의 역전이 발생하고 있는 경우는 상여의 분배에서 관리직에게 극진한 배분을 행함으로써, 연수입 베이스로는 관리직의 수입쪽이 많아지도록 조정한다는 것도 검토해야 하는 것이 아닐까 생각한다.

(d) '관리', '감독'업무의 비율

최근의 회사조직의 플랫화, 정리해고 등에 의한 인원부족 등을 배경으로 관리직 자신들도 부하와 같은 업무를 행하고, 또 이때에 자신들의 윗사람에 의한 지휘명령을 받고 있는 경우도 생각할 수 있다. '플레잉 매니저'(playing manager: 감독 겸 선수)라고 하는 근무실태를 가진 관리직의 예를 들어 보자. 이러한 플레잉 매니저에 대해서는 '감독 또는 관리의 지휘에 있는 자'의 해당성을 검토하는데 있어서, ① '감독', '관리'의 업무(management 부분)가 주요한 부분인가, ② 아니면 스스로 지휘명령을 받고 행하는 업무(play 부분)가 주요한 부분인가라는 비율도 문제가 된다. 행정통달[118]에서는 '관리감독자로서의 직무도 행하지만, 회사로부터 배포된 매뉴얼에 따른 업무에 종사하고 있는 등 근로시간의 규제를 받는 부하와 비슷한 근무양태가 근로시간의 대부분을 차지하고 있는 경우에, 관리감독자성을 부정하는 보강요소가 된다'고 하고 있으며 업무비율을 문제로 삼고 있다. 따라서 실무에서 '감독 또는 관리의 지위에 있는 자'의 해당성을 검토할 때에는 플레잉 매니저의 ① management 부분과 ② play 부분의 어느 쪽에 중점을 두는지를 보는 점이 포인트가 된다.[119]

117) 이것이 나타난 것으로서 1947년의 행정통달에서는 이 점이 고려요소로서 거론되고 있지 않다.
118) 2008(平20). 9. 9, 基発 0909001호.

(3) 기밀사무를 다루는 자 (2호)

노동기준법 제41조 제2호는 '기밀의 사무를 다루는 자'를 적용제외의 대상자로 규정하고 있다. 행정통달[120]은 그 해석에 대하여 '비서, 기타 직무가 경영자 또는 감독 또는 관리의 지위에 있는 자의 활동과 일체불가분으로 엄격한 근로시간 관리에 익숙하지 않는 자'로 언급하고 있다. 전형적인 사례로서는 비서의 업무를 들 수 있지만, 그 해당성에 대해서는 '감독 또는 관리의 지위에 있는 자'와 마찬가지로 그 직무, 근무양태에 비추어 근로시간의 규제에 익숙하지 않다고 할 수 있는지를 개별로 판단하게 된다.

(4) 감시 · 단속적 근로자 (3호)

1) 감시 · 단속적 근로자의 범위

노동기준법 제41조 제3호는 '감시 또는 단속적인 근로에 종사하는 자로, 사용자가 행정관청의 허가를 받은 자'를 적용제외의 대상자로 규정하고 있다. 행정통달은 감시근로, 단속적 근로의 의미에 대하여 다음과 같이 언급하고 있다.[121]

① 감시근로: 원칙적으로 일정 부서에 있고 감시하는 것을 본래의 업무로 하며, 상태적으로 신체의 피로 또는 정신적 긴장이 적은 자
② 단속적 근로: 작업자체가 본래 간헐적으로 이루어지는 자이기 때문에, 작업시간이 길게 계속되는 경우 없이 중단되고, 잠시 후 재차 같은 상태의 작업이 실시되고 또 중단되는 것처럼 반복되는 자

---

119) 예를 들면, ①이 7할을 차지하고 있다면 해당성을 긍정할 수 있고, 반대로 ②가 7할을 차지하고 있다면 해당성에 의문이 발생하기 때문에 권한 · 책임의 범위 등을 시정하는 '감독 또는 관리의 지위에 있는 자'의 범위를 재검토하는 등의 대응을 한다.
120) 1947(昭22). 9. 13, 基発 17호.
121) 1947(昭22). 9. 13, 基発 17호, 1948(昭23). 4. 5, 基発 535호, 1988(昭63). 3. 14, 基発 150호.

이러한 업무에 종사하는 근로자의 사례로서는 수위, 초중학교의 교무원, 임원전용의 자동차 운전기사, 맨션관리인, 경비원 등을 들 수 있다. 감시 · 단속적 근로는 통상의 근로에 비교하여 근로밀도가 낮고, 근로시간, 휴게, 휴일의 규정을 적용하지 않아도 반드시 근로자 보호에 결여되지 않는 점에서 적용제외로 간주되는 자이다. 따라서 감시 중, 대기 중의 정신적 긴장감이 높은 자는 행정관청에서 허가하지 않는 자로 간주되고 있다.[122)]

2) 행정관청의 허가가 필요

노동기준법 제41조 제3호의 적용제외로 하기 위해서는 행정관청의 허가가 필요하다. 구체적으로는 종사하는 근로의 양태, 인원수를 양식 제14호에 따라서 소관 노동기준감독서장으로부터 허가를 받아야 한다(노동기준법 시행규칙 제34조). 허가는 노동기준법 제41조 제3호의 효력발생 요건이다. 이 때문에 이 허가를 받고 있지 않는 경우에는 실태로서 '감시 또는 단속적 근로'에 해당된다고 해도 적용제외는 인정되지 않고 할증임금을 지불할 필요가 발생한다.

3) 일숙직의 취급

통상의 근무를 행하는 근로자가 통상근무를 하는 한편 일숙직에 종사하는 경우는 '감시 또는 단속적 근로'의 한 유형으로서, 소관 노동기준감독서장의 허가를 근거로 하여, 적용제외의 대상으로 하는 것이 가능하다(노동기준법 시행규칙 제23조). 일숙직에 관한 허가의 기준은 행정통달에서 규정되어 있다.[123)] 주요한 내용은 다음과 같다. 단, ③의 '일직은 월 1회를 한도로 한다'는 기준은 주휴 1일제였을 때를 기준으로 한 것으로, 주휴 2일제인 현재에는 '월 2회'로 해야 한다.

122) 예를 들면, 위험 · 유해한 장소에서의 감시업무 등을 들 수 있다.
123) 1947(昭22). 9. 13, 基発 17호, 1988(昭63). 3. 14, 基発 150호.

【일숙직의 허가기준】

① 근무의 양태
상태로서 거의 근로를 할 필요가 없는 근무로, 정기적 순시, 긴급의 문서 또는 전화 받기, 비상사태에 대비한 대기 등을 목적으로 하는 것

② 일숙직 수당
일직, 숙직의 근무에 대하여 상당의 수당을 지급할 것. 금액의 기준으로서는 원칙적으로 임금의 1인 1일 평균액의 3분의 1을 하회하지 않을 것

③ 일숙직의 횟수
원칙적으로 숙직은 주 1회, 일직은 월 1회의 한도로 할 것

④ 설비
숙직근무에 대해서는, 상당의 수면설비의 설치를 조건으로 할 것

4. 할증임금에 관한 실무문제

Q1 소정시간외 근로의 할증임금

소정시간외 근로, 이른바 법내 잔업에 대한 할증임금의 지급은?
예를 들면, 소정근로시간 7시간인 회사에서의 7시간을 초과하여 8시간의 근로에 대한 할증임금은 어떻게 지급해야 하는가?

(1) 문제점

위에서 이미 언급했듯이, 노동기준법 제37조의 규제대상은 어디까지 법정시간외 근로(8시간 초과의 근로)이다. 사례와 같은 소정시간외 근로(법내 잔업)은 노동기준법이 규제하는 바가 아니다. 따라서 이 부분에 대하여 노동기준법 제37조에 근거로 하는 할증임금의 지급의무는 발생하지 않는다. 그러나 근로자가 소정근로시간을 초과하는 노무제공을 하고 있는 이상, 여기에 노무제공의 대가인 임금이 발생하는 것이 아닌가하는 문제는 있다.

(2) 별단의 합의가 없으면 통상임금을 지급한다

이 점에 대하여 행정통달은 “법정근로시간내인 한 소정근로시간외의 1시간에 대해서는 별단의 규정이 없는 경우에는 원칙적으로 통상의 근로시간의 임금을 지급해야 한다. 단, 단체협약, 취업규칙 등으로 당해 1시간에 대하여 별도로 정해진 임금액이 있는 경우에는 별도로 정해진 임금액으로 지장이 없다”고 하고 있다.[124] 즉, 소정시간외 근로는 ① 노동기준법 제37조의 문제는 아니지만, 근로계약에 근거하여 노무제공의 대가인 임금을 지급해야 한다, ② 그 금액은 별단의 합의가 있으면 그 금액에 따르지만, 그러하지 않으면 소정근로시간 중의 통상임금의 금액에 따른다는 것이다. 따라서 소정근로시간에서의 임금액이 1시간당 2,000엔이라면 상기의 소정시간외 근로에는 원칙적으로 2,000엔을 지불하면 되고, 25%의 할증부분(500엔)을 지불할 필요는 없다. 또 소정시간외 근로의 임금액을 1시간당 1,500엔으로 하는 합의가 있으면, 합의에 근거로 하는 1,500엔을 지불하면 충분하다는 것이 된다.

Q2 지각 · 조퇴한 경우

지각, 조퇴를 한 종업원에게도, 할증임금을 지불해야 하는가?
예를 들면, 시업 · 종업시각 9시~18시(휴게 1시간)인 회사에서, 1시간 지각하여 10시에 출근한 사원이, 19시까지 근무한 경우의 취급은?

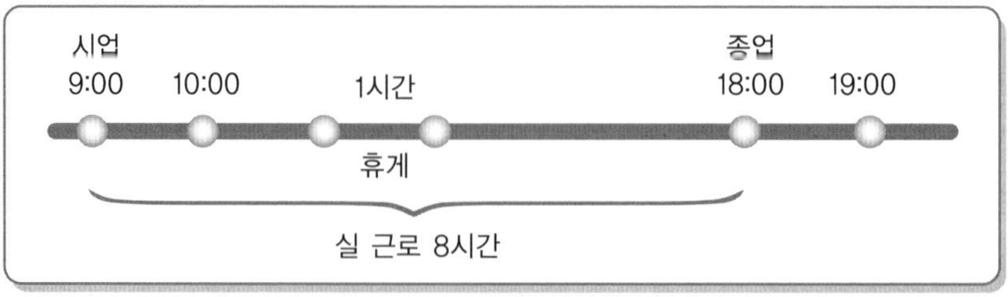

124) 1948(昭23). 11. 4, 基発 1592호.

질문사례에서는 종업시각 후에도 1시간의 근로가 발생하고 있다. 이 1시간의 근로에 대하여 할증임금이 발생하는가라는 문제이다. 노동기준법 제37조가 할증임금을 지불하라고 규정하고 있는 것은 '법정시간외 근로'=1일 8시간을 초과한 근로이다. 종업시각을 초과한 근로에 대하여 할증임금을 지불하라고 규정되어 있는 것이 아니다. 질문사례에서는 종업시각을 1시간 초과하여 근로하고 있지만, 시업시각에서 1시간 늦게 근로를 시작하고 있기 때문에 실제 근로시간은 8시간이다. 따라서 '법정시간외 근로'는 발생하고 있지 않고 할증임금을 지불할 필요는 없다.

단, 취업규칙 등에 '종업시각을 초과하여 근로를 한 경우에는 시간외 수당을 지급한다'고 규정하고 있는 경우에는 주의가 필요하다. 이 경우, 종업시각 후에 근로한 이상, 취업규칙의 규정을 근거로 하여 시간외 수당을 지급할 필요가 발생한다.[125)]

취업규칙의 규정상은 후술하는 규정사례와 같이 '1일 실제 8시간을 초과하여 근로한 경우에는'으로 규정해야 한다.

Q3 10분 정도의 로스(loss)시간

시업 · 종업시각 9시~18시(휴게 1시간)인 회사에서, 18시 10분까지의 10분간에 대해서는 시간외 근로로서는 취급하지 않아 할증임금을 지급하지 않은 경우, 노동기준법 제37조에 위반하는가?

Q2.에서 살펴보았듯이, 종업시각을 초과했다면 즉시 할증임금을 지불해야 한다는 것이 아니라, 어디까지나 문제가 되는 것은 실근로시간이 8시간을 초과하고 있는지의 여부이다.

따라서 8시간 10분의 근로를 했다면 10분간의 시간외근로에 대하여

125) 1시간 늦은 분의 임금을 공제할 수 있지만, 0.25의 할증부분의 지급이 남는다. 다만, 이것은 노동기준법 제37조에 근거로 하는 할증부분이 아니기 때문에, 동법 제24조가 문제가 된다.

할증임금을 지급할 필요가 있지만, 사용(私用)전화 · 사적 전화 · 화장실 휴게 · 흡연 · 사적인 인터넷 열람 등을 하고 있는 시간은 실제 근로시간으로 카운트되지 않는다. 그리고 통상의 화이트칼라의 직장에서는 시업에서 종업까지의 8시간과 실제 근로시간 8시간과는 일치하지 않는 쪽이 일반적이라고 할 수 있다. 실제의 사내의 근무모습에서 보면 소정근로시간 8시간을 풀로 가동하고 있는 종업원이 있다고는 생각되지 않는다.

그러나 30분~1시간이나 일률적으로 실제 근로시간에서 제외하게 되면 실근로시간의 파악의무는 사용자에게 있기 때문에, 사용자측에서 그러한 로스시간이 있다는 것을 노동기준감독관 등에게 증명해야 한다. 이러한 증명은 실제상 매우 어렵다. 반대로 제외되는 것이 10분 정도라면, 10분 정도의 로스시간이 있다는 쪽이 상식적으로 이러한 경험칙에서 보면 근로자 쪽에서 그러한 로스가 없다는 것을 증명하도록 말할 수 있다고 생각된다.

이상의 사항에서, 질문사례와 같은 취급은 적법하다고 할 수 있는 것이라고 생각한다. 다만, 실제로 8시간 10분을 풀로 근로하고 있는 경우에는 다른 문제이기 때문에 예를 들면 제조업과 같이 컨베이어벨트의 흐름에 따라서 근무하는 블루칼라 등 일반적인 화이트칼라에서의 로스시간이 발생하지 않는다고 생각되는 케이스는 이러한 취급을 하지 않는 편이 무난하다고 할 수 있다.

Q4 단수의 처리

할증임금의 계산에서 단수를 버리고 처리하는 것은 가능한가?

행정통달은 다음과 같은 단수처리를 하는 것에 대하여, "항상 근로자가 불리하게 되는 것이 아니라, 사무편의를 목적으로 한 것이라고 인정되기 때문에 법 제24조 및 제37조 위반으로는 취급하지 않는다"고 하고

있다.[126)]

① 1개월에서의 시간외근로, 휴일근로, 심야근로의 각각 시간수의 합계에 1시간 미만의 단수가 있는 경우, 30분 미만을 버리고, 30분 이상을 1시간으로 절상할 것
② 1시간당의 임금액 및 할증임금액에 1엔 미만의 단수가 발생한 경우, 50전 미만을 버리고, 50전 이상을 1엔으로 절상할 것
③ 1개월에서의 시간외근로, 휴일근로, 심야근로의 각각의 할증임금의 총액에, 1엔 미만의 단수가 발생한 경우, 상기 ②와 같이, 50전 미만을 버리고, 50전 이상을 1엔으로 절상할 것

①은 1개월간의 시간외근로, 휴일근로, 심야근로의 시간수에 단수가 발생한 경우의 처리이다. 주의해야 하는 점은 단수처리가 허용되는 것은 1개월간의 합계시간수라는 점이다(1개월의 시간외근로가 30시간 10분, 휴일근로가 9시간 50분인 경우에, 각각 30시간, 10시간으로 처리한다). 이에 대하여 매일의 시간외근로 등의 시간수를 단수처리하는 것은 허용되지 않는다. 그러한 처리를 하면 30분 미만의 시간외근로가 항상 임금제로가 되어, 예를 들면 매일 20분씩의 잔업을 한 경우에 일절 할증임금이 발생하지 않는다는 타당성이 결여된 처리가 되어버리기 때문이다. ②는 1시간당의 기초임금액, 할증액(1.25 등의 할증률을 곱한 금액)의 단수처리, ③은 1개월간의 할증임금액에 관한 단수처리이다. ①~③의 어느 것도 절상하고 버리는 양쪽을 인정하는 처리여야 한다고 되어 있다. 이 때문에 1시간 미만 또는 1엔 미만의 단수가 있을 때에 항상 버리는 등의 처리는 허용되지 않는다.

126) 1988(昭63). 3. 14, 基発 150호.

Q5 고정급

할증임금의 고정급을 적법으로 행하기 위한 유의점은?
예를 들면, 50만엔의 기본급에 할증임금을 포함시켜 지급하는 것, 영업수당 5만엔을 할증임금으로서 지급하는 것은 가능한가?

(1) 고정급을 적법으로 행하기 위해서는

질문의 고정급이란, 매월 일정액을 할증임금으로서 고정적으로 지급하는 것이지만, 이러한 할증임금의 지급방법도 다음의 사항을 충족시키면 적법으로 해석되고 있다.

① 지급되는 기본급 또는 수당이 할증임금에 상당하는 것이 명시되어 있을 것
② 지급되는 기본급 또는 수당가운데, 어느 부분이 할증임금에 상당하는지가 금액, 비율, 시간 등에 따라서 명확하게 구분되어 있을 것

따라서 이러한 지급방법을 취하는 경우, ① 기본급 또는 수당을 할증임금으로서 지급하는 취지를 취업규칙, 계약서 등에 명시하는 것이 필요하다고 할 수 있다. 또한 ② 단순히 '할증임금으로서 지급한다'고 규정하는 것뿐만 아니라, '기본급 가운데 5만엔을 시간외 수당으로서 지급한다', '영업수당 가운데 3만엔을 시간외 수당으로서 지급한다'와 같이 할증임금에 상당하는 부분을 명확히게 구분해야 한다. 수당의 전액을 할증임금으로서 지급하는 경우에는 '영업수당은 그 전액을…'이라는 것처럼 전액이라는 취지를 명시해야 한다. 이상을 충족시키면 질문과 같은 지급방법도 적법이라고 할 수 있다.

(2) 실무상의 유의점

단, 노동기준법 제37조에 근거로 하는 할증임금의 계산방법은 동조에 엄밀하게 규정하고 있다. 따라서 상기의 고정급의 금액이 노동기준법 제37조의 계산방법에서 산출된 '금액'에 미치지 못한 경우에는, 차액분을 별도 지급할 필요가 있기 때문에 이 점은 주의가 필요하다. 또 만전을 기하는 의미에서 후술하는 규정사례와 같이 '차액은 별도 지급한다'는 취지의 규정을 취업규칙 등에 규정하는 것을 생각할 수 있다. 이러한 차액의 지급이 가능한 한 발생하지 않도록 하고자 하는 경우에는 종업원의 시간외근로의 실태를 검증하고, 실태를 다소 상회하는 금액을 고정불의 금액으로서 설정하는 것을 생각할 수 있다. 또한 고정급의 문제는 근로자와의 사이에서 트러블이 되기 쉬운 측면이 있기 때문에, 입사시의 근로조건 통지서 등으로 근로자에게 그러한 계약내용이라는 취지를 제대로 알려두는 것이 적절하다고 할 수 있다.

Q6 연봉제와 할증임금

연봉제를 도입하면, 할증임금을 지급할 필요는 없어지는가?

(1) 연봉제 그 자체에 할증임금을 면하게 하는 효과는 없다

이 점은 실무상 오류가 발생하기 쉬운 점이라고 생각된다. 연봉제는 1년간의 업무 성과로 다음연도의 임금액을 설정하고자 하는 제도 즉, 근로의 '질'에 따른 임금시스템에 적합하다. 그러한 의미에서 근로의 '양'에 따라 할증임금이 지급되는 노동기준법 제37조의 구조와는 어울리기 어려운 면이 있다. 그러나 노동기준법에는 연봉제에 대하여 할증임금의 지급을 면하게 하는 등의 규정은 마련되어 있지 않다. 즉, 연봉제 그 자체에 할증임금의 지급을 면하게 하는 효과는 없고, 연봉제에서도 노동기준법 제41조 제2호의 '감독 또는 관리의 지위에 있는 자', 노동기준법 제38조의 3, 4의 재량근로제의 적용이 없는 한은 노동기준법 제37조에 근거로 하는 할증임금의 지급의무가 발생하게 된다.[127]

(2) 연봉제에서의 할증임금 지급방법

연봉제에는 연봉 속에 상여부분이 마련되어 있는 경우가 있다. 상여에 관해서는 '1개월을 초과하는 기간마다 지불되는 임금'에 해당되기 때문에 통상은 할증임금의 기초에 포함되지 않는다. 그러나 노동기준법에서 말하는 '상여'란, 사전에 지급액이 확정되어 있지 않는 것을 말한다고 되어 있다.[128] 이 때문에 상여부분을 포함하여 연봉액이 전년도 말에 확정되어 있는 연봉제의 상여는 노동기준법에서 말하는 '상여'라고는 간주되지 않고, 이것도 기초임금에 포함하여 할증임금의 계산을 하게 된다(구체적으로는 상여부분을 포함한 연봉액을 연간의 소정근로시간 수에서 제한다). 이와 같이 연봉제를 취하면 할증임금은 지급하지 않아도 된다는 오해에 근거로 한 운용이 행해지고 있는 경우, 상여부분을 포함한 고액의 임금을 기초로 하는 미지급이 발생할 수 있기 때문에 주의가 필요하다.

연봉액에 더불어 근로의 '양'에 따른 할증임금이 가산되는 구조가 제도 본래의 상정과 다른 경우에는 앞에서 서술했던 고정급의 지급하는 방법을 생각할 수 있다. 예를 들면, '연봉액 중 20%에 상당하는 부분은 시간외 · 휴일 · 심야수당으로서 지급한다'는 취지를 취업규칙, 계약서 등에 명기하는 방법이다. 할증임금에 상당하는 비율에 관해서는 평균적인 시간외 · 휴일 · 심야근로의 시간수에서 도출된 금액을 설정하여 차액은 별도 지급하는 방법이나, 평균적인 시간수를 상회하는 금액을 설정하여

127) 단, 재량근로제에서도 간주시간 수의 규정방법에 따라서는 시간외근로의 할증임금이 발생하고, 또 휴일 · 심야근로의 할증임금을 지급할 필요가 있는 점에 주의할 필요가 있다.
128) 2000(平12). 3. 8, 基収 78호.

차액지급의 필요를 발생하기 어렵게 하는 방법을 생각할 수 있다. 또한 고정급을 적법으로 행하기 위해서는 할증임금에 상당하는 부분을 명확하게 구분할 필요가 있는 것은 앞에서 언급한 바와 같지만, 연봉제에 관해서는 행정통달에서 다음과 같이 언급하고 있으며,[129] 그 취지의 명시가 없어도 고정급이 유효하다고 인정될 가능성이 있다. 그러나 실무상은 리스크 회피의 관점에서 사전에 취업규칙이나 계약서의 규정상, 할증임금에 상당하는 부분을 명확하게 구분해 두어야 한다.

사안의 경우, 할증임금 상당부분과 통상의 근로시간에 대응하는 임금부분을 명확하게 구별하고 있지 않지만, 해당 근로자의 전년도 실적으로 보아 일정의 시간외근로 등이 존재하는 것이 상정되고, 그 만큼의 할증임금을 포함하여 연봉액이 결정되어 있는 것은 노사 양측이 인식하고 있는 바이다. 따라서 사안의 경우, 노동기준법 제37조 위반으로는 취급되지 않는다(※단, 노동기준법 제15조의 근로조건 명시의무 위반이 성립한다고 여겨진다).

5. 할증임금과 취업규칙의 규정

시간외 · 휴일 · 심야근무 수당에 관한 취업규칙의 규정사례는 다음과 같다. 실제 근로시간을 베이스로 하는 것, 할증임금의 지불대상을 노동기준법대로 하는 것이라면 법정시간외근로, 법정휴일근로를 할증수당의 지급대상으로 해야 하는 것이 중요하다.

(시간외 근무수당)

제○조 취업규칙 제○조(시간외근로)에 의해, 1일 실근로 8시간 또는 1주 실근로 40시간을 초과하여 근로한 경우에는, 시간외 근무수당을 지급한다.

2. 전항의 시간외 근무수당은, 다음의 가.의 계산방법으로 산출한 할증임금액에 원칙적으로 나.의 계산방법으로 산출된 시급분을 가산한 금액을 지급한다.

129) 2000(平12). 3. 8, 基收 78호.

가. 할증임금액
(기본급+주택수당)÷(1월 평균 소정근로시간)×0.25×시간수
나. 시급분
(기본급+주택수당)÷(1월 평균 소정근로시간)×1×시간수
※ 사원연수와 같은 경우에는 시급액에 대하여 별도의 규정의 가능성이 있다.

(휴일근무수당)
제○조 취업규칙 제○조(휴일근로)에 의해, 휴일에 근로한 경우에는 휴일근무수당을 지급한다. 또, 취업규칙 제○조에 의해 대체휴일이 부여된 경우, 휴일근로에 해당되지 않아, 본규정에서 정하는 휴일근무수당은 지급하지 않는다.
2. 전항의 휴일근무수당은, 다음의 각호와 같이 계산된 금액을 지급한다.
① 휴일근로가 법정휴일(1주 1일의 휴일)인 경우
다음의 가.의 계산방법에 의해 산출된 할증임금액에 원칙적으로 나.의 계산방법으로 산출된 시급분을 가산한 금액
가. 할증임금액
(기본급+주택수당)÷(1월 평균 소정근로시간)×0.35×시간수
나. 시급분
(기본급+주택수당)÷(1월 평균 소정근로시간)×1×시간수
※ 사원연수와 같은 경우에는, 시급액에 대하여 별도의 규정의 가능성이 있다.
② 휴일근로가 법정휴일(1주 1일의 휴일) 이외의 휴일인 경우
다음의 계산방법으로 산출된 시급분만 지급한다. 다만, 이 휴일근로가 전조의 시간외근로에 해당하는 경우, 동조에 근거로 하여 시간외 근무수당을 지급한다.
(기본급+주택수당)÷(1월 평균 소정근로시간)×1×시간수
3. 취업규칙 제○조에 근거로 하여 대체휴가가 부여된 경우의 휴일근로에 대해서는, 시간분은 지급하지 않고, 다음의 계산방법으로 산출된 할증임금분만을 지불한다.
① 법정휴일근로의 경우
(기본급+주택수당)÷(1월 평균 소정근로시간)×0.35×시간수

② 법정휴일 이외의 휴일근로의 경우로 전항 제2호 단서의 경우
(기본급+주택수당)÷(1월 평균 소정근로시간)×0.25×시간수

(심야근무수당)
제○조 오후 10시부터 오전 5시까지에서의 심야시간대에 근로시킨 경우에는 심야근무수당을 지급한다.
2. 전항의 심야근무수당은 다음과 같이 계산한 금액을 지급한다.
(기본급+주택수당)÷(1월 평균 소정근로시간)×0.25×시간수

또, 본절 4.의 Q5.에서 살펴본 고정급의 규정사례는 다음과 같다.

(영업수당)
제○조 영업직의 종업원에 대하여, 월액 50,000엔의 영업수당을 지급한다.
2. 전항의 영업수당은 그 전액을 제○조 내지 제○조의 시간외 · 휴일 · 심야근무수당으로서 지급한다.
(※ 또는)
2' 전항의 영업수당 가운데, 30,000엔은 제○조 내지 제○조의 시간외 · 휴일 · 심야근무수당으로서 지급한다.
3. 제○조 내지 제○조의 규정(시간외 · 휴일 · 심야근무수당)에 관계없이, 전항에서 규정한 영업수당을 지급받은 종업원에 대하여, 제1항에서 규정한 영업수당의 금액을 초과하여 시간외 할증임금, 휴일할증임금, 심야할증임금이 발생한 경우에는, 별도 그 차액을 시간외 근무수당으로 지급한다.

Ⅲ. 본조 위반의 효과

여기에서는 할증임금을 지급하지 않은 경우에 어떠한 리스크가 있을 수 있는지를 ① 형사, ② 행정, ③ 민사의 세 가지 관점에서 살펴본다.

1. 노동기준법 제119조의 죄에 의한 송검 · 기소(형사)

노동기준법 제119조는 노동기준법 제37조에 위반한 경우 즉, 할증임금을 지불하지 않은 경우에는 6개월 이하의 징역 또는 30만엔 이하의 벌금에 처한다고 규정하고 있다.

> 제119조 다음의 각 호의 1에 해당하는 자는, 6개월 이하의 징역 또는 30만엔 이하의 벌금에 처한다.
> 1. 제3조, 제4조, 제7조, 제16조, 제18조 제1항, 제19조, 제20조, 제22조 제4항, 제32조, 제34조, 제35조, 제36조 제1항 단서, 제37조, 제39조, 제61조, 제62조, 제64조의 3에서 제67조까지, 제72조, 제75조에서 제77조까지, 제79조, 제80조, 제94조 제2항, 제96조 또는 제104조 제2항의 규정에 위반한 자
> (2~4호 생략)

이렇게 노동기준법은 사용자가 동법 제37조에 위반하여 할증임금을 지불하지 않은 경우를 형벌의 대상으로 하고 있다. 즉, 노동기준법상은 할증임금의 미지급이 발생하면 노동기준감독서가 노동기준법 위반사건으로 송검한 뒤, 검찰관이 기소하여 최종적으로 법원에서 법정형의 범위 내에서의 유죄판결을 받을 가능성이 있다는 것이다. 그러나 실제 송검상황을 살펴보면, 제37조 위반을 이유로 하여 송검된 사례는 그 만큼 많지는 않다. 2010년에 37건, 도도부현마다 1건 있는 정도이다. 한편, 제24조 위반(임금미지급)의 건수는 제37조 위반의 10배 이상에 달한다. 이것은 제24조 위반이 근로자의 생활의 양식이 되는 통상임금을 지불하지 않고 근로자의 최저한도의 생활을 빼앗을지도 모르는 것에 대하여, 제37조는 통상의 임금을 지급한 다음, 법정 할증임금을 지급하였는지의 문제로, 근로자의 최저한도의 생활(헌법 제25조)과의 관련성이 자연히 다르기 때문이다. 실제로도 제37조 위반으로 송검되는 것은 근로자의 건강을 해

치는 장시간의 잔업실태가 있다. 또 이에 대하여 할증임금의 지급도 이루어지지 않는 경우, 또는 노동기준감독관의 몇 차례의 지도 및 권고에도 불구하고 미지급을 시정하지 않는 매우 악질적인 사례가 통상적이다.

2. 감독기관의 지도와 권고(행정)

(1) 노동기준감독관에 의한 지도와 권고

노동기준법의 실효성을 확보하기 위하여 국가는 전문적인 행정기관으로서 후생노동성 아래에 노동기준주관국을, 또 각 도도부현에 도도부현 노동국을 두고, 또 현장 감독에 해당되는 노동기준감독서를 두고 있다. 이러한 감독기관에는 노동기준감독관이 배치되어 매일 노동기준법이 준수되고 있는지의 감독활동을 하고 있다. 이러한 감독활동의 결과, 노동기준감독관이 사용자에 대하여 지도, 권고를 하는 경우가 있다. 지도를 할 때에는 지도표, 권고를 할 때에는 시정권고서가 각각 사용자에게 교부된다. 이 두 가지는 다음과 같은 구분에 따라서 교부된다.

- 지도표: 법위반에는 해당되지 않지만, 개선하는 편이 바람직한 경우
- 시정권고서: 노동기준감독관이 감독을 할 때에 법위반에 해당한다고 인정한 경우

노동기준법 제37조와의 관계에서는 할증임금의 미지급이 인정된 경우에는 노동기준법 제37조 위반에 해당되기 때문에 시정권고서가 교부된다. 미지급은 인정되지 않지만, 장래 법위반을 미연에 방지하기 위하여 개선이 필요하다고 노동기준감독관이 판단될 때에는 지도표를 교부할 수 있다. 예를 들면, 할증임금의 계산에 유의할 것, 근로자의 시업·종업시각을 적절하게 관리할 것 등이 지도사항으로서 들 수 있다. 이렇게 할증임금의 미지급(또는 그 온상이 되는 상황)이 존재하는 경우, 사용자

는 노동기준감독관으로부터 지도, 권고를 받을 가능성이 있다. 2011년 10월 19일자 후생노동성 발표에 의하면, 2010년도의 1년간에 할증임금이 미지급되었다고 하여 시정권고를 한 사안 가운데, 1기업 당 100만엔 이상의 할증임금이 지급된 사안의 상황은 다음과 같다. 사안에 따라서는 다액의 시정지급이 이루어지고 있음을 알 수 있다.

- 시정기업수: 1,386기업
- 지급된 할증임금 합계액: 123억 2,358만엔
- 대상근로자수: 11만 5,231명
- 지급된 할증임금의 평균액은 1기업당 889만엔, 근로자 1인당 11만엔
- 할증임금을 1,000만엔 이상 지급한 것은 200기업으로 전체의 14.4%, 그 합계액은 88억 5,305만엔으로 전체의 71.8%
- 1기업에서의 최고지급액은 3억 9,409만엔(여관업), 다음으로 3억 8,546만엔(도매업), 3억 5,700만엔(전기통신공사업)의 순서

이러한 것은 기업의 입장에서 잠재적인 코스트가 될 수 있는 것이기 때문에 평소부터 적절한 할증임금의 계산을 하여 이를 전제로 임금 전체의 지급을 관리할 필요가 있다고 할 수 있다. 그러나 위에서 이미 살펴보았듯이, 기업의 노동비용은 현금 급여의 비율이 약 80%, 그 중 매월 정하여 지급하는 급여가 약 65%, 상여가 약 15%라는 내역이 된다. 즉, 기업은 상여의 약 15%와 법정외 복리비용의 약 3%를 합쳐서 약 18% 정도의 플로(flow)를 가지고 있는 것이 된다. 따라서 매월 정하여 지급하는 급여 65% 가운데, 소정내 급여가 약 62%, 소정외 급여가 약 5%라고 생각하면, 할증임금의 미지급분을 지급해도 재직자의 승급, 상여, 복리후생을 조정하면 총액 인건비에 변화는 생기지 않는다. 이렇게 노동기준감독관의 지도 및 권고가 있는 경우, 이에 근거하여 할증임금을 지급한다고 해도 상기의 플로에 의해서 조정함으로써 총액 인건비에 대한 영향을 억제하는 것은 가능하다고 할 수 있다.

(2) 지도 · 권고에 따른 법적 의무

이러한 지도 · 권고를 받은 경우, 사용자는 이에 따른 조치를 강구하는 법적 의무가 발생하는지가 문제로 될 수 있는데, 지도 · 권고는 그러한 법적 의무를 발생시키는 것은 아니다. 이러한 점은 판례에서도 "노동기준감독관이 행하는 시정권고는 행정지도로 이루어지는 것으로, 그 자체가 어떠한 법적효과를 발생시키는 것은 아니고, 피권고자에게 있어 시정권고에 따르지 않았다고 해도 그것 자체를 이유로 어떠한 불이익 처분을 부과하거나, 의무를 지게하거나 하는 경우는 없으며, 피권고자의 법적 지위에 어떠한 영향을 미치는 것은 아니다"고 하고 있다.[130] 이렇게 노동기준감독관으로부터의 지도 · 권고에 따를 법적 의무는 없다. 다만, 그 다음에 발생할 수 있는 송검 등을 피하기 위해서 지도 · 권고가 이루어진 경우에 노동기준법 위반의 사실(또는 향후 위반이 될 수 있을지도 모르는 상태) 자체를 시정할 필요가 있다고 할 수 있다.

3. 근로자에 의한 할증임금 청구(민사)

마지막으로 할증임금의 미지급이 있는 경우, 사용자는 고용계약에 근거로 하는 민사상의 청구로서 근로자로부터 미지급이 된 할증임금의 청구를 받을 가능성이 있다. 이 점에 관해서는 청구인용액의 지불이라는 리스크 외 변호사 비용의 발생, 사내담당자의 부담과 시간적인 코스트, 또는 그 사건이 사회적으로 이목을 끄는 경우에는 명성(reputation) 리스크의 발생도 생각할 수 있는 부분이다.

(1) 할증임금을 둘러싼 분쟁과 그 해결기관

할증임금 청구는 소송 등의 분쟁해결기관의 절차에 이르기 전에 근

---

130) 国 · 亀戸登記所監督官(エコシステム)事件-東京地判, 2009(平21). 4. 28, 労判 993-94, 札幌東労働基準監督官(共永交通)事件-札幌地判, 1990(平2). 11. 6, 労判, 576-59.

로자로부터 내용증명 등의 형태로 미지급액을 지불하도록 연락이 이루어지는 것이 통상적이다. 이러한 당사자간의 대화로 미지급 문제가 해결되지 않는 경우, (사용자가 채무부존재확인을 요구하는 것도 가능하지만) 통상적으로는 근로자의 제기로 분쟁해결기관으로 장소를 옮겨 해결을 꾀하게 된다. 이러한 개별노사분쟁의 해결기관 중 가장 중요한 것은 법원을 통한 사법절차로 민사통상소송(본안소송), 보전소송(가처분), 노동심판, 민사조정, 소액소송 등의 종류가 있다. 행정절차로서는 노동국의 분쟁조정위원회, 도도부현 노정주관부국, 도도부현 노동위원회에의 의한 알선 등의 종류가 있다. 사법절차 가운데 할증임금의 분쟁에 본래 익숙한 것은 민사통상소송(본안소송)이라고 할 수 있다.

먼저 보전소송(가처분)은 근로자와 그 가족의 생활의 곤궁을 피할 필요(보전의 필요성)가 있을 때에 사용되는 제도이기 때문에, 통상임금을 지급한 뒤의 플러스 알파가 문제가 되는 할증임금청구에는 통상적으로 익숙하지 않다. 또한 노동심판은 원칙적으로 3회 이내의 기일로 심리를 마치기 때문에 잔업시간 등의 인정에 다량의 작업을 필요로 하는 할증임금의 사안에는 익숙해지기 어려운 측면이 있다. 잔업시간의 사실인정에 분쟁이 없고, 할증임금의 산정방법 등에 의견의 차이만 보인다는 케이스에서는 조기해결을 도모하는 구조로서 활용할 수 있지만, 그렇지 않은 경우 상기의 짧은 심리기간 속에서 잔업시간이 러프하게 인정되어 청구액의 7~8할 등 어림잡은 조정안이 제시될 우려도 있다. 이 점은 민사조정, 소액소송에도 비슷한 사항이 들어맞는다.[131)]

(2) 할증임금소송의 실제

최근 노동사건 전체의 사건수는 증가경향에 있다.[132)] 그 중에서도 할

131) 여기서 소액소송이란, 소액 60만엔 이하의 금전청구사건에 대하여 원칙 1회의 기일로 심리를 완료하여, 즉시 판결에 이른다는 제도이다.

증임금 청구를 포함한 사건이 늘어나고 있는 경향이 있다고 한다.[133] 할증임금 청구를 내용으로 하는 소송은 근로자가 법원에 소장을 제출하여 소송을 제기함으로써 시작된다. 소장의 '청구의 취지'에는 청구를 요구하는 내용이 다음과 같이 기재된다. 제1항의 지연손해금의 비율(년 6부)은 퇴직하고 있지 않은 근로자로 사용자가 상인(商人)인 경우를 염두에 둔 것이다(상법 제514조). 이에 대하여 퇴직자에 의한 청구의 경우는 년 14.6%이다(임금의 지급 확보 등에 관한 법률 제6조). 제2항은 노동기준법 제114조에 근거로 하는 부가금을 청구하는 내용이다. 부가금에 대한 지연손해금은 부가금의 지급을 명하는 판결이 확정된 다음 달부터 발생하고, 그 이율은 년 5부로 되어 있다.[134]

【청구의 취지】
1. 피고는 원고에 대하여 ○○만 ○○엔 및 이에 대한 ○○년○월○일부터 지급이 끝날 때까지 년 6부의 비율에 의한 금원을 지급하라
2. 피고는 원고에 대하여 ○○만 ○○엔 및 이에 대한 본 판결의 확정 다음 날부터 지급이 끝날 때까지 년 5부의 비율에 의한 금원을 지급하라
3. '소송비용은 피고의 부담으로 한다'라는 판결 및 가집행 선언을 요구한다.

또 소장에는 '청구의 취지'에 기재된 청구권의 발생을 기초화하는 구체적 사실인 '청구원인'이 기재된다. 할증임금 청구의 청구원인의 구조는 다음과 같다. 상기 1 · 2의 적시 사실에서 기초임금액, 할증률에 관한 주장이 이루어진다.

132) 1999년이 소송 1,802건, 가처분 848건, 합계 2,650건인 것에 비하여, 2008년에는 소송 2,500건, 가처분 410건, 노동심판 2,077건, 합계 4,987건.
133) 松田典浩, "東京地裁労働部の事件概況", 「判列タイムズ(1324호)」, 2010. 8. 1, 61면; 早田尚貴, "東京地方裁判所労働部の事件処理の現状", 「NBL(952호)」, 2011, 44면.
134) 江東ダイハツ自動車事件-最一小判, 1975(昭50). 7. 17, 勞判 234-17.

【청구원인】

① 고용계약의 성립, 내용

당사자, 계약체결일, 기간의 정함의 유무

임금액, 합계일, 지불일

소정근로시간, 소정휴일 등

② 시간외 · 휴일 · 심야근로에 대한 임금지급의 합의내용

취업규칙 등의 규정이 법정할증률보다 유리한 경우

③ 청구에 대응하는 기간에서의 시간외 · 휴일 · 심야의 노무제공

시간외 · 휴일 · 심야근로의 사실, 시간수

이에 대하여 사용자(피고)는 답변서에서 청구의 기각을 요구함과 동시에 소장기재의 사실에 대한 반론, 피고측의 주장을 하다. 피고측의 인정여부 반론, 주장의 틀은 대략 다음과 같은 것이 된다. ⓓ~ⓘ의 피고주장은 원고 근로자의 속성, 피고회사가 취하고 있는 제도내용에 따라, 안건마다 타당한 사항을 주장하는 것이다.

【청구원인에 대한 반론】

ⓐ 고용계약의 내용에 관한 반론

예: 원고가 주장하는 임금액, 지급일, 소정휴일은 사실과 다르다.

ⓑ 기초임금액, 할증률에 관한 반론

예: 기초임금액의 계산에 오류가 있다.

ⓒ 시간외 · 휴일 · 심야근로의 사실, 시산수에 관한 반론

예: 원고가 시간외 · 휴일 · 심야근로를 행한 사실은 없다. 또는 원고가 주장하는 시간수의 시간외 · 휴일 · 심야근로는 행해지고 있지 않다.

【피고주장(항변)】

ⓓ 감독 또는 관리의 지위에 있는 자에 해당하는 경우 (법 제41조 제2호)

예: 이른바 관리감독자에 해당하기 때문에, 시간외 · 휴일 할증임금의 지급대상은 되지 않는다.

ⓔ 변형근로시간제의 적용대상자인 경우 (법 제32조의 2, 4, 5)

예: 변형근로시간제가 적용되기 때문에, 1일 8시간을 초과해도 법정시간

외 근로에 해당되지 않는다.

ⓕ 플렉스타임제의 적용대상자인 경우 (법 제32조의 3)

예: 플렉스타임제가 적용되기 때문에, 1일 8시간을 초과해도 법정시간외 근로에 해당되지 않는다.

ⓖ 사업장외 근로 간주제의 적용대상자인 경우 (법 제38조의 2)

예: 사업장외 근로 간주제가 적용되기 때문에, 소정근로시간 근로한 것으로 간주되는 결과, 법정시간외 근로는 발생하지 않는다.

ⓗ 재량근로제의 적용대상자인 경우 (법 제38조의 3, 4)

예: 재량근로제가 적용되기 때문에, 협정 · 결의에서 정한 시간수 근로한 것으로 간주되는 결과, 법정시간외 근로는 발생하지 않는다.

ⓘ 농업, 축산 · 수산업의 사업에 종사하는 자인 경우 (법 제41조 제1호)

ⓙ 기밀의 사무를 취급하는 자인 경우 (동조 제2호)

ⓚ 감시 또는 단속적 근로에 종사하는 자로 사용자가 행정관청의 허가를 받은 경우 (동조 제3호)

ⓛ 할증임금의 고정급 (변제의 항변)

예: 기본급 중 10만엔은 시간외 수당으로서 지급하는 취지의 취업규칙에 명기되어 있으며, 할증임금의 미지급은 발생하고 있지 않다.

ⓜ 소멸시효 (노동기준법 제115조), 제척기간 (법 제114조 단서)

예: 원고는 2012년 3월 31일에 소송제기를 했지만, 그 시점에서 2010년 3월 25일을 지급일로 하는 2010년 3월분까지의 채권은 이미 시효가 완성되었기 때문에, 본 서면으로 시효의 원용을 한다.

이러한 주장 가운데 특히 노력을 필요로 하는 것은 잔업시간수의 인정작업이다. 청구원인 ③, 반론 ⓒ가 이에 해당된다. 잔업을 한 사실과 그 시간수를 주장 입증하는 책임은 근로자측에 있다. 그리고 이 점을 입증하는 증거로서 타임카드 등의 기록이 제출된다. 타임카드 등의 기록에는 출 · 퇴근의 시각을 파악할 수 있지만, 한편으로 출 · 퇴근시각을 파악하는 것만으로는 정확한 근로시간을 파악할 수 없다. 타임카드 등에 기록된 시각이 그대로 근로시간을 나타내는 것은 아니라는 한계가 있다. 그러나 많은 소송의 장에서는 타임카드가 증거로서 제출되면 거기에 기재된 시간에서 일정의 휴게시간 등을 공제한 시간수에 대하여 그 시간에 노무의 제공이 있었던 것으로 근로시간에 해당한다는 추인을 하고 있다. 이러한 경우 피고인 사용자측에서 타임카드에 기록되는 시간이 근로시간을 나타내는 것이 아니라고 할 수 있는 사정을 상기의 추인을 뒤집는 사정으로서 반증할 필요가 있는 것이 현상황이다. 구체적으로는 도중의 외출, 업무태만, 제3자에 의한 타각(打刻)의 사실, 타각 전후에 걸리는 업무 이외의 시간 등이 반증사실이 될 수 있다. 그 근거가 되는 증거로서는 예를 들면 PC의 로그인 기록이나 영업차량에 탑재된 네비게이션 기록, 최근에는 트위터나 페이스북에 글을 올린 기록 등을 생각할 수 있는 부분이다.

이러한 점을 포함하여 상기의 청구원인, 피고주장의 당위성 여부를 둘러싸고 양측이 주장을 교환하고, 일정한 정리가 된 부분에서 증인심문을 실시한 후 판결에 이른다. 노동관계소송에서의 제1심의 평균 심리기간은 11개월에서 1년이지만, 할증임금소송도 경향으로서는 이 정도의 기간이라고 할 수 있다. 판결에 불복이 있는 경우는 공소를 제기하고 그 후의 공소심, 상고심으로 계속된다. 판결에 이른 경과 중에서 재판관의 권고로 화해교섭이 이루어지는 경우도 있으며, 그 결과 화해성립에 이른 경우는 이에 의하여 사건종료가 된다. 또 민사소송에서의 타임카드의 증거 가치로서는 앞에서 언급한 바와 같지만, 노동기준법 위반의 형사절차의 경우 실근로 8시간을 초과한 것을 '합리적 의심을 받아들이지 못하는 정도'라는 고도의 주장·입증을 검찰관이 행할 필요가 있으며, 타임카드로는 그 증거로서 불충분하다고 생각된다.

제4절 상여금

Ⅰ. 상여의 성격

1. 상여의 의미

(1) 상여란?

일본에서는 사용자가 근로자에게 매월 고정적으로 지급하는 월례 임금과는 별도로 1년에 몇 차례(통상적으로는 하계와 동계 2번), 일시금을 지급하는 사례가 많이 존재한다. 이러한 일시금을 일반적으로 상여 또는 보너스라고 한다. 상여는 에도(江戸)시대에 큰 상점의 주인이나 지배인이 종업원에게 명절인 추석(일본에서는 이를 '오봉(お盆)'이라 함)이나 연말에 계절에 따라서 새 옷을 해 입게 하거나 용돈을 주는 습관이 있었는데 그것이 유래된 것이라고 한다.[135] 상여는 월례 임금과는 달리 원칙적으로 사용자에게 지급의무가 발생하지 않는다. 다만, 해당 근로계약에서 합의한 경우에는 그 지급의무가 발생할 수 있다.

(2) 상여청구권의 성질

상여금을 지급하는 경우는 취업규칙(급여규정)이나 단체협약에 상여 지급에 관한 규정이 마련되어 그 기재내용이 노사간의 상여에 관한 계약 내용으로 되어 있는 것이 일반적이다. 이 경우 규정이 정하는 방법에 따라서 근로자가 취득하는 청구권의 성질이 다르다. 예를 들면, 상여의 지급액까지 근로계약 내용으로 되어 있는 경우는 사용자가 그 지급을 하지 않으면, 근로자는 사용자에 대하여 지급을 청구할 수 있다. 이러한 권리

135) 퇴직금도 에도시대의 '분점 차려주기(のれん分け)'에서 유래된 것이라고 한다.

를 '구체적 청구권'이라고 한다. 다음으로 '지급한다'는 것만을 규정하고 있는 경우나, 사용자가 매번 결정하는 지급률 등에 따라 금액이 확정되도록 규정하고 있는 경우는 근로자는 금액이 확정될 때까지 그 지급을 청구할 수 없다. 이러한 권리를 '추상적 청구권'이라고 한다.

(3) 상여지급에 관한 근로계약의 내용

일반적으로는 다음과 같은 규정이 단체협약이나 취업규칙 등에 정하고 있고, 해당 규정(근로계약)에 근거하여 상여금을 지급하고 있다.

1) 지급의 유무 및 지급액이 매번 결정되는 케이스 (① 케이스)

»»» 규정사례

상여는 회사의 업적에 따라 제반 사정을 고려하여 지급된다. 단, 회사업적이 현저하게 저하된 경우, 기타 부득이한 사유가 있는 경우에는 지급일을 변경하거나 지급하지 않는 경우가 있다. 상여의 지급액은 회사의 업적에 따라 능력, 근무성적, 근무태도 등을 인사고과에 의해 평가한 다음, 그 결과를 고려하여 매번 결정한다.

상여는 사전에 지급액을 확정하지 않는 것이 일반적이다. 그리고 통상적으로는 상기 규정사례와 같이 회사업적의 현저한 저하 등의 일정한 사유를 유보하고 있으며, 회사업적에 따라 상여를 지급하는 것으로 하고 지급액에 대해서는 매번 제반 사정을 고려한 뒤 결정한다는 취지를 정하고 있다. 또 상여지급의 결정방법이나 고려요소를 '업적, 능력, 근무성적, 근무태도' 등을 기재하여 보다 상세하게 취업규칙(상여규정)이나 단체협약 등에 따라 정하는 경우나, 그 하위 규범에서 정하는 케이스도 많이 존재한다. 그러나 중소기업을 중심으로 '상여는 년 2회, 업적에 따라 지급한다'는 것과 같은 보다 추상적인 규정을 두고 있는 경우도 있어 지급시의 판단요소, 금액의 결정방법 등이 불명확한 케이스도 존재한다. 이러한 경우 상여의 구체적인 금액, 구체적인 지급기준(해당 기준에 의해 일의적으로 지급액이 결정되는 기준)이 결정될 때까지는 상여의 구체적 청구권은 발생하지 않으며, 근로자는 상여의 추상적 청구권을 취득하게 된다.

2) 지급액이 사전에 결정되어 있는 케이스 (②케이스)

규정사례

상여는 6월과 12월의 연봉액의 16분의 2씩 지급한다.
또는 상여는 6월과 12월의 기본급의 ○개월분을 지급한다.

본 케이스와 같이 상여의 구체적 금액이나 구체적 지급기준이 이미 확정되어 있는 경우는, 근로자는 사용자의 지급액의 결정절차를 기다릴 필요 없이, 소정의 지급월에 구체적 청구권을 취득하게 된다(상기의 규정사례의 경우는 소정월의 말일로 생각한다). 또 지급액이 확정되어 있는 케이스로서는 이미 확정된 연봉액의 일정 비율을 상여로 나누어 지급하는 케이스와 월급제+고정상여의 케이스 등이 있다.

3) 지급의 유무가 명확하지 않은 케이스 (③케이스)

규정사례

상여는 회사의 업적 등에 따라서 지급되는 경우가 있다.

이러한 케이스에서는 상여를 지급할지의 여부, 지급하는 경우에 얼마나 지급할지는 사용자의 재량에 맡겨져 있으며, 사용자에게 상여지급의무는 발생하지 않는다. 그리고 근로자는 사용자가 상여의 지급을 결정하고, 그 구체적 지급액이 확정될 때까지는 구체적으로도 추상적으로도 청구권을 취득하고 있지 않는 것이 된다.

(4) 상여의 임금성

상여는 그 지급조건이 취업규칙 등에서 명확히 규정되어 있는 경우, 해당 규정에 근거하여 지급되는 금전은 '근로의 대상'으로서 노동기준법상의 임금(노동기준법 제11조)이 된다. 따라서 전항의 ①, ②의 케이스에서는 지급조건이 취업규칙에서 명확히 되어 있다고 할 수 있으므로 노동기준법상의 임금이라고 할 수 있다. 한편, 앞의 ③의 케이스에서는 그 지급 자체를 사용자가 임의로 결정할 수 있기 때문에 임의적 · 은혜적 급부라고 할 수 있으며, 노동기준법상의 임금이라 볼 수 없다.[136] 즉, 근로계약상 상여로 지급하게 되어 있는 모든 금전이 노동기준법상의 '임금'으로서 다루어지는 것은 아니다. 다만, 노동기준법에 의해 보호되는 '임금'에 해당되지 않는다고 해도 세법상은 사용자가 근로자에게 지급하는 것은 넓게 급여소득으로 간주된다. 상여로서 현물을 지급하는 것도 노동기준법 제24조의 규제(통화불의 원칙)의 대상외이기 때문에 가능하게 되지만, 그러한 경우 그 현물지급에 의한 '경제적 이익'이 급여소득이 된다.

2. 상여의 노동기준법상의 성격

(1) 매월 1회 이상 일정 기일 지급의 원칙

노동기준법상의 '임금'은 매월 1회 이상, 일정 기일을 정하여 지급해야 하지만(노동기준법 제24조 제2항), '상여'에 대해서는 매월 1회 이상 일정 기일 지급의 원칙은 적용되지 않는다(노동기준법 제24조 제2항 단서). 또한 노동기준법 시행규칙 제8조는 '1개월 이상 기간의 출근성적에 의해 지급되는 정근수당', '1개월 이상 일정기간의 연속근무에 대하여 지급되는 근속수당', '1개월 이상 기간에 걸친 사유에 의해 정산되는 격려금(奬

136) '실적 등에 의해'라고 규정되어 있어도, 실적이 좋으면 반드시 지급한다는 의무가 발생하고 있는 것은 아니다.

勵加給) 또는 능률수당'은 노동기준법 제24조 제2항 단서의 규정에 의한 임시로 지급되는 임금, 상여에 준하는 것으로 열거하고 있다.

문제는 노동기준법상 '상여'에 관한 구체적인 정의가 없는 관계로 해석상의 논란이 있다. 이에 대해서 행정통달은 정기 또는 임시로, 근로자의 근무성적에 따라서 지급되는 것으로 그 지급액이 사전에 확정되어 있지 않은 것을 노동기준법 제24조의 '상여'라고 보고 있다. 따라서 정기적으로 지급되고 또 그 지급액이 확정되어 있는 것은 명칭의 여하에 관계없이 상여라고 볼 수 없으며, 노동기준법 시행규칙 제8조에 해당되지 않는 것은 동법 제24조 제2항의 규정에 따라서 매월 지급되어야 하는 것으로 되어 있다.[137] 이러한 통달을 전제로 하면 연봉제에서 연봉액을 16분할하여 16분의 1씩을 월례 임금으로서 지급하고 나머지 16분의 4를 하계와 동계에 16분의 2씩 지급하는 경우나, 월급제에서의 고정상여(②케이스의 경우)는 매월 1회 이상 일정 기일 지급의 원칙의 적용을 받게 되어 해당 상여의 지급방법은 노동기준법에 위반하고 30만엔 이하의 벌금에 처해질 가능성이 생긴다(노동기준법 제120조 제1항).

하지만 이러한 해석에 의할 경우, 고정적으로 상여를 지급하는 것은 언제나 노동기준법에 반하는 것이 될 수 있다는 점에서 현실적인 타당성이 다소 부족한 부분이 있다. 이 점에 대하여 통달의 '상여'에 관한 정의를 전제로, 연봉제상의 상여가 매월 1회 이상 일정 기일 지급원칙의 적용을 받는 것은 지나치게 형식적인 법 해석이므로 연봉제에 대해서는 동조의 적용을 부정해야 한다는 견해가 있다.[138] 또한 결론은 찬성이지만 '상여'에 관한 통달은 1947(昭22)년의 것으로 고정적으로 지급되는 상여라는 것을 별로 상정하고 있지 않았던 시대라는 점에서, 현재의 '상여'에 관한 정의로서는 적절하지 않다는 견해도 있다. 연봉제 또는 상여의 고

137) 1947(昭22). 9. 13, 発基 17호.
138) 土田道夫, 「労働契約法」, 有斐閣, 2008, 267면.

정지급은 상여지급액이 사전에 정해져 있지 않은 경우보다도 오히려 근로자에게 이익이 된다고 할 수 있는 측면이 있고, 그러한 상여의 지급방법이 형벌의 대상이 되는 것도 타당하지 않다. 이러한 논지에서는 노동계약법상 상여로서 1개월을 초과하는 기간마다 지급되는 노동기준법상의 임금으로서의 성질을 가지는 금전에 대해서는 제24조 제2항 단서의 상여로서 다루는 것이 타당하다고 해석할 수도 있다.

(2) 할증임금의 산정기초

할증임금의 산정기초액에서는 가족수당, 통근수당(이상 노동기준법 제37조 제5항), 별거수당, 자녀교육수당, 주택수당, 임시로 지급되는 임금, 1개월을 초과하는 기간마다 지급되는 임금(이상 노동기준법 시행규칙 제21조)이 제외임금으로 되어 있다. 그리고 '1개월을 초과하는 기간마다 지급되는 임금'이란 1개월을 초과하는 기간마다 지급되는 '상여' 등이 이에 해당된다.

상여는 해고가 자유롭지 못한 일본의 고용사회에서 기업의 업적변동에 따라서 연간 임금을 변동시키는 시스템으로서 채택되어 왔다. 연수입은 12개월분을 기본으로 하여 설정하고 업적이 좋으면 월급의 5개월분 정도의 상여가 지급되어 연간 월급의 약 17개월분 정도에 달한다. 이 5개월분은 변동적인 것으로 대부분의 기업에서는 취업규칙 등에 '업적에 따라 지급한다'는 등으로 규정하여 구체적인 상여지급 책무를 지지 않는 수단을 취해왔다. 따라서 상여는 변동적인 임금이기 때문에 할증임금의 산정기초에서 제외되는 것으로 되었다.

한편, 통달에서는 연봉제에서 매월 지급부분과 상여부분을 합계하여 사전에 연봉액이 확정되어 있는 경우의 상여로서 지급되고 있는 부분은 '상여'에 해당하지 않고, '임시로 지급되는 임금' 및 '1개월을 초과하는 기간마다 지급되는 임금'의 어느 것에도 해당되지 않기 때문에 할증임금

의 산정기초에서 제외할 수 없다고 해석하고 있다.[139]

이러한 산정에 대하여 연봉제는 사전에 연간 임금액을 확정하고 지급방법으로서 연봉액을 16등분하여 일부를 상여로서 지급하는 것으로 하기 때문에 1개월을 초과하는 기간마다 지급되는 임금이라고는 볼 수 없다고 하는 것은 다소 형식적인 해석이라는 비판이 있다. 고정성이 있는 금액이라는 이유로 할증임금의 산정기초에 산입하게 되면 사용자는 상여임금의 고정을 피하는 방향으로 임금정책을 설정할 가능성이 있어, 오히려 근로자의 이익이 저해될지도 모른다. 따라서 금액이 고정되어 있는 상여도 '1개월을 초과하는 기간마다 지급되는 임금'에 해당되고, 할증임금의 산정기초에서 제외될 수 있다는 점도 충분하게 고려될 필요가 있다.

(3) 평균임금의 산정기초액

평균임금의 산정기초가 되는 '임금의 총액'에서는 '임시로 지급된 임금', '3개월을 초과하는 기간마다 지급되는 임금', '통화이외의 것으로 지급된 임금'이 제외된다고 되어 있다. '3개월을 초과하는 기간마다 지급되는 임금'이란, 연간 2회의 상여 등이 해당된다고 되어 있다. 그러나 통달에서는 사전에 연봉제가 확정되어 있는 연봉제에서의 평균임금의 산정에 대해서는 할증임금의 산정과 비슷하게 해석하고, 상여부분을 포함한 연봉액의 12분의 1을 1개월을 임금으로서 평균임금을 산정하는 것이라고 해석하고 있다.[140] 이 점에 대해서는 할증임금과 마찬가지로 연봉제에 대해서는 타당하지만, 월급제+고정상여에 대해서는 '3개월을 초과하는 기간마다 지급되는 임금'에 해당하는 것이라고 생각된다.

---

139) 2000(平12). 3. 8, 基収 78호.
140) 2000(平12). 3. 8, 基収 78호.

(4) 취업규칙에 기재

취업규칙의 기재사항을 규정하는 노동기준법 제89조는 제2호에서 절대적 필요기재사항으로서 '임금'을 규정하고 있지만, 이 '임금'에서는 '임시적인 임금 등을 제외한다'고 한다. 그리고 동조 제4호가 '임시적인 임금 등'에 대하여 '규정을 하는 경우'는 '이에 관한 사항'을 절대적 필요기재사항으로 하고 있다. 상여는 이 '임시적인 임금 등'에 해당된다(노동기준법 제24조 제2항 단서, 노동기준법 시행규칙 제8조). 따라서 상여에 대하여 어떠한 룰을 마련하는 경우는 그 룰을 취업규칙에 기재할 필요가 있다. 또 행정해석에서는 "상여에 대해서는 그 성격상 지급액에 대하여 규정하는 것은 어려울 것이지만, 그 지급이 제도로서 확립되어 있는 것이라면 지급조건, 지급시기 등에 대해서는 규정되어야 한다"고 되어 있고, 앞 항의 ③의 케이스와 같이 지급의 유무나 금액이 사용자의 재량에 맡겨져 있는 경우는 그 취지를 기재하면 충분하다.[141]

3. 상여의 성격

상여는 월례임금과 같이 '근로의 대가'로서 사용자에게 지급이 의무화되어 있는 것은 아니다. 근로계약은 사용자와 근로자의 합의에 의하여 성립되는 것이라는 점에서, 상여를 어떠한 목적으로 지급하는지 역시 원칙적으로는 사용자와 근로자간의 합의에 의하게 된다. 상여는 일반적으로 다음과 같은 성격을 가지는 것으로 해석된다.

① 기업실적의 이익배분적 성격
② 근로자의 공로보상적 성격
③ 향후 근로의욕의 고취, 근로에 대한 기대로서의 성격

141) 厚生労働省労働基準局編, 「2010(平成22)年版, 労働基準法(下)」, 労務行政, 2011, 900면.

④ 생활보전적 성격

⑤ 임금의 후불적 성격

이처럼 상여는 다양한 성격을 가지고 있지만, 이러한 성격 가운데 어느 성격이 강한지의 여부는 각 기업의 상여제도의 실태에 따라서 다르다. 그리고 판례도 "상여는 근로의 대가인 가치를 가지는 것은 부정할 수 없지만, 임금과 같이 근로계약상 당연히 사용자에게 지급이 의무화되어 있는 것은 아니고 대상기간에서의 사용자의 수익이나 근로자의 근무상황, 근무태도 등 많은 요소를 고려하여 지급의 유무나 그 금액이 결정되는 것으로, 사용자의 이익의 배분이나 근로자에 대한 보장적(報奬的) 성질도 강하여 그 성격은 일의적으로 설명할 수 있는 것은 아니다"[142]고 하고 있으며, 각각의 제도설계에 따라서 상여가 다양한 성격을 가지는 것으로 인식되고 있다.

4. 규정의 설정방법

이하에서는 일반적인 상여에 관한 규정의 설정방법(①케이스)을 보다 구체적으로 설명하기로 한다.

>>>> 규정사례

(상여)

제○조 상여는 회사의 업적에 따라서 ○○를 고려하여 총액을 결정하여 지급한다. 단, 회사업적의 현저한 저하, 기타 부득이한 사유가 있는 경우에는 지급일을 변경하거나 또는 지급하지 않을 수도 있다.

※ 상여는, 본래 사용자에게 지급의무가 없고, 해당 근로계약에서 합의한 경우에 그 지급의무가 발생하는 것이다. 본조는, 회사업적에 따라서 상

142) 錦タクシー事件-大阪地判, 1996(平8). 9. 27, 勞判 717-95.

여를 지급하는 취지를 규정하고 있다. 또, '○○'의 부분에는 상기 ①~⑤의 상여의 성격을 기재하고, 지급목적을 명확히 해야 한다. 본조에 의해서 종업원은 상여청구권에 대해서는 추상적 청구권으로서 취득하는 것이 된다. 그리고 본조 단서에서 회사의 업적저하 등의 경우에는 상여가 발생하지 않는 것을 명확히 하고 있다.

(지급액)

제○조 상여의 개인마다의 지급액은 회사의 업적에 따라서 능력, 근무성적, 근무태도 등을 인사고과에 따라서 평가하여 그 결과를 고려하여, 매번 결정한다.

※ 본조는 상여의 지급액에 대해서는 회사업적 및 개인의 업적 등의 인사고과 등으로 매번 결정하는 것을 명확히 한 규정이다.

(지급시기)

제○조 상여를 지급하는 경우는, 원칙으로서 년 2회, 6월 및 12월에 지급한다.

※ 본조는 상여를 고용사회의 통례에 따르며, 년 2회, 시기에 대해서는 6월과 12월에 지급하는 취지를 규정한 것이다. 또, 지급횟수 및 시기에 대하여 사정에 따라서 변경할 수 있도록 '원칙으로서'라고 명기하고 있다.

(지급대상 기간)

제○조 상여의 지급대상기간은 다음과 같다.

상반기: 전년 11월 1일~금년 4월 30일

하반기: 금년 5월 1일~금년 10월 31일

※ 상여의 지급액에 대해서는 상기에서 규정하는 바와 같이, 회사업적 및 개인의 업적 등에 따라서 결정하기 때문에, 본조는 판단을 하기 위해서 대상이 되는 지급대상기간을 규정한 것이다.

(지급대상자)

제○조 상여는 앞 조에서 규정하는 지급대상기간에 전부 재적하고 또 지급일에 재적하는 종업원에게 지급한다.

※ 본조는 지급대상자의 범위를 규정한 것으로, 상여를 지급하기 위한 요건으로서, ① 앞 조의 규정에서 규정하는 지급대상기간에 전부 재적하고, ② 지급일에 재적할 것을 정하고 있다.

Ⅱ. 상여청구권

1. 구체적 청구권

상여의 구체적 청구권이란 사용자로부터 근로자에게 상여의 지급이 이루어지지 않는 경우, 법원에 사용자가 구체적 금액으로서 확정된 상여 지급의 이행을 행하도록 요구할 수 있는 권리를 말한다. 근로계약에서 사용자의 지급액의 결정절차를 기다릴 필요도 없이, 상여의 구체적 금액이 이미 확정되어 있는 케이스(앞 절 1(3)의 ②케이스)에서는 지급일에 약속된 상여의 지급이 이루어지지 않는 경우, 사용자의 채무불이행이 되어 근로자는 법원에 그 청구를 요구하여 구제를 받을 수 있다. 한편 회사 내에 상여금제도가 존재하는 경우라고 해도 취업규칙이나 단체협약상 구체적인 지급기준이나 지급일이 기재되어 있지 않은 케이스(동①케이스)에서는 제도의 존재 자체로부터 바로 상여의 구체적 청구권이 발생하는 것은 아니다. 이러한 경우에는 구체적인 지급기준이나 금액은 다음 절차에 따라 구체적 지급액이 확정되고 구체적 청구권이 발생하게 된다. 또한 앞 절의 ③케이스에서도 사용자가 지급 및 구체적 지급액을 결정하여 주지한 다음에는 근로자에게 구체적 청구권이 발생한다.

가. 노동조합이 존재하지 않는 경우
　사용자가 기준에 따라서 사정하여 지급액을 결정한다.

나. 노동조합이 존재하는 경우
　사용자와 노동조합과의 단체교섭으로 합의된 금액이 지급액이 된다(단, 조합원에 한정된다).

단체협약에 상여제도에 대한 정함이 있는 경우, 단체교섭에서 총액과 분배기준만 합의되고, 그 후 고과에 의해 구체적 지급액을 확정하는 것이 일반적이다.

또, 노동조합과 합의가 성립되지 않는 경우에는, 상여결정에 동의약관이 존재하는 예외적인 경우를 제외하고, 사용자가 지급액을 결정하여 조합원에게 지급하는 것도 가능하다. 그러나 이 경우 불성실한 단체교섭(노동조합법 제7조 제2호), 지배개입(동 제3호) 등으로서 부당노동행위 구제신청이 이루어지는 사례도 있어, 특히 신중히 대응할 필요가 있다.

2. 노사관행에 의해 상여청구권이 발생하는가?

상여는 월례임금과는 달리 해당 권리의무는 해당 근로계약에 근거하여 발생하는 것이기 때문에 지급기준은 어느 정도 명확히 규정되는 것이 바람직하다. 그러나 상여에 관한 지급기준 등이 명확히 되어 있지 않은 경우도 많고, 그 구체적인 지급방법 등은 규정에 근거로 하지 않고 결정되는 경우도 있다. 또 상여에 관한 규정은 아무것도 없었음에도 불구하고 상여를 지급해온 경우도 있다. 이러한 취업규칙 등의 성문의 규범에 근거로 하지 않는 취급이 반복 계속된 경우, 그 관행적 사실에 의해 상여의 구체적 청구권이 발생하는지의 여부가 문제가 된다.

(1) 노사관행 일반론

노사관계에서는 성문의 규범에 근거로 하지 않고 일정한 취급이 오랫동안 반복 · 계속되고 있는 경우, 그러한 취급이 행위준칙이 되는 경우가 있는데, 이러한 취급을 '노사관행'이라고 한다.[143] 노사관행은 어디까지나 사실이 거듭된 것이기 때문에 법적 효력(장래적 구속력)은 가지지 않는 것이 원칙이나. 그러나 어느 일정한 경우에는 묵시적 합의가 성립되었다고 해석하거나 또는 민법 제92조의 '사실인 관습'에 해당하여 당사자가 그 관습에 의한 의사를 가지고 있었다고 인정될 때에는 근로계약의 내용이 되어 노사양측이 법적으로 구속하는 경우가 있다. 노사관행이 법적 효력을 가지는 경우, 그 효력으로서 다음의 두 가지의 유형이 있다.

143) 菅野和夫, 「労働法(第9版)」, 弘文堂, 2010, 86면.

① 노사관행이 단체(單體)로 근로계약 내용이 되는 경우
② 노사관행이 단체협약 또는 취업규칙과 일체가 되어 근로계약 내용이 되는 경우

노사관행이 노동기준법 등의 강행법규나 공서(민법 제90조)에 반하는 경우, 법적 효력을 가지지 않는 것은 당연하다. 판례상 ①의 노사관행이 법적 효력을 가지기 위한 요건은 다음과 같이 정리할 수 있다.

가. 동종의 행위 또는 사실이 일정의 범위에서 장기간 반복 계속하여 행해지고 있는 것
나. 노사양측이 명시적으로 해당 관행에 따르는 것을 배제, 배척하고 있지 않는 것
다. 해당 관행이 노사양측의 규범의식에 따라서 지지되고 있는 것

또 취업규칙이나 단체협약 등의 근로계약의 내용에 반하는 노사관행에 대해서는 성문의 규정이 존재하지 않는 경우나, ②의 성문규정의 해석을 메우는 경우와는 달리, 가.에 대하여 그 관행이 상당히 장기간 상당히 여러 차례에 걸쳐 넓게 반복 계속되고 있는 것, 나. 다.에 대해서는 단체협약 체결권한을 가지는 자나 취업규칙을 개폐(改廢)하는 권한을 가진 자가 규범으로서 인정하는 의사를 가지고 있는 것이 필요하다고 여겨지는 등 엄격하게 판단되고 있으며, 이러한 노사관행에 법적 효력이 인정되는 것은 극히 예외적인 케이스라고 한다.[144] 이 점은 법적 효력을 가지는 노사관행은 근로계약의 내용이 되기 때문에 노사관행에도 노동계약법 제12조, 노동조합법 제16조가 적용되어야 하고, 취업규칙에 정하는 근로조건에 달하지 않는 근로조건에 관한 노사관행, 단체협약에서 규정

144) 商大八戸ノ里ドライビングスクール事件-大阪高判, 1993(平5). 6. 25, 勞判 679-32, 東京中央郵便局[休息権]事件-東京高判, 1995(平7). 6. 28, 勞判 686-55.

하는 근로조건에 위반하는 노사관행은 당연히 무효가 된다.

(2) 상여에 관한 노사관행

1) 상여지급규정이 없는 경우

상여지급에 관한 성문의 규정이 없음에도 불구하고 오랫동안 상여를 계속하여 지급해 온 경우, 그 관행이 법적 효력이 있는 노사관행이 될 수 있는지가 문제가 된다. 이 점에 대해 판례[145]는 근로계약 체결시에 '상여는 년 2회 지급한다'는 정도의 합의가 있었고, 실제로 매년 7월과 12월에 임금 1개월 분 이상의 상여가 지급되고, 사용자도 최저 기준을 1개월분으로 하고 재량에 의해서 지급액을 결정한다는 방침으로 처리하고 있었던 사안에서 "적어도 경영상태가 현저하게 열악하고 상여금의 지급으로 경영유지가 어렵게 된다든지 해당 종업원의 근무성적이 현저하게 불량하다든지 등의 특단의 사정이 없는 한, 매년 7월 및 12월에 각 임금 1월분 이상의 상여를 지급해야 하는 것이 근로조건의 내용으로 되어 있다고 해석하는 것이 상당하다"고 하여, 법적 효력이 있는 노사관행의 성립을 인정했다.

또 「노스웨스트항공(상여청구)사건(ノースウエスト航空[賞与請求]事件)」[146]은 취업규칙에는 상여에 관한 규정은 없지만, 30년간에 걸쳐 매년 노동조합과의 교섭을 거쳐 단체협약(유효기간 1년)을 체결하여 상여를 지급해 왔는데, 상여지급의 전제조건을 노동조합이 승낙하지 않았기 때문에 상여를 지급하지 않은 사안이다. 이에 대해 법원은 "종전부터 지급해온 경위, 지급금액, 기타 종업원에 대한 지급상황, 회사의 경영내용, 종전부터 지급해온 상여의 성격 등의 여러 사정을 고려한 다음, 상여금을 지급하지 않는 것이 종전의 노사관계에 비추어 합리성을 가지지 않고, 지급하

145) 大島園事件-東京地判, 1977(昭52). 3. 30, 労判 284-56.
146) ノースウエスト航空[賞与請求]事件-千葉地判, 2002(平14). 11. 19, 労判 841-15.

지 않는 상태를 시인함으로써 근로자에게 경제적으로 현저한 불이익을 주는 경우에는 전제조건의 존재를 주장하는 것 자체가 '신의칙 위반'이 되어 무조건의 상여청구의 신청으로 해석해야 하고, 동신청을 노동조합이 승낙한 경우에는 합의가 성립한 것과 마찬가지로 취급하여, 일시금(상여)청구권의 발생을 인정해야 한다"고 한 뒤, 종전부터 동일 수준에 의한 상여의 지급, 상여의 고정수입액의 비율 등을 고려하여 상여신청, 그리고 상여청구권의 성립을 인정했다. 동판례는 원래 사용자로부터의 조건부의 상여지급 신청이 있었다는 특수한 사안이다. 그러나 본건에서 28년간 동일수준에서 상여를 지급하고 있는 것[147]이나 상여가 연간 수입액에 차지하는 비율이 크고, 고정임금의 성격을 가지고 있는 점 등을 중시할 때, 신의칙을 바탕으로 상여청구권의 발생을 인정하고 있는 것은 법적 효력이 있는 노사관행이 예외적으로 발생하는 경우의 해석에 이바지하는 것이라고 할 수 있다. 또 해당 사안에서는 연간 상여액이 연간 고정지급액의 약 6할로 큰 부분을 차지하고 있었다는 사정도 중요하게 고려되었다고 생각된다.

이상을 바탕으로 생각하면 매회, 일정의 지급기준(예를 들면, 일정 월수×기본급)의 상여지급을 장기간에 걸쳐 계속적으로 행하고 있는 경우는 예외적으로 법적 효력이 있는 노사관행이 성립하고 있다고 해석될 수 있다. 그리고 상여지급이 노사관행으로서 법적 효력을 가지고 근로계약의 내용이 되기 위해서는 i) 매회 예외 없이, 그리고 ii) 일정액, 일정의 구체적 지급기준에 근거로 하여 지급하고 있을 것, iii) 이 점을 명확한 룰로 삼고 있을 것 등 구체적 상여 지급액이 노사관행에서 명확하다는 것이 필요하다. 또 중요한 것은 그러한 관행이 법적효력을 가지는 것은 경영상태에 변화가 없는 등 지급에 있어서의 기초적 사실이 비슷한 경우에

147) 그 중 1년은 경영위기로 수준을 낮추었지만, 그 후 차액이 지급되고 있다.

한정되고, 기초적 사실에 변동이 있을 때에는 지금까지의 노사관행이 법적 효력을 가지지 않는 것이라고 해석된다. 이 점에서 취업규칙상의 상여청구권과의 큰 차이가 있다. 다만, 매년의 노사교섭에 의해 상여의 지급을 결정하고 있는 경우에, 그 지급은 합의에 의한 의무이행으로서 사실의 반복을 전제로 하는 노사관행의 성립이라고 볼 수는 없다.

2) 상여지급규정이 있는 경우

다음으로 취업규칙 등에 상여지급규정이 있지만, 지급액에 대해서는 '업적에 의한다'는 등으로 추상적인 기준이 규정되어 있는 경우에 장기간에 걸쳐 동일 기준 또는 동일액의 상여지급을 계속해 왔다는 사실이 상여시급액에 대하여 노사관행으로서 법적 효력을 가지는지가 문제가 된다.

(a) 일정 수준이상의 상여지급을 실시해 온 경우

상여는 근로자의 생활면에 대한 배려 등에서 어느 일정 수준 이상의 지급이 관행으로 되어 있는 경우가 있다. 그러나 그러한 경우라고 해도 상여지급은 업적에 의한 재원의 문제, 고용상황, 경영환경 등 다양한 상황에 좌우되는 것으로 통상적으로 사용자가 일정 수준 이상의 상여지급을 반드시 행하는 것이라는 인식을 가지고 있다고는 생각되지 않는다. 따라서 이러한 관행적 사실로 원칙적으로 상여의 지급액의 수준에 관하여 구체적 청구권을 기초화하는 노사관행의 성립을 인정하는 것은 어렵다.

이 점에 대하여 판례[148]는 "노동행위는 동종 행위 또는 사실이 장기간 반복 계속되어, 당사자에게 계속적인 행위의 준칙으로 의식됨으로써 당사자의 명시 또는 묵시적 의사를 매개로 하여 법률행위의 내용을 형성하는 것에 따라서 비로소 법적 효력을 가지게 되는 것에 이른 것으로, 당사자의 합리적 의사에 반해서는 성립하지 않는 것이라고 해석한다"고 한

148) 松原交通事件-大阪地判, 1997(平9). 5. 19, 勞判 725-72.

뒤, “종전 전년도 실적을 밑돌지 않는 금액의 상여가 지급되어 왔다고 해서 원고들이 주장하는 구체적인 상여청구권을 기초화하는 노동관행의 존재를 인정할 수는 없다”고 판단하였다. 앞의 「오오시마엔사건(大島園事件)」의 판례와 같이 우연히 일정 수준 이상을 지급하고 있었다는 것이 아니고, 최저기준액 이상을 지급한다는 사용자의 명확한 규범의식에 기초로 하여 상여지급이 이루어지고 있었던 경우에는, 해당 계속적 사실이 누적됨으로써 법적 효력이 인정될 가능성이 있다는 점에는 유의할 필요가 있다.

(b) 일정 산정방법으로 지급을 실시해 온 경우

규정상 지급기준은 추상적이긴 하지만, 사용자가 일정한 산정방법에 의해 상여의 지급을 행해 온 케이스의 예를 들면, 택시운전수의 운임수입액이나 영업사원의 영업실적 등에 따라서 상여금이 기계적으로 산정되어 온 케이스에서, 해당 산정방법이 법적 효력이 있는 노사관행이 될 수 있는지가 문제가 된다. 이러한 케이스에서는 오랫동안 상여의 지급액을 운임수입이나 영업성적에서 기계적으로 산출해왔기 때문에, 사용자의 의사에 따라서 상여지급은 해당 산출방법에 따른다는 규범의식이 형성되어 있었다고 인정될 가능성이 높다.

(c) 규정에 반하여 상여지급액을 실시해 온 경우

계약사원의 계약서 등에 ‘상여는 지급하지 않는다’는 규정이 있음에도 불구하고 규정에 위반하여 상여지급을 계속해온 경우에, 법적 효력이 있는 노사관행이 성립하는지가 문제가 된다. 성문의 규범에 반하는 노사관행의 케이스이다. 하지만 이러한 상여지급은 사실상의 것에 불과하고, 성문의 규정에 반하는 상여지급에 대한 사용자의 의사로서는 근로자에 대한 성의 · 포상, 기타 고용형태와의 비교, 근로자의 근로의욕을 고양하기 위한 은혜적 조치로 생각된다는 점에서, 사용자가 반드시 상여를 지급한다는 규범의식을 가지고 있다고는 할 수 없다. 상당한 특별한 사정이 없는 한, 상여지급의무가 발생한다고는 보기 어렵다.

3. 상여를 지급하지 않는 것은 가능한가?

매년 상여지급을 실시해온 경우에, 사용자가 업적이나 경영환경 등을 이유로 상여를 지급하지 않기로 할 수 있는지가 문제가 된다. 또한 어느 케이스에서도 노사관행이 존재하고 있는지의 검토가 별도 필요하게 된다.

(1) 상여의 지급 유무 및 지급액이 매번 결정되는 케이스(①케이스)

1) 미지급 규정이 있는 경우

상여제도를 가지고 있는 기업의 대부분은 "회사업적의 현저한 저하, 기타 부득이한 사유가 있는 경우에는 지급일을 변경하거나 또는 지급하지 않는 경우가 있다" 등의 미지급 규정을 마련하여, 상여지급에 대한 일정한 유보조건을 설정하고 있다. 이러한 경우, 미지급의 요건을 충족시키는 상황에 있다면 사용자는 상여를 지급하지 않는 것도 가능하다. 한편 해당 요건을 충족시키지 않음에도 불구하고, 상여를 지급하지 않은 것은 가능한지가 문제가 된다.

이 점은 앞에서 서술한 것처럼, ①케이스에서는 구체적 지급액이나 구체적 지급기준이 결정될 때까지 근로자는 구체적인 상여청구권을 가지지 않는다는 점에서 보면, 지급액을 제로로 하는 것(상여청구권은 발생하지 않는다)도 가능하다. 그러나 미지급요건을 충족시키지 않음에도 불구하고 미지급으로 하는 경우는 기대권 침해로서 불법행위책임이 발생할 가능성이 있다.[149] 다만, 미지급요건에 해당하지 않음에도 불구하고

149) 단, 손해액이 확정할 수 있는지는 다른 이야기이다. 통상은 위자료로 처리된다.

상여를 지급하지 않거나, 대폭적인 감액을 하거나 하는 것은 노사간의 신뢰관계, 근로자의 근로의욕 등을 감안하면 노무관리상 갈등의 소지가 있고, 반드시 사용자에게 이득이 된다고는 볼 수 없다는 점에 유념할 필요가 있다.

2) 미지급 규정이 없는 경우

①케이스에서, 앞의 1)과 같은 미지급 규정이 존재하지 않는 경우, 사용자에게는 일정한 상여를 지급할 것이 요구된다. 그러나 앞에서 서술한 바와 같이, ①케이스에서는 사용자가 구체적 지급액이나 구체적 지급기준을 결정하여 비로소 상여의 구체적 청구권이 발생하는 점에서 보면, 제반의 사정을 고려한 뒤, 지급액을 제로로 하는 것(상여청구권은 발생하지 않는다)도 가능하다. 이 점은 '업적에 따라서 지급한다'고 규정되어 있음에도 불구하고, 지급을 하지 않거나 대폭적으로 감액하는 것에 대하여 채무불이행책임 내지 근로자의 기대권을 침해한 불법행위책임이 성립하는가라는 문제가 있지만, 업적의 악화 등의 정당한 사유가 있으면 미지급도 가능하다고 생각된다.[150)]

또한 회사가 어떤 근로자의 취업을 거부하고 그 기간의 상여지급이 문제가 된 사례[151)]에서, "상여는 피고의 단순한 은혜적인 급부에 그치지 않고 보장(報奬)적 성질 등을 함께 가지는 것이라고 해도, 기본적으로는 대상기간의 근무에 대한 임금의 일부라고 해야 하는 것으로, 피고가 정당한 이유 없이 위의 기준액을 감액하거나 미지급하는 것이 허용되는 것은 아니다"고 판단하고 있는 점은 참고할 만하다.

(2) 상여금이 사전에 확정되어 있는 경우(②케이스)

②케이스에서는 사용자의 지급액의 결정 절차를 기다릴 필요도 없이

150) 다만, 앞항과 같이 손해액을 확정할 수 있는지는 다른 이야기이다.
151) 毅峰会[吉田病院 · 賃金請求]事件-大阪地判, 1999(平11). 10. 29, 勞判 777-54).

사전에 상여지급액이나 구체적 지급기준이 확정되어 있기 때문에 원칙으로서 상여를 미지급으로 하거나 감액하거나 할 수는 없다. 이러한 경우는 사용자의 채무불이행으로서 근로자는 법원에 구제를 요청할 수 있다. 사용자가 상여를 지급하지 않고자 할 경우에는 취업규칙의 불이익 변경절차에 따라서 해당 규정을 변경해야 한다.

(3) 상여의 지급이 명확하지 않는 경우의 케이스(③케이스)

③케이스에서는 상여지급은 사용자의 임의로 이루어지는 것이기 때문에 상여의 지급은 노력의무로, 근로자는 구체적으로도 추상적으로도 상여청구권을 취득하고 있지 않기 때문에 상여를 지급하지 않는 것도 가능하다.

4. 상여 대신에 현물을 지급하는 것은 허용되는가?

일본에서 임금은 강제 통용력이 있는 통화로 지급해야 한다. 그리고 앞에서 서술한 바와 같이, 지급조건이 취업규칙 등에서 명확하게 규정되어 있는 경우에는 상여는 노동기준법상의 임금에 해당하고 통화불의 원칙이 적용된다. 이 취급의 예외는 노동조합과 단체협약을 체결한 경우에만 한정되어 있으며, 그 사업장에 노동조합이 없는 경우는 통화불의 원칙을 준수하여야 한다. 또 노동조합과 단체협약을 체결하여 상여를 회사제품 등의 현물로 지급한다는 합의는 해당 조합의 조합원에게만 효력이 있다.

단체협약을 체결한 노동조합은 해당 사업장의 상시 사용되는 동종의 근로자의 4분의 3이상의 조합원으로 구성되어 있던 경우에는 노동조합법 제17조가 규정하는 일반적 구속력에 의해서 비조합원에게도 해당 단체협약이 적용된다. 그러나 노동조합법 제2조 단서의 감독자나 소수 노동조합의 조합원에게는 그 효력이 미치지 않기 때문에 전체 사원에게 상여를 현물로 지급하는 것은 법적으로 어렵다. 또 실무적으로는 ②케이스와 같이 구체적인 청구권으로 되어 있지 않은 사안이라면, 상여를 제로로 하는 방법도 있다. 그리고 복리후생의 일환으로서 자사제품을 현물로 지급하는 것을 회사의 성과회복의 한 방법이라고 할 수 있다.

Ⅲ. 지급일 재적요건

1. 퇴직자에 대한 상여의 지급 (지급일 재적요건이 존재하지 않는 경우)

근로자가 상여대상기간 경과 후 또는 상여대상기간 중에 퇴직한 경우, 해당 퇴직자에 대한 상여지급이 어떻게 되는지가 문제가 된다. 이 문제는 퇴직 시기에 따라서 다음과 같이 분류할 수 있다.

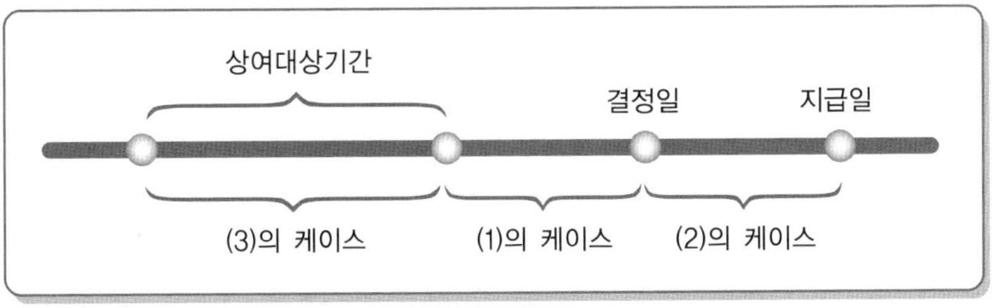

(1) 상여대상기간 경과 후, 지급일(지급액 결정전)까지 퇴직한 경우

상여금의 결정과정에서는 지급일 이전에 회사 내부에서 지급액(또는 구체적 지급기준) 결정절차가 이루어지는 것이 일반적이다. 예를 들면, 지급일이 6월 30일인 경우, 상여지급액을 결정하기 위한 간부사원의 회의는 6월 10일에 행해지는 경우 등이다.

1) 상여의 지급유무 및 지급액이 매번 결정되는 케이스(①케이스)

①케이스에서, 상여는 회사의 업적에 따라서 능력, 근무성적, 근무태도 등의 사정에 근거하여 각 종업원에 대한 지급액이 매번 결정되는 것이기 때문에, 상여대상기간에 근무를 한 것에 의해서 당연히 발생하는 월례임금과는 성질을 달리하는 것으로, 상여 대상기간에 근무했다고 해서 당연히 발생하는 것은 아니다.[152] 따라서 상여의 대상기간의 전부를 근무한 후, 지급액 결정전에 퇴직한 경우에 대해서는 설령 상여 대상기간을 전부 근무했다고 해도 지급액이 결정되기 전에 퇴직하였기 때문에, 근로자는 구체적인 상여청구권을 가지지 못한다고 본다.[153]

2) 상여금이 사전에 확정되어 있는 케이스(②케이스)

②케이스에서는, 사전에 구체적인 지급액 및 구체적 지급기준이 정해져 있기 때문에, 상여를 지급함에 있어 사용자의 결정 등은 필요 없다. 따라서 상여대상기간 전부 근무한 것에 대해 사용자는 당연히 사전에 정해져 있는 금액 · 기준에 근거로 하는 상여금을 지급일에 지급해야 한다. 관리직에 대하여 사전에 연간 상여가 6월과 12월로 합계 7개월로 정해져 있다고 본 사례[154]에서 법원은, "(상여는) 회사가 종업원에게 근로의 대가로서 그 지급이 의무화된 임금의 일부라고 인정하는 것이 상당하다. (중략) 위의 계산기간 전부를 근무한 종업원에 대해서는 위의 종업원이 그 후에도 재직하고 있었는지의 여부를 불문하고, 당연히 그 기간의 상여를 지급해야 할 의무가 있다"고 판단하였다.

3) 상여의 지급이 명확하지 않는 케이스(③케이스)

③케이스의 경우, 상여는 임의로 지급되는 것으로, 사용자도 상여를

---

152) カツデン事件-東京地判, 1996(平8). 10. 29, 勞判 714-87 참조.
153) 安西愈, 「賃金 · 賞与 · 退職金の法律実務」, 中央経済社, 1984, 336면.
154) 日本ルセル事件-東京高判, 1974(昭49). 8. 27, 勞判 218-58.

지급할 의무는 없다. 따라서 예를 들면, 사용자의 의향의 지급이 이루어진 경우라고 해도 지급액이 결정될 때까지 퇴직한 근로자는 구체적인 상여청구권을 가지지 못한다.

(2) 지급액 결정 후, 지급일까지 퇴직한 경우

1) 상여의 지급유무 및 지급액이 매번 결정되는 케이스(①케이스)

상여가 대상기간에 근무했다고 해서 당연히 발생하는 것이 아니다. 그러나 ①케이스에서는 퇴직전에 이미 구체적 금액이 확정되어 있다는 점에서, 그 시점에서 상여 대상기간 근무하고 있는 해당 퇴직자에 대해서도 재직하고 있는 다른 종업원과 마찬가지로 구체적 상여청구권이 발생한다. 따라서 사용자는 해당 퇴직자에 대해서도 상여를 지급하여야 한다.

2) 상여금이 사전에 확정되어 있는 케이스(②케이스)

②케이스에서는 사전에 구체적인 지급액 및 구체적인 지급기준이 정해져 있기 때문에, (1)과 마찬가지로 사용자는 퇴직자에 대하여 당연히 사전에 정해져 있는 금액 · 기준에 근거로 하는 상여금을 지급일에 지급해야 한다.

3) 상여의 지급이 명확하지 않는 케이스(③케이스)

③케이스에서도 퇴직시에 사용자가 상여의 지급액을 결정하는 경우에 대해서는 해당 퇴직자는 이미 상여의 구체적 청구권을 취득하고 있기 때문에 상여금을 지급할 필요가 있다. 그러나 사용자는 그 결정시에 퇴직예정자를 제외하고 지급을 결정할 수 있기 때문에, 실무에서는 명확한 퇴직예정에 대해서는 상여의 지급대상으로 하지 않아도 무방하다고 생각된다.

(3) 상여대상 기간 중에 퇴직한 경우

1) 비례지급규정이 있는 경우

상여대상기간 중에 근로자가 퇴직한 경우, 상여대상기간에 대하여 근무한 기간이 차지하는 비율에 비례하여 상여를 지급한다는 비례지급규정이 있다면 그 규정에 따라야 한다. 지급에 대해서는 퇴직자로부터의 청구가 있었던 경우, 7일 이내에 임금을 지급해야 한다고 되어 있다는 점에서 문제가 될 수 있다. 하지만 특별한 규정이 없으면, 소정의 지급일의 도래가 지급조건이 되고 있기 때문에, 퇴직자에 대해서도 다른 종업원과 마찬가지로 상여를 청구할 수 있는 것은 지급일 이후가 된다(노동기준법 제23조 제1항 참조).

2) 비례지급규정이 없는 경우

(a) 상여의 지급유무 및 지급액이 매번 결정되는 케이스(①케이스)

상여대상기간 중에 퇴직한 경우에는 이미 근무한 기간이 있는 이상, 근무한 비율에 따라서 구체적 상여청구권을 취득할 수 있다고 생각된다. 그러나 상여대상기간 중에 퇴직한 근로자는 대상기간의 노무제공을 완수하고 있지 않다. 또한, 이 케이스의 상여는 월례임금과는 달리, 반드시 근무기간과의 대응으로 매일 청구권이 발생하는 것이 아니다. 또 민법상 근로에 대한 보수는 근로가 끝난 후가 아니면 청구할 수 없고, 또 기간에 따라서 정해진 근로에 대한 보수는 그 기간을 경과한 후가 아니면 청구할 수 없다(민법 제624조).

그리고 이 케이스에서 상여 대상기간 중 근무한 사람에 대하여, 제반 사정 등을 고려하여 구체적 지급액이 결정되고, 비로소 구체적 청구권이 인정된다. 또 대상기간 중 전부를 근무하고 수급의 요건을 충족시키고 있는 것도 아니기 때문에 근로자에게 상여의 구체적 청구권은 발생하지 않고 사용자에게 지급의무는 없다고 해석된다. 또 이 점에 대해서는 1978년(昭53)의 판례[155]에서는 "종업원은 그 지급대상의 전부를 근무하지 않아도, 또 그 지급일에 종업원인 신분을 잃었다고 해도 원칙적으로 지급대상기간 중에 근무한 기간의 비율에 따라서 상여의 지급을 받을 수 있다고 해석하는 것이 상당하다"고 판시한 바 있다. 그러나 이 판례에 대해서는 상여의 구체적 금액결정의 유무 및 본 취지의 변제[156]라는 시점이 결여되어 있어 판결로서 선례의 의미는 가지지 못한다는 비판이 있다.

(b) 상여금이 사전에 확정되어 있는 케이스(②케이스)

이 케이스에 대해서는 '연봉제'의 경우와 '월급제+고정상여'에서는 다른 취급이 되기 때문에 각각의 케이스를 검토한다.

① 연봉제의 경우

사전에 구체적 지급액이나 구체적 지급기준이 확정되어 있는 상여에서는 사정, 결정 등을 거치지 않고 구체적 청구권이 발생하는 것이 된다. 또 연봉제의 경우, 본래 12등분하여 지급해야 하는 임금을 지급방법의 선택으로서 일부를 상여로서 지급하고 있는 것에 불과하기 때문에 월례임금과 마찬가지로 사용자는 이미 근무한 부분에 대해서는 해당 근무기간에 따라서 상여를 지급하지 않을 수 없다고 생각한다. 그리고 일본에서는 월급제의 경우, 일반적으로 그 실질은 일급월급제로, 이 경우 1일마다의 임금액이 확정되어 있기 때문에 달의 도중에 퇴직해도 일일로 나눈 계산으로 임금이 지급되게 되는 등 그 단위기간은 1일로 되어 있다. 한편, 일급제 하에서 반일밖에 일하지 않은 경우, 최저한도의 단위기간(1일)에 미치지 못한 노무제공일 뿐만 아니라, 반일분의 임금청구권이 발생한다고는 생각되지 않기 때문에, 역시 단위기간으로서는 1일이 상당

155) ビクター計算機事件-東京地判, 1978(昭53). 3. 22, 労判 297-48.
156) 상여는 그 계산 기간 전부에 대하여 노무를 제공한 것에 대한 대가이다.

하다고 생각된다. 또 시급제라면 임금은 발생하고, 사용자는 반일의 채무불이행 책임만을 지게 된다고 생각된다.

따라서 상여와 같이 1개월을 초과하여 지급되는 임금은 1일을 단위로 하여 상여대상기간 근무한 비율에 따라 비례하여 지급하게 되며, 본 케이스에서 상여대상기간 중에 퇴직한 경우도 1일을 단위로 비례하여 청구가 가능하다. 그러나 근로자가 상여를 청구할 수 있는 것은 소정의 지급일이 도래하고 나서부터이다.

② 고정상여의 경우

고정상여의 경우도 사전에 구체적 지급액이나 구체적 지급기준이 확정되어 있기 때문에 상여 산정기간 전부를 일한 경우, 사정이나 결정 등을 거치지 않고 구체적 청구권이 발생하는 것은 연봉제와 비슷하다. 그러나 고정상여의 경우는 사전에 정해져 있는 임금의 지급시기의 문제가 아니라, 단순히 상여금이 일정액으로 되어 있는 것에 불과하다. 따라서 상여기간 중에 퇴직한 근로자는 대상기간의 노무제공을 완수하고 있지 않기 때문에 민법상의 원칙(민법 제624조) 및 월례임금과는 달리, 반드시 근무기간과의 대응에서 청구권이 발생하는 것이 아닌 점에서, 근로자에게 상여의 구체적 청구권은 발생하지 않고 사용자에게 지급의무는 없는 것이라고 해석된다.

(c) 상여의 지급이 명확하지 않는 케이스(③케이스)

③케이스에서는 지급의 유무 및 지급액이 결정될 때까지 퇴직한 근로자는 구체적인 상여청구권을 가지지 않으며, 사용자에게 상여의 지급의무는 없다.

2. 지급일 재적요건이 규정되어 있는 경우

그러면 지급일 재적요건이 규정되어 있는 경우에, 퇴직자에 대한 상여의 지급은 어떻게 되는 것인지를 검토하고자 한다.

(1) 지급일 재적요건의 적법성

상여의 지급에 대해서는 지급일에 회사에 재적하고 있는 것을 요건으로 정하고 있는 것이 일반적이다. 이른바 '지급일 재적요건'이다. 이러한 정함에 대해서는 상여대상기간 중에 근무했음에도 불구하고, 지급일에 재적하고 있지 않았다는 사실만으로 상여를 지급하지 않는다는 것은 상여가 임금의 후불적 성격을 가진다는 점에서 불합리하다는 견해도 있다.[157] 그러나 상여의 지급의무는 지급대상기간에 근로함으로써 당연히 발생하는 월례임금과 달리, 근로계약상 당연히 발생하는 것이 아니고, 해당 근로계약 체결시의 노사의 합의에 의해 발생하는 것이다.

그리고 이러한 합의(상여지급)를 할 것인지의 유무는 자유이기 때문에, 상여지급을 행하는 경우에 일정한 조건부로 하는 것도 유효하다. 따라서 취업규칙에 지급일 재적요건의 규정을 마련해 두면, 그 취업규칙 시행 후 근로계약을 체결한 사원에 대해서는 그 내용이 근로계약으로 되어 효력이 미치게 된다. 또한 지급일 재적요건에 대해서는 수급자격자를 명확한 기준으로 확정할 필요 때문에 규정된 것으로, 규정의 합리성이 인정된 최고재판소 판례[158]에서, "내용에서도 합리성을 가진다' 또는 '내용에서 불합리한 것이라고는 할 수 없다"고 하여 그 유효성을 인정한 바 있다. 따라서 상여대상기간 중의 근로에 대한 비율로 상여를 지급하거나, 또는 상여지급대상기간 중 모든 기간에 근로한 근로자에 대하여-예를 들면 적어도 2분의 1은 지급해야 할 의무를 지는 것은 아니다. 사용자는 앞항의 1과 같은 문제가 발생하는 것을 피하기 위해서도 취업규칙에

157) 土田道夫, 「労働契約法」, 有斐閣, 2008, 242면 참조.
158) 大和銀行事件-最一小判, 1982(昭57). 10. 7, 労判 399-11, 京都新聞社事件-最一小 1985(昭和60). 11. 28, 労判 469-6 등.

서 지급일 재적요건, 계산기간의 전부의 재적을 요건으로 하는 등의 규정을 마련해 둘 필요가 있다.

(2) 노사관행

명문의 규정에 근거로 하지 않고 종전부터 상여금 지급일에 재적하고 있는 근로자에 대해서만 상여를 지급하고 있는 경우, 그러한 노사관행은 법적 효력을 가진다고 할 수 있는지가 문제가 된다. 이 점은 상여는 월례임금과는 달리, 본래 사용자에게 지급의무가 없는 것으로, 퇴직시의 상여의 지급이라는 특수사정을 고려한다면, 그러한 취급이 장기간 반복계속되고 있는 경우에는 사용자는 지급일에 재적하고 있는 근로자에게만 상여를 지급한다는 규범의식을 가지는 것이라고 인정되어 해당 노사관행은 법적 효력을 가진다. 또 앞에서 언급한 「교토신문사(京都新聞社)사건」에서도 '상여의 수급권의 취득에 대하여 해당 지급일에 재적하는 것을 요건으로 하는 관행은 그 내용에서 불합리한 것이라고 할 수 없고, 상고인이 그 존재를 인식하여 이에 따를 의사를 가지고 있었는지의 여부에 관계없이 사실인 관습으로서 상고인에 대해서도 효력을 가지는 것'이라고 판단하였다.

(3) 임의퇴직의 경우

임의퇴직자, 즉 지급일까지 재적하는지의 여부를 스스로 결정할 수 있는 경우에 대해서는 지급일 재적요건 규정에 대한 앞의 논의는 당연히 타당하다. 그리고 이 임의퇴직에는 희망퇴직제도로 퇴직한 경우도 포함된다. 또 실무상은 대부분의 경우, 상여금지급을 전제 조건으로 하여 희망퇴직자를 모집하고 있다고 생각된다.

(4) 정년퇴직의 경우

정년퇴직의 경우, 지급일 재적요건에 근거하여 상여를 미지급하는 것이 유효한지가 문제로 될 수 있다. 이 점은 상여가 임금의 후불적 성격을 가지며 안정성 · 확실성이 요구된다는 점과 지급일 재적요건이 근로자의 퇴직의 자유 및 직업선택의 자유를 제약하는 면을 가진다는 점 등에서, 정년 퇴직자나 피해고자(해고의 이유는 불문)의 경우 스스로 퇴직을 선택할 수 없고, 장래의 근무에 대한 기대라는 요소도 없기 때문에, 지급일 재적요건은 임금의 일방적 박탈에 해당되며, 공서양속위반으로 무효(민법 제90조)이며, 사용자로 하여금 지급의무를 지게 해야 한다는 견해도 있다.[159]

그러나 정년퇴직일은 취업규칙상 입사 당초부터 명확하게 되어 있으며, 퇴직시에 상여가 지급되지 않는 것도 명확하게 되어 있다. 따라서 근로자에게 있어서 뜻밖의 손해는 아니기 때문에, 지급의무는 없다고 생각된다. 이 점은 앞에서 언급한 「카츠덴 사건(カッデン事件)」은 "상여의 성질 및 지급일 재적요건도 급여규정에 명기되어 있다는 점에서 보면, 지급대상기간 경과 후 지급일의 전날까지 퇴직한 자에게 뜻밖의 손해를 주는 것이라고는 할 수 없고, 지급일 재적자와 부재적자와의 간에 부당한 차별을 설정한 것이라고도 할 수 없다"고 판단하여, 정년 퇴직자에 대한 지급일 재적요건을 유효하다고 보았다.

(5) 해고의 경우

해고에 대해서는 앞에서 언급한 바와 같이, 해고이유에 관계없이 해고자에 대한 지급일 재적요건은 '공서양속'에 반하여 무효라고 하는 견해도 있다.[160] 그러나 지급일전에 근로자를 보통해고 또는 징계해고한

159) 土田道夫, 「労働契約法」, 有斐閣, 2008, 242면.
160) 土田道夫, 「労働契約法」, 有斐閣, 2008, 242면.

경우에는 해고가 정당한 것인 이상 지급일에 재적할 수 없는 것은 근로자에게 책임이 있는 사유이기 때문에 지급의무는 발생하지 않는다. 정리해고의 경우에도 마찬가지로 지급의무가 없다고 해석된다. 다만 회사의 상황에 따른 해고로, 그 정당성에 엄격한 요건이 부과되어 있어, 상여 계산기간을 재적한 사원에게 상여를 지급하지 않고 해고하면 권리남용으로서 무효가 될 가능성도 있다. 따라서 실무상으로는 지급의무가 사실상 부과되어 있는 것과 마찬가지의 상황이라고 할 수 있다.

(6) 지급일 재적요건을 새롭게 규정하는 것

종전부터 지급일에 재적하고 있던 근로자에 대하여 상여를 지급하는 관행이 존재하고 있던 경우에, 이러한 사항을 취업규칙 등에 명문화하는 경우에는 해당 관행을 명확히 한 것이기 때문에 새롭게 취업규칙 등에 규정하는 것은 합리적이고 문제는 없다. 그러나 종전은 상여를 지급일에 재적하고 있는 사람에 한정하지 않고, 퇴직자에 대해서도 상여대상기간의 근무일수 등의 일정 비율로 지급하여 온 경우에는 새롭게 지급일 재적요건을 마련하는 것은 문제가 된다. 이 경우, 모든 근로자는 언젠가는 퇴직한다는 점에서 특정 종업원에게만 불이익이 발생하는 것은 아니고, 각각의 종업원이 통상 반년의 근무에 대하여 1회의 불이익이고 또 지급일 재적요건이 대부분의 기업에서 채용하고 있다는 점에서 사회적 상당성도 인정되어 과반수 노동조합이나 과반수 대표자와의 협의가 이루어진 경우나 대부분의 종업원이 동의하고 있는 경우에는 새롭게 마련된 지급일 재적요건의 규정에는 합리성이 인정된다고 해석된다. 또 지급일 재적요건을 적용하는 것은 차기의 상여대상기간에 대응하는 상여로부터 해야 하고, 이 점이 합리성을 기초화하는 요소도 된다. 그리고 재적요건 규정을 도입한 후, 3년 이내에 정년퇴직하는 종업원에게는 이 요건을 적용하지 않는다는 조건을 정하는 것도 하나의 방법이라고 생각된다.

3. 지급일이 늦어진 경우

상여의 지급일이 본래의 지급일보다 미루어지는 경우에 대해서도 지급일 재적요건을 적용하여 상여를 지급되지 않는 것으로 볼 수 있는가도 문제가 될 수 있다.

(1) 지급일이 명확하게 되어 있는 경우

지급일 재적요건과 함께 지급일에 대하여 예를 들면 '6월로 한다', '6월 10일로 한다'와 같이 지급월 또는 지급일이 명확하게 규정되어 있는 경우, 지급일 재적요건의 해석으로서 지급일인 '6월 또는 6월 10일에 재적'한다는 것을 지급요건으로 삼고 있는 것이라고 생각하고, 지급일 재적요건은 본래의 지급일의 부재적자에게만 적용이 있다고 하여 지급일에 재적하지 않은 자의 상여청구권을 인정해야 한다는 견해도 있다.[161] 그러나 지급일을 실제의 지급일과 규정상의 지급일의 어느 하나로 해석하는지에 관계없이 사전에 상여금이 확정되어 있지 않는 경우에는 퇴직시에 구체적 지급기준이 명확하지 않는 이상, 퇴직한 종업원에게는 상여의 구체적 청구권이 발생하고 있지 않기 때문에 해당 퇴직자는 상여를 청구할 수 없다.

다만, 상여지급이 늦어진 원인이나 퇴직이유에 따라서는 기대권의 침해라고 평가되어 불법행위책임이 성립할 가능성은 있다. 또 명확하게 규정된 지급일이 늦어진 경우에 대한 대표적 판례[162]는 상여지급기준에 관한 노사교섭이 늦어져서 상여지급일이 규정보다 2개월 이상 늦어졌기 때문에 임의퇴직자가 상여지급을 받을 수 없었던 사안에서, "위의 지급시기의 변경에 따라 당연히 지급대상자의 범위에 변경이 발생하여 해당 지급일 재적자를 지급대상자로 하는 취지의 피공소인 주장과 같은 관행

161) 土田道夫, 「労働契約法」, 有斐閣, 2008, 243면.
162) 二プロ医工事件-東京高判, 1984(昭59). 8. 28, 勞判 437-25.

이 적용되는 것은 아니라고 하는 것이 상당하다. (중략) 피공소인과 조합 간에 본건 상여의 지급일을 동월 13일로 하여 위의 지급일 재적자를 지급대상자로 하는 취지의 합의가 성립한다고 해도 위의 합의는 (중략) 관행에 반하는 것임과 동시에, 공소인들의 본건 상여를 수급할 권리를 일방적으로 빼앗는 것이라는 것은 명확하기 때문에 공소인들의 동의가 없는 한 적어도 본건 상여를 지급일 재적자에게만 지급하는 취지의 위의 합의의 효력은 공소인들에게는 미치지 않는다"고 판단한 바 있으며, 전자의 견해와 비슷한 입장을 취하고 있다고 생각된다.

또한「스가공업사건(須賀工業事件)」[163]에서는 상여지급의 조합원 평균월수를 정하는 노사협정이 늦어져서 상여지급일이 규정보다 3개월 이상 늦어졌기 때문에 임의퇴직자가 상여지급을 받을 수 없었던 사안에서, 본건 임금규칙의 지급시점의 재직자란 "하반기 상여의 지급이 예정되어 있는 매년 6월 10일, 상반기 상여의 지급이 예정되어 있는 매년 12월 10일에, 각각 피고에 재적하고 있는 종업원에 대해서만 하반기 상여, 상반기 상여를 지급하는 것은 피고의 관행이라고 할 수 있는 것으로 이 점도 함께 생각하면, 본건 임금규칙 제22조에서 말하는 '지급시점의 재적자'란 하반기 상여의 지급이 예정되어 있는 매년 6월 10일, 상반기 상여의 지급이 예정되어 있는 매년 12월 10일에, 각각 피고에 재적하고 있는 종업원을 의미하는 것이라고 해석되어 그러한 의미인 이상", 지급일 재적요건에는 합리성이 있는 것이라고 인정되어, "현실의 상여가 지급되는 날이 단체교섭의 타결이 늦어진 것이나 피고의 자금운용 등의 제반 사정에 따라서 본건 내규에서 지급일로 정한 특정한 날보다 뒤로 미루어지는 것도 생각할 수 없는 사태는 아니지만, (중략) 그러한 경우에 대해서도 상여의 지급대상자를 본건 내규에서 상여의 지급일이라고 규정한 특정한 날

---

163) 須賀工業事件-東京地判, 2000(平12). 2. 14, 勞判 780-9.

에 피고에 재적하는 종업원이 아니라, 현실의 상여가 지급된 날에 피고에 재적하는 종업원으로 하는 것은 (중략) 상여청구권을 취득한 자의 지위를 현저하게 불안정하게 하는 것으로, 합리성이 있다고는 말하기 어렵다"고 판단한 바 있다.

그러나 역시 퇴직자에게 구체적 상여금이 결정되어 있지 않아 상여의 구체적 청구권이 발생하고 있지 않는 것임에도 불구하고 해당 퇴직자가 상여를 청구할 수 있다고 생각할 수는 없고, 지급일까지 그만두지 않으면 되었던 것이다. 또한 실제의 지급일의 재적을 지급요건으로 하는 노사합의가 왜 관행에 반하는 것으로서 후순위가 되는가라는 점에 대해서도 논리적으로 설명되어 있지 않아 타당한 판결이라고는 할 수 없다. 따라서 정년 퇴직자에 대해서는 임의 퇴직자와 달리, 본인의 의사에 따른 선택이 없기 때문에 상여청구는 인정된다고 생각한다. 보통해고나 징계해고된 자는 약속대로 성실하게 노무제공하고 있었더라면 상여금의 대상이 될 수 있었기 때문에, 사용자에게 상여의 지급의무는 발생하지 않는다고 본다.

(2) 지급일이 기재되어 있지 않은 경우

상여금의 지급에 대해 예를 들어 '상여는 년 2회 지급한다'는 것처럼 지급일을 특정하고 있는 경우에는 반드시 실제의 지급일에 재적할 것이 상여지급의 요건이 된다. 또 앞 항과 마찬가지로, 원래 상여의 구체적 지급액이 결정되어 있지 않는 단계에서는 상여의 구체적 청구권이 발생하고 있지 않으며, 퇴직자는 상여를 청구할 수는 없다. 또 지급일에 대한 구체적 정함이 없는 경우에는 상여에 대한 기대권 침해로 인한 불법행위 책임이 성립할 가능성은 낮다고 판단된다.

(3) 실무적 대응

사용자의 입장에서는 상기와 같은 논의에 휘말릴 리스크를 피하기 위해서 지급일 재적요건의 규정 중에 '현실의 지급일이 상여규정과 어긋나는 경우, 현실의 지급일 쪽을 지급일 재적요건의 지급일로 간주한다'는 규정을 넣어 대응하기도 한다.

4. 지급후의 재적을 요건으로 하는 것

지급일 이후의 일정기간의 재적을 상여지급의 조건으로 하고, 일정기간 내에 퇴직한 경우에는 상여의 금액 또는 일부의 반환을 요구한다는 규정의 유효성에 대하여 문제가 된다. 이 점은 지급일 재적요건과 마찬가지로 상여지급을 할지의 여부는 자유이기 때문에 상여금을 지급하는 경우에 이러한 조건을 설정하는 것도 유효하며, 또한 상여가 단순히 과거의 근무에 대한 대가뿐만이 아니라 장래의 근로에 대한 기대도 포함되어 있다는 점에서 유효하다.

그러나 일정 경우에 상여금 지급 후에 반환을 요구함으로써 장기간에 걸쳐 근로자가 퇴직을 하지 못하도록 하는 것은 퇴직의 자유와의 관계에서도 문제가 될 수 있다. 또한 이미 지급한 상여를 반환하게 하는 조치에 대해서는 노무관리상 적절하지 않고, 이에 대해서는 일정 비율에 대하여 반환을 인정하는 판례 「베넷세코퍼레이션사건(ベネッセコーポレーション事件－東京地判, 1996(平8). 6. 28, 労判 696-17.)」도 있지만, 이 판례를 전제로 해도 언제까지 퇴직을 제한할 수 있는지, 반환할 수 있는 비율은 어느 정도인지 등의 복잡한 문제가 발생할 수 있기 때문에 이러한 조치는 실무상 피하는 것이 좋다고 생각한다.

제5장

맺음말

제5장 맺음말

본서에서는 노동법상 가장 중요한 테제 중 하나라고 할 수 있는 '임금', 특히 그 개념과 산정법리에 관한 비교법적인 검토를 실시하였다. 우리나라뿐만 아니라 여러 외국의 임금 개념을 살펴본 바에서와 같이, 그 구체적인 내용과 형식은 해당 국가의 사회경제적 배경이나 입법구조에 따라서 조금씩 차이가 있지만 '노동의 대가로서 주어지는 보수'라는 고유한 법적 성질은 사실상 동일한 것으로 생각된다. 물론, 과연 '노동의 대가'가 무엇인가에 대해서는 학설상의 다양한 견해가 존재하지만, 아이러니컬하게도 그러한 학설의 다툼은 사실 임금의 본질보다는 현실상 발생하는 임금산정의 기술적 이유 때문이다. 그런 점에서 임금의 개념에 대한 논의는 다양하게 이루어져 왔지만, 임금의 본질에 대한 변동이 있었던 것은 아니라고 본다.

다만, 언급한 대로 산업화 단계가 고도화되어 갈수록 기업의 급여체계는 크게 세분화되었고, 그에 따라 다양하게 분화되어 지급된 급여 또는 보수를 임금의 범주에 포함 시킬 것인지 여부가 해석상 계속 문제가 되고 있는 것이다. 근로자 입장에서는 되도록 많은 부분이 임금으로서 해석되는 것이, 또 기업의 입장에서는 '비임금성 급여'를 확대하여 노동법상 지급의무에 유연하게 대응하는 것이 유리한 것이 당연하다. 그러나 그 어느 측의 주장이 법의 정의에 부합한지 여부는 일괄적으로 판단될 수는 없고, 현실적으로 발생하는 문제에 대한 개별구체적인 판단과정을 통해서만 확정될 수 있는 것이다. 그러한 배경에서 임금의 개념과 산정법리에 대한 학계의 해석과 실무적 판단은 대단히 복잡한 형태로-법 기술적으로는 발전되었을지 몰라도-통일화되지 못하고 있다. 특히, 통상임금에 대한 규정의 해석과 적용을 둘러싸고 많은 논의가 전개되어 왔으며, 노동실무에서는 주로 고용노동부의 행정해석이나 판례를 참고하여 개별적 사안에 대응하여 왔다. 하지만 통상임금의 범위 및 판단을 둘러싸고 대법원 판례의 입장과 행정해석이 서로 상이할 뿐만 아니라, 판례 또한 법적 안정성이나 예측 가능성보다 구체적 사안의 해결에 주안을 두다보니 통상임금에 대해서만큼은 다소 일관성이 부족한 면이 있었음을 부정할 수 없다. 그 결과, 통상임금의 산정에 관한 판단은 오랜 기간 동안 혼선을 빚어왔으며, 그와 관련된 문제들 역시 꾸준하게 제기되어 왔다.

그렇다면 우리는 어떠한 법의 해석기술을 통해 이러한 임금의 문제를 해결할 수 있을 것인가. 다소 성급한 판단일지도 모르지만, 개인적으로 임금의 개념과 산정법리에 관한 현재의 문제를 해석론적으로 해석하는 것에는 다소 한계가 있다고 생각한다. 임금의 개념에 관한 입법규정이 너무 단순한 반면 실제 기업의 급여체계는 지나치다고 해도 과언이 아닐 정도로 복잡할 뿐만 아니라 그에 관한 입법규정의 해석과 행정부 및 사법부의 판단도 일치되지 못하고 있는 실정에서 해석에 의한 임금 문제의 해결을 바라는 것은 사실 불가능에 가깝다. 결국은 임금의 개념과 산정에 관한 문제해결은 우리의 실정에 적합한 입법론적 대안을 조속히 마련하는 것이 유일한 방법론이라고 생각한다. 본서는 그러한 문제의식과 대안의 측면에서 임금의 개념과 산정에 관한 비교법적 검토를 실시한 것이고, 특히 서론에서 언급한 바와 같이 우리나라와 임금체계가 가장 비슷한 일본의 이론과 사례를 심층적으로 분석하였다. 마지막으로 현재 우리나라에서 이슈가 되고 있는 통상임금과 관련하여 비교법적인 검토를 통하여 얻은 시사점에 대해 개인적인 의견을 간략하게 서술하고자 한다.

위에서 이미 검토한 바와 같이, 일본에서는 우리나라처럼 통상임금에 대한 규정을 별도로 두지 않고, 연장근로나 심야근로 및 휴일근로에 있어서 할증임금을 계산하기 위하여 통상임금에 유사한 개념을 두고 있을 뿐이다. 다시 말하면, 일본에서는 “근로자가 통상의 근로시간 및 노동일에 근로할 경우에 당연히 지급받는 임금”을 소위 ‘통상임금’으로 본 다음, 이를 할증임금의 산정 기초로 삼고 있는 것이다. 다만, 일본에서는 우리와는 달리 통상임금을 모두 할증임금에 포함시키는 것이 아니라 상당부분 예외를 두고 있다는 점에 유의할 필요가 있다.

다시 말해서, 일본에서는 통상임금(성)의 판단 및 할증임금 산정에 따른 혼선을 피하기 위하여, 노동기준법 및 동법 시행규칙에 할증임금의 기초 산정에서 제외되는 임금을 규정하고 있는 것이 우리나라와는 다르다. 구체적으로는 일본의 경우 ‘임시로 지급되는 수당’이나 ‘1개월을 초과하는 기간마다 지급되는 임금’에 대해서는 통상임금에 해당하지 않는다는 이유로 할증임금에서 제외하고 있으며, 그리고 ‘가족수당, 통근수당, 별거수당, 자녀교육수당, 주택수당’은 통상임금(성)을 부정할 수 없지만, 근로자의 개별적인 사유로 인하여 할증임금(액)이 달라지는 것을 방지하기 위하여 할증임금의 산정에서 제외하고 있는 것이다. 따라서 일본에서 말하는 통상임금은 우리나라의 통산임금과는 그 범위가 다르다. 보다 정확히 말하면, 일본에서 말하는 할증임금의 카테고리와 우리나라의 통상임금의 범위가 거의 일치한다고 할 수 있겠다.

일본의 경우에도 노동기준법이 제정된 당시에는 할증임금의 산정을 둘러싸고 분쟁이 발생하는 경우도 적지 않았다. 하지만 후생노동성이 노동실무에서 발생할 수 있는 다양한 분생에 내비하어 할증임금 산징에 대한 상세한 해석기준을 마련하여 대응해온 결과, 현재는 할증임금을 둘러싼 분쟁은 거의 발생하지 않는다.

이와 같이, 일본에서는 할증임금의 산정 기초에서 제외되는 금원의 유형을 미리 법정화한 다음 기본적인 틀은 유지하되, 이러한 원칙이 본래의 도입취지와 다르게 탈법적으로 악용되는 경우에 한하여 예외적으로 이를 허용(할증임금에 포함)하는 방식으로 대응해나가고 있다. 예를 들어 최근 우리나라에서도 문제가 되고 있는 '정기상여금'의 경우에도, 일본에서는 우선 상여금 본래적 의미와 성격에 입각하여 해당 상여금이 '통상의 근로시간에 대한 임금'에 해당하는지의 여부를 판단한 다음, 할증임금에 포함시킬 것인가의 여부를 결정하게 된다. 또한, 연봉제의 도입으로 인하여 종전의 임금체계와의 사이에 괴리가 발생하여 할증임금의 산정을 둘러싸고 분쟁이 발생하는 경우에는, 주무행정기관인 후생노동성이 가이드라인, 지침, 통달 등을 통하여 일정한 해결방향을 제시하게 되는데, 이러한 행정해석은 노사뿐만 아니라 사법부도 존중하는 것이 일반화되어 있다. 다시 말해서 행정해석 및 노사합의가 명백하게 강행법규에 위반하지 않는 이상 사법부가 이를 존중하는 법문화가 정착되어 있다고 할 수 있다.[1)]

이러한 관점에서 우리나라의 통상임금에 대한 문제점 및 개선방향에 대해 서술한다면 다음과 같이 요약할 수 있겠다. 첫째, 통상임금의 산정을 둘러싸고 끊임없이 분쟁이 지속되는 배경에는 통상임금의 개념에 대한 판단기준이 불명확하기 때문이다. 다시 말하면, 통상임금의 개념표시인 '일률성 · 정기성 · 고정성'의 의미가 애매모호하고 가변적이기 때문에 판례와 행정해석이 서로 다르고 학자들 간에도 의견이 대립될 수밖에 없는 구조로 되어 있다. 이에 비해, 일본의 경우에는 할증임금 산정의 기초가 되는 통상임금에 해당하는지의 여부에 대해, 우리나라 판례가 통상

1) 일본의 판례도 노동기준법과 같은 강행법규에 위반하는 노사합의(임금계산방법)는 원칙적으로 인정하지 않지만, 그렇지 않는 합의는 존중하는 것이 판례의 입장이라고 할 수 있다(東京地方裁判所 2009(平21). 3. 17. 判決).

임금의 요건으로 제시하고 있는 '일률성 · 정기성 · 고정성'이라는 개념 자체가 없으며, 법령과 행정해석에 근거하여 원칙적으로 판단하고 있는 것이 특징이다. 따라서 우리나라의 통상임금의 개념을 둘러싼 분쟁을 해결하기 위해서는 통상임금에 대한 개념을 명확하게 확립하거나 또는 통상임금의 개념에 대한 추상적이고 애매한 규정을 삭제하여 법적 다툼의 소지를 없앤 다음, 일본처럼 행정해석으로 대응하는 것도 하나의 대안이 될 수 있으리라 생각된다.

둘째, 통상임금에 대한 문제를 보다 근본적으로 해결하기 위해서는 입법적인 접근이 가장 바람직하다고 생각된다. 그러기 위해서는 현재 근로기준법 시행령에 있는 통상임금에 관한 개념을 모법으로 이관하든지 아니면 위임규정을 정비하여 법체계상의 정합성을 꾀함과 동시에 임금과의 법적 관계를 분명하게 할 필요가 있다. 다만, 통상임금을 평균임금과 같이 모법의 임금과 동질의 개념으로 설정할 경우에는 통상임금(성)을 둘러싼 논쟁을 불식시킬 수 있는 메리트는 있지만, 각종 법정수당 및 보상금이 상승하게 되어 이는 사용자로 하여금 많은 경제적 부담으로 작용할 수도 있다. 따라서 이러한 경우에 대비하여 산정비율을 낮게 설정하는 등 합리적인 조정이 필요하다고 본다. 또 하나의 방법은 현행 시행령을 정비하여 통상임금의 개념에 관한 법적 개념을 별도로 두지 않고 각종 법정수당이나 보상금 등을 산정할 때에 제외시켜야 할 임금(수당)의 유형을 미리 명확하게 규정해 두는 것도 생각할 수 있다. 이 경우 본고에서 논한 일본의 입법방식은 많은 참고가 될 것이다.

마지막으로, 통상임금을 둘러싼 작금의 분쟁이 입법의 불비에서 비롯된 것임을 감안할 때, 이러한 공백을 메우기 위하여 궁여지책으로 마련된 행정지침에 근거하여 처리해온 노동관행은 존중되어야 한다고 생각한다. 그럼에도 불구하고 판결이 종전의 행정해석을 무력화하여 이를 소급적용하는 것은 법적 안정성과 예측 가능성이라는 점에서 문제가 있으므로 가능한 한 이를 자제하는 것이 옳다고 판단된다. 또한 통상임금 문제 역시 다른 노동문제와 마찬가지로 '노사자치의 원칙' 및 '협약자치의 원칙'을 존중할 필요가 있으며, 법은 법제도가 원래의 취지에 맞지 않게 불법 또는 탈법으로 운용될 때 '전가(傳家)의 보도(寶刀)'와 같은 역할을 하는 것이 바람직하다고 생각한다.

참고문헌

〈국내문헌〉

■ 단행본

국가정보

김영문 · 이상윤 · 이정, 『임금개념과 평균임금 · 통상임금의 산정범위』, 법문사, 2004.

김영문, "금원의 통상임금해당성 판단 기준의 비판적 고찰", 『노동법학』, 제43호, 2012.

김유성, 『노동법 I』, 법문사, 2005.

김기덕, "통상임금의 법리에 대한 재검토", 『노동과 법』, 제6호, 2006.

―――, "통상임금의 개념요소로서의 고정성", 『노동과 법』, 제6호, 2006.

―――, "통상임금제도의 개선방안에 관한 검토", 『노동과 법』, 제6호, 2006.

김소영, "'근속기간에 따른 지급률에 의한 분기별 상여금'도 통상임금에 포함된다", 『노동법률』, (주)중앙경제 2012. 7.

김홍영, "상여금의 임금성 여부", 『노동법연구』, 제21호, 2006.

______, "지난 20년간 임금 법제의 해석과 입법의 동향", 『노동법연구』, 제26호, 2009.

김형배, 『노동법(제20판)』, 박영사, 2011.

김희성 · 한광수, "정기상여금의 통상임금 해당성에 대한 연구", 『노동법논총』, 제25집, 2012.

노상헌, “일본의 평균 · 통상임금 법리”, 『노동법포럼』, 제3호, 2009.

도재형, “통상임금의 의의와 범위에 관한 법적 검토”, 『노동과 법』, 제6호, 2006.

문무기 · 윤문희 · 이철수 · 박은정, 『임금제도 개편을 위한 노동법적 과제』, 2006.

박지순, “통상임금에 관한 최근 대법원 판결의 의미와 쟁점”, 『노동리뷰』, 2012. 11.

송강직, “한국과 일본의 통상임금 법리”, 『동아법학』, 제56호, 2012.

유성재, “상여금의 통상임금성”, (사)노동법이론실무학회 제19회 정기학술대회 자료집, 2012.

이승길, “정기상여금은 통상임금인가”, 『창조노사』, 2012. 5.

이 정, “임금의 법적 성질에 관한 고찰”, 『외법논집』, 제16집, 2011.

———, “통상임금에 대한 판례법리의 재검토”, 『노동법학』, 제43호, 2012.

이철수, “현행 임금제도의 비판적 검토”, 『노동법연구』,제12호, 2002.

______, “통상임금에 관한 판례법리의 변화-복리후생을 중심으로-”, 『노동법연구』, 제17호, 2004.

______, “통상임금에 관한 판례법리의 변화와 정책적 함의”, 『노동과 법』, 제6호, 2006.

임종률, 『노동법』, 제9판, 2011.

하갑래, “통상임금제도의 변화와 과제”, 『노동법학』, 제44호, 2012.

______, 『근로기준법』, 중앙경제사, 2011.

하경효, 『임금법제론』, 신조사, 2013.

고용노동부, 『통상임금산정지침』, 노동부예규 제602호, 2009. 9. 25.

〈외국문헌〉

菅野和夫, 『労働法(第9版)』, 弘文堂, 2010.

荒木尚志, 『労働法』, 有斐閣, 2009.

西谷　敏, 『労働法』, 日本評論社, 2008.

山川隆一, 『雇用関係法(第4版)』, 新世社, 2008.

水町勇一郎, 『労働法(第2版)』, 有斐閣, 2008.

荘司芳樹, 『労働基準法』, 新星出版社, 2012.

藤原伸吾, "割増賃金の算定基礎除外賃金", 『賃金事情』,2481号, 2006.

厚生労働省労働基準局 賃金時間課 編著, 『平均賃金の解説』, 労働調査会, 2004.

労務管理セミナー, "一定定額の住宅手当は割増賃金の算定基礎に", 『労働基準準報』, 2007. 7.

清水和夫, "諸手当の『割増賃金の算定基礎』はこうする", 『労務事情』, No.1025, 2003.

イシザキ信憲編著, 『賃金規制・決定の法律実務』, 中央経済社, 2012.

野田進, "ヒューマン・リソース(HR)と法ー割増賃金の算定", 『NBL』, No.868, 2007.

野田進, "自動車運転労働者の時間外割増賃金の算定", 『労働法律旬報』, No.1065, 1983.

別冊ジュリスト, 『労働判例百選』, 有斐閣.

東京大学労働法研究会, 『注釈労働基準法(下巻)』, 有斐閣, 2004.

판 · 례 · 색 · 인

[대 법 원]

대법원 1971. 10. 22. 선고 71다1982 판결 …… 20
대법원 1972. 12. 26. 선고 71다2590 판결 …… 21
대법원 1973. 11. 27. 선고 73다498 판결 …… 15
대법원 1978. 2. 14. 선고 77다3121 판결 …… 60
대법원 1978. 10. 10. 선고 78다1372 판결 …… 85
대법원 1978. 12. 13. 선고 78다2007 판결 …… 61
대법원 1984. 4. 11. 선고 87다카2901 판결 …… 62
대법원 1989. 4. 11. 선고 87다카2901 판결 …… 64
대법원 1990. 2. 27. 선고 89다카2292 판결 …… 95, 93
대법원 1990. 11. 9. 선고 90다카4683 판결 …… 61
대법원 1990. 11. 9. 선고 90다카6948 판결 …… 84, 87, 93
대법원 1990. 11. 27. 선고 89다카15939 판결 …… 85, 93
대법원 1990. 12. 7. 선고 90다카19647 판결 …… 18
대법원 1990. 12. 26. 선고 90다카12493 판결 …… 85
대법원 1991. 8. 13. 선고 91다14437 판결 …… 62
대법원 1992. 3. 27. 선고 91다36037 판결 …… 41, 42
대법원 1992. 4. 14. 선고 91다카5587 판결 …… 60
대법원 1992. 4. 18. 선고 91누8104 판결 …… 14
대법원 1992. 5. 22. 선고 92다7306 판결 …… 87, 103
대법원 1992. 5. 22. 선고 92다7309 판결 …… 75
대법원 1993. 5. 27. 선고 92다20316 판결 …… 70, 85, 91, 103
대법원 1993. 12. 24. 선고 91다36192 판결 …… 14
대법원 1994. 4. 12. 선고 92다20309 판결 …… 64
대법원 1994. 5. 24. 선고 93다31979 판결 …… 86

대법원 1994. 5. 24. 선고 93다5697 판결 ······ 103
대법원 1994. 7. 29. 선고 92다30801 판결 ······ 15
대법원 1994. 10. 28. 선고 94다26615 판결 ······ 70, 87
대법원 1995. 2. 28. 선고 94다8631 판결 ······ 61, 66
대법원 1995. 5. 12, 선고 94다55934 판결 ······ 60
대법원 1995. 7. 11. 선고 93다26168 판결 ······ 19
대법원 1995. 12. 21. 선고 94다26721 전원합의체 판결 ······ 43
대법원 1996. 2. 9. 선고 94다19501 판결 ······ 67, 69, 70, 74, 87
대법원 1996. 3. 22. 선고 95다56767 판결 ······ 69, 97, 101
대법원 1996. 5. 10. 선고 95다2227 판결 ······ 69, 74, 97
대법원 1996. 10. 25. 선고 96다5346 판결 ······ 69
대법원 1996. 12. 6. 선고 96다26671 판결 ······ 69
대법원 1998. 3. 13. 선고 95다55733 판결 ······ 14
대법원 1998. 4. 24. 선고 97다28421 판결 ······ 69
대법원 1998. 6. 26. 선고 97다14200 판결 ······ 69
대법원 1999. 1. 26. 선고 98다46198 판결 ······ 14
대법원 1999. 7. 13. 선고 99도2168 판결 ······ 69
대법원 2000. 12. 22. 선고 99다10806 판결 ······ 97
대법원 2000. 12. 22. 선고 99다21806 판결 ······ 75
대법원 2002. 5. 31. 선고 2000다18127 판결 ······ 19
대법원 2002. 6. 11. 선고 2001다16722 판결 ······ 94
대법원 2002. 7. 23. 선고 2000다29370 판결 ······ 72, 76, 97
대법원 2002. 10. 25. 선고 2000두9717 판결 ······ 62
대법원 2003. 4. 22. 선고 2003다10650 판결 ······ 86
대법원 2004. 5. 14. 선고 2001다76328 판결 ······ 94
대법원 2005. 9. 9. 선고 2004다41217 판결 ······ 19, 69, 72, 86, 91, 94
대법원 2005. 10. 13. 선고 2004다13755 판결 ······ 94
대법원 2005. 10. 13. 선고 2004다13762 판결 ······ 72, 94
대법원 2006. 2. 23. 선고 2005다54029 판결 ······ 20, 94
대법원 2006. 5. 26. 선고 2003다54322, 53339 판결 ······ 20, 94

대법원 2006. 6. 23. 선고 2005다54029 판결 ······ 73
대법원 2007. 4. 12. 선고 2006다81974 판결 ······ 73, 76, 87, 95
대법원 2007. 6. 15. 선고 2006다13070 판결 ······ 72, 91
대법원 2012. 3. 29. 선고 2010다91046 판결 ······ 70, 76, 101

[고등법원]
대구고등법원 2010. 10. 7. 선고 2009다6992 판결 ······ 90

[지방법원]
인천지방법원 2012. 1. 26. 선고 2011가합6096 판결 ······ 88

사·항·색·인

ㄱ

가족수당 73, 173
감급제재의 제한액 130
감독 또는 관리의 지위에 있는 자 182, 184, 185
감독기관의 지도와 권고 201
감독업무의 비율 186
감시·단속적 근로자 187
감시근로 187
개인형 연금 121
계속성·정기성·일률성 13, 17, 23
고정급 194
고정성 85
공정근로기준법 25
관리감독자 155
근로의 대가 13, 15, 19
근로의 대상 16
근로자에 의한 할증임금 청구 203
근속수당 75
기밀사무를 다루는 자 187
기업설비·업무비 16, 32
기업연금 118
기업형 연금 119

ㄴ

노동대가설 35, 44
노동력대가설 37
노동의 대상 32
노사관행 220, 236
노사관행에 의해 상여청구권 220
농업, 수산업 등에 종사하는 근로자 182

ㄷ

단속적 근로 187
대체휴가 179
대체휴가의 부여단위 180

ㅁ

매월 1회 이상 일정 기일 지급의 원칙 212

ㅂ

법정시간외 근로 191
변동적으로 지급되는 성과급이나

이윤분배금 22
별거수당 173
복리후생 급여 16, 32, 110
봉사료 14

ㅅ

사용종속관계 14, 15
36협정 152
상여 116, 175, 213
상여금 76, 209
상여금은 통상임금인가 90
상여금의 개념 94
상여금의 개념적 정의(定意) 93
상여의 성격 216
상여의 의미 209
상여의 임금성 212
상여청구권 219
상여청구권의 성질 209
생활보조적 · 복리후생적 금품 21
성과급 76, 94
소정근로시간 144, 153
소정내 임금 114
소정시간외 근로 153
소정휴일 근로 154
승무수당, 능률수당, 항해수당, 생산장려수당 75
시간급 통상임금 환산방법 77, 78
시간외 근무수당 197
시간외 · 휴일 · 심야근로 151
시간외 · 휴일 · 심야근로에 대해 지급되는 임금 146
시간외 · 휴일 · 심야근로의 할증률 155
시간외근로 152
식대, 급식보조비 73
실질적으로 할증임금에 충당하는 취지의 수당 173
심야근로 154
심야근무수당 199

ㅇ

ILO 제95호 협약 23
업무수행에 소요되는 실비변상적 금품 20
연봉제 124
연봉제에서의 할증임금 지급방법 196
연봉제와 할증임금 195
연봉제의 경우 135
연차유급휴가 130
연차유급휴가수당 · 휴업수당 147
영업수당 199
원천징수액 포함 63
의례적 · 은혜적 · 호의적으로 지급되는 금품 19
의사해석설 41

의의 58, 66, 142
1개월을 초과한 기간마다 지급되는
  임금 173
일률성 85
일숙직수당 146
임금 개념의 구성요건 13
임금에 관한 노동법적 규제 112
임금을 둘러싼 법 규제 49
임금의 개념 범주에서 제외되는 금품 19
임금의 결정방법 50
임금의 법적 성질 35
임금의 비임금화 54
임금의 의의 109
임금의 정의 11
임금의 후불성 35
임금이분설 39
임금제도의 복합성 53
임금청구권의 요건 111
임금체계와 지급형태 113
임시로 지급되는 임금 173
임시로 지급되는 임금 174
임의적 은혜적 급여 16, 32, 110
임의퇴직 236

ㅈ

자녀교육수당 173
재해보상 130
적정임금 9
정기 급여 94
정기상여금 97
정기성 · 일률성 · 고정성 69
정년퇴직 237
주택수당 173
지급일 재적요건 234

ㅊ

체력단련비, 월동보조비 등
  복리후생적 수당 74
최저임금제 10

ㅌ

통근수당 173
통상임금 49, 66, 100, 142
통상임금과 협약자치 102
통상임금에 포함되는 수당 72
통상임금에 해당하지 않는 임금 144
통상임금의 개념 69, 144
통상임금의 대체 65
통상임금의 법적 구조 100
퇴직금(퇴직수당) 117
특수하고 우연적인 사정에 의하여
  좌우되는 금품 22

ㅍ

평균임금 49, 58, 100, 127
평균임금 결정 65
평균임금 산정의 예외 140
평균임금 산정의 특례 65
평균임금과 통상임금의 구별실익 68
평균임금의 산정 60
평균임금의 산정기초액 215
평균임금의 산정원칙 129
평균임금의 의의 127
평균임금의 조정 66
평균임금의 최저보장 137
플레잉 매니저 186

ㅎ

할증임금 147, 151
할증임금과 취업규칙 197
할증임금규제가 적용되지 않는 근로자 181
할증임금규제의 의미 149
할증임금소송 204
할증임금액의 계산방법 170
할증임금의 규제 147
할증임금의 산정 160
할증임금의 산정기초 214
할증임금의 의의 147
해고 237
해고예고수당 130
헌법상의 임금개념 9
확정거출연금 119
확정급부기업연금 121
휴업수당 130
휴일근로 153
휴일근로의 할증률 156
휴일근무수당 198

저자 프로필

일본 동경대학 법학정치학연구과 법학연구생 · 석사 · 박사과정 졸업.
영국 · 독일 · 프랑스재판소 연구원
일본 동경대학 법학부 특별연구원
일본 큐우슈우(九州)국립대학 법학부 교수
University of British Columbia, Law School, Visiting Scholar
대한상사중재원 중재인
중앙노동위원회 공익심판위원
노동법이론실무학회 회장
한국노동법학회 부회장

■ 최근 저서

「解雇紛争解決の法理」 信山社(2001)
「講座21世紀の勞働法(第4巻)」 有斐閣(2001, 공저)
「整理解雇と雇用保障の韓日比較」 日本評論社(2002)
「板ばさみの日本」 信山社(2002)
「注釋勞働基準法(上) · (下)」 有斐閣(2003, 공저)
「グローバリゼーションと勞働法の行方」 勁草書房(2003, 공저)
「雇用構造の変化と政労使の課題」 成文堂(2005, 공저)
「Regulation of Fixed-Term Employment Contracts」 Wolters Kluwer(2011, 공저)
「고용사회와 노동법」 박영사(2002)
「노동법강의」 한국외대출판부(2004)
「임금개념과 평균임금 · 통상임금의 산정범위」 법문사(2004, 공저)
「일본노동법의 이론과 실제」 한국경영자총협회(2004, 역서)
「일본노동법」 법문사(2007, 역서)
「주요선진국의 근로계약법제」 경총(2007, 편역)
「노동법의 세계」 한국외대출판부(2009)
「병원내 파업규제에 관한 비교법적 고찰」 청목출판사(2010)
「부당노동행위제도와 원하청관계」 법문사(2012, 공저)

저자와의
협의하에
인지생략

한·일 비교를 통한 임금법제 이론과 실무

2013년 6월 10일 초판 인쇄
2013년 6월 15일 초판 1쇄 발행

저 자 이 정
발행인 배 효 선
발행처 도서출판 法 文 社

주 소 413-756 경기도 파주시 문발동 526-3
등 록 1957. 12. 12 / 제2-76호 (윤)
TEL 031) 955-6500~6 FAX 031) 955-6525
e-mail (영업): bms@bobmunsa.co.kr
(편집): edit66@bobmunsa.co.kr
홈페이지 http://www.bobmunsa.co.kr

조 판 법 문 사 전 산 실

정가 30,000원 ISBN 978-89-18-08939-3